CONTATOS
INTERDIMENSIONAIS

Sonia Rinaldi

CONTATOS INTERDIMENSIONAIS

EDITORA PENSAMENTO
São Paulo

Edição	O primeiro número à esquerda indica a edição, ou reedição, desta obra. A primeira dezena à direita indica o ano em que esta edição, ou reedição, foi publicada.	Ano
3-4-5-6-7-8-9-10-11		01-02-03-04-05-06

Direitos reservados
EDITORA PENSAMENTO-CULTRIX LTDA.
Rua Dr. Mário Vicente, 368 – 04270-000 – São Paulo, SP
Fone: 272-1399 – Fax: 272-4770
E-mail: pensamento@cultrix.com.br
http://www.pensamento-cultrix.com.br

Impresso em nossas oficinas gráficas.

Sumário

Dedicatória

Lidando com tanta freqüência com os que viram seus seres queridos partirem, aprendi a dar mais valor àqueles que hoje nos dão a felicidade de compartir a nossa caminhada.

Aprendi a sentir a importância de cada minuto ao lado dos que queremos bem e dos que nos querem bem.

E, na existência atual, ninguém se fez mais importante para mim do que o meu Fernando. Marido, amigo, conselheiro. Numa evolução que busca amenizar as nossas imperfeições e, dentro dos nossos limites, servir ao próximo.

Um amor de muitas vidas... e para muitas ainda.

Só que um amor eterno envolve lapidação constante no suceder das existências.

E assim será.

Porque queremos e faremos que assim seja.

Agradecimentos

Indubitavelmente, foi a cooperação de muitos que possibilitou que esta obra se tornasse realidade. Em muito devo aos associados da ANT (Associação Nacional de Transcomunicadores), que, de forma direta ou indireta, apóiam a pesquisa e incentivam a amizade. Devo mais ainda aos comunicantes espirituais, que impulsionam o nosso modesto trabalho, mediante os avanços que vão aportando condições de atuarmos simultaneamente de duas formas: levar consolo e auxiliar a quem perdeu um ente querido e levantar provas irrefutáveis da realidade do fenômeno para garantir consistência e franquear a aproximação da ciência.

Não há como listar esses amigos invisíveis, já que eles são algumas dezenas. Mas registro o meu agradecimento diretamente ao Coordenador da estação transmissora no Além, que nos assiste de forma direta, o doutor Roberto Landell de Moura. Ele que foi, em vida, o verdadeiro criador do rádio e sonhou em fazer contatos de Cá para Lá, por meio de seus inventos, hoje, de Lá para Cá, vem usando sua genialidade no aprimoramento dos contatos e firmando a conexão com a Terra.

Aos amigos daqui, que cooperaram diretamente (digitação, tradução, revisão etc.), podemos agradecer nominalmente:

Claudia Resende, Neusa Medeiros Silva, Denise Pinheiro Cruz, Paulo Bellintani, Jean Paul Joarlette, Luiz Silva Neto, Bernard Forletta, Aneide Valerio, Gabriel Silva, Andréa Martin, George Roberts e Maria de Lourdes Alves.

Que todos, os do lado de Lá e de Cá, em uníssono, possamos levar ao leitor a convicção de que se vive depois da vida e que a esperança do "reencontro" com os que amamos é uma realidade. Igualmente, possamos despertar os cientistas para que atentem para a autenticidade do fenômeno e, com os novos conhecimentos advindos dessa união interdimensional, possam emergir novos conceitos, novos tempos, novo estágio para a nossa humanidade.

SONIA RINALDI

Prefácio

Quando Sonia Rinaldi, coordenadora da Associação Nacional de Transcomunicadores, me pediu para escrever o prefácio do seu livro, hesitei, pois não me considerava apta para essa tarefa, embora me sentisse muito lisonjeada com a proposta.

Resolvi aceitá-la por ter visto o trabalho dela de perto e por estar convencida da autenticidade do fenômeno por ela estudado depois de participar de uma das suas reuniões. Sei que muitas pessoas resistirão à idéia de quaisquer tipos de contato com o Além, mas este livro prova, sem deixar dúvidas, que os seres humanos continuam a viver, conscientes e atuantes, depois da morte física.

Há algum tempo a constatação da existência da transcomunicação é um fato. No século XXI, ela não será mais um fenômeno tão isolado e raro. A humanidade já alcançou um estágio de desenvolvimento espiritual em que pode unir-se aos que estão em outros planos dimensionais, o que certamente é um fato surpreendente e polêmico da pesquisa da parapsicologia e da paranormalidade.

Este livro é o resultado da experiência vivida pela autora, que nos mostra o mundo dos contatos interdimensionais tanto no livro como no CD de vozes paranormais que o acompanha. Ele é o resultado de muitas comunicações com o Além. Pessoas enlutadas, que perderam um ente querido de maneira inesperada e violenta, encontraram consolo nesses contatos interdimensionais. No entanto, o tema deste livro não é a morte, porém a experiência de pessoas que, tendo passado por uma situação traumática de perda, puderam comprovar que a vida continua, pois ouviram a voz da pessoa que perderam e reconheceram sua mensagem.

Além disso, atualmente é possível comprovar a autenticidade das vozes paranormais contidas no CD e que são ouvidas nas transcomunicações: elas têm sido científica e exaustivamente pesquisadas por cientistas tanto do Brasil quanto do exterior.

Mas é melhor deixar que a leitura fale por si. O leitor talvez mude de opinião sobre a possibilidade de comunicar-se com o Além, ou talvez queira tornar-se um transcomunicador. Porque depois que a transcomunicação tiver sido levada ao conhecimento do grande público durante um tempo suficiente, milhões de pessoas modificarão a visão que têm do cosmos.

Sonia Rinaldi, a maior divulgadora da Transcomunicação no Brasil, vem merecendo a gratidão de um número cada vez maior de pessoas que tiveram a chance de se comunicar com seus familiares e amigos que estão do outro lado.

Tenho a certeza de que o desenvolvimento da transcomunicação não pára por aqui. Com este livro, a literatura especializada na análise científica da transcomunicação dá um grande passo rumo à comprovação da sua existência.

ZILDA HUTCHINSON SCHILD SILVA
Janeiro de 2000

1

Avançar é preciso

"Quanto maior a ignorância,
maior o dogmatismo."

PROFESSOR WILLIAM OSTLER

A História registra que nossa evolução foi calcada na tônica da constante dificuldade em suplantar cada novo degrau.

Uma idéia nova chega, tenta penetrar o intrincado sistema psíquico humano e navega por labirintos estreitos até conquistar o seu espaço. Enquanto esse processo se desenvolve, o tempo escoa. Lembremos:

No Antigo Egito, a Terra era plana e circular, e o céu era uma deusa, com muitas estrelas, a qual se debruçava sobre o nosso planeta. Já na Índia, a Terra era plana e sustentada por elefantes, enquanto que para os gregos, ela era sustentada pelos ombros de Atlas.

Todos viviam essas certezas. Mudá-las? Absurdo!

E assim foram desfilando pela História mais e mais conceitos errôneos, como o de Ptolomeu (astrônomo grego, 75 d.C.), que estabeleceu: a Terra é fixa e é o centro do universo. A Igreja aprovou. Adorou. Isso lhe garantia poder.

Mas Nicolau Copérnico, astrônomo polonês, veio com uma idéia revolucionária. Ele dizia: "O Sol é o centro do nosso sistema!"

Complicou-se. Como revelar, sem ser condenado, que Ptolomeu se enganou? Não o fez, é claro. Não queria morrer. Essa sorte não teve um de seus seguidores: padre Giordano Bruno. Ousou concluir que... além do mais, o universo era infinito e habitado.

Foi o bastante para ser condenado pelo Tribunal do Santo Ofício a morrer na fogueira, não sem antes ter a língua arrancada. Atitudes da época.

O tempo, entretanto, avança e arrasta consigo a evolução.

Galileu Galilei demonstrou erros nas interpretações de Aristóteles. Foi pressionado de tal forma que, ajoelhado, admitiu, então, seu engano diante dos inquisidores. Caso não concordasse que estava errado (e não estava!) também iria para a fogueira.

Séculos depois, outro exemplo: o italiano Luigi Galvani fazia experiências com uma rã, na qual havia introduzido um fio de cobre que, quando tocava um disco de ferro, fazia o animal morto se contrair. Estava descoberta a força eletromotriz. Louros ao inventor? Não. Apenas críticas e zombarias. Foi isso que o motivou a dizer:

> Sou atacado por dois grupos de opositores: os sábios e os ignorantes. Ambos riem de mim, chamando-me de "o sapo dançarino". Mas sei que descobri uma das maiores forças da natureza.

E estava certo. Era o ponto de partida para a descoberta da eletricidade.

Não foi diferente com o maior inventor de todos os tempos: Thomas Edison. Quando este criou o fonógrafo, e, numa apresentação, a "maravilha" pôs-se a "cantar", houve um saberete entre os assistentes que criou grande polêmica, chamando o apresentador de impostor e ventríloquo, pois, garantia ele, o metal jamais poderia falar. Para ele era tudo uma farsa. Felizmente, Edison teve dos outros o reconhecimento merecido, e do fonógrafo chegamos hoje aos sons digitais.

Contemporâneo de Edison, um brasileiro, também grande inventor, experimentou o amargo gosto de trazer idéias novas para uma época despreparada.

O padre Landell, dentre outros inventos, patenteou o telégrafo sem fio, o transmissor de ondas, falou dos efeitos eletroluminescentes da aura humana, bem como deixou trabalhos registrados sobre vários aspectos da medicina, da física e da psicologia e fez, ainda, estudos sobre os efeitos da acumulação da eletricidade no comportamento do corpo humano etc.

Sábio e humilde, o padre-cientista, ainda que valorizado nos Estados Unidos, preferiu voltar à sua pátria. Aqui, o governo brasileiro jamais reconheceu seu valor e, por mais de uma vez, teve seu modesto laboratório queimado e destruído pelos "fiéis", que o consideravam "endemoninhado", pois como poderia um aparelho falar, e sem o auxílio de fios? Landell havia inventado o rádio!

Tantos entreveros só serviram de "âncora" à genialidade do padre, que, atada pela ignorância que o cercava, não lhe permitia vôos mais altos. E foi assim que Landell viu o "rádio" ser anunciado como invento de Guillermo Marconi. E fez o que podia fazer. Calou-se.

Uma lista imensa poderia ser arrolada aqui, incluindo:

Darwin, que guardou por longos vinte anos a sua Teoria da Evolução das Espécies por recear o contra-ataque da Igreja, já que, por suas idéias, o homem vinha desenvolvendo-se biologicamente, sem a necessidade de um Deus.

Marie Curie, primeira mulher a receber o Nobel de Química, que não foi poupada e teve sua vida pessoal devassada por moralistas cruéis.

As idéias de Franklin, inventor do pára-raios, que causaram o deboche e o desdém dos saberetes que o ouviram, nos idos de 1750.

Etc.

A lista dos inovadores, dentro do campo da ciência, que pagaram alto pelas novas idéias é vastíssima.

Dentro do campo filosófico-religioso não é diferente.

Para nós, ocidentais, o exemplo maior fica com Jesus, que, ao propor novos horizontes ao conhecimento de sua época, enfrentou a cruz como resposta.

A este, seguem outros tantos exemplos.

Apenas para citar mais um, quando León-Hippolyte Rivail compilou a doutrina dos espíritos, foi veementemente atacado. Como falar de espíritos no seu tempo com a pressão da Igreja, sempre atenta para encurralar qualquer afirmativa nesse sentido para o beco do "demoníaco"?

Mas todos esses homens e mulheres que impulsionaram o progresso da humanidade falaram para um mundo bem "menor" do que conhecemos hoje, com a globalização.

As comunicações avançadas, como se encontram hoje, ligam tudo a tudo.

Assim... os ataques que esses *alavancadores* receberam foram diminutos em relação à reação que, hoje, alguma nova proposta poderia levantar. Qual seria a resposta para algo com potencial para mudar novamente a rota do homem?

Hoje a humanidade navega mergulhada no materialismo e, graças a isso, mantém-se ilhada em relação à vida que pulula fora da Terra. Esse *status quo* está solidificado globalmente.

Qual seria a grandeza do impacto se essa humanidade emergisse do materialismo e descobrisse, de repente, que não está só?

Muitas religiões e filosofias propuseram essa realidade. Muitas delas, milenares. Sempre embasaram-se na intuição cognitiva do homem quanto à sobrevivência da alma, mas sem a força da prova concreta. Talvez seja esse o único elemento possível de "trincar" a "carapaça" do materialismo vigente.

O mundo de hoje não se restringe mais a uma dúzia de capitais européias. Hoje, uma prevenção contra os ataques ao novo tem de ser igualmente globalizada.

Talvez por isso a TCI (Transcomunicação Instrumental) vai entrar no século XXI instalando-se a partir de muitos flancos e não como um fenômeno isolado e raro. Ela vem se disseminando, e sendo cada vez menos pessoal, regional e temporal. O fato de estar plantada em muitos locais, e simultaneamente, talvez dificulte que uma ação corrosiva dos oponentes do progresso faça caminho fácil.

A TCI pode constituir uma forma ousada de tirar a humanidade de seu ilhamento. Mas a "pequena fenda na carapaça" será suficiente para os que trabalham nessa primeira fase.

Talvez a humanidade tenha conquistado o estágio de poder unir-se aos que estão em outros planos dimensionais paralelos. Homens encarnados somando forças com desencarnados numa só realidade.

Pela rota de hoje, é fácil prever que o próximo século poderá representar a unificação da religião com a ciência, rumo à transcendência e à verdade.

Parece ser esse o destino.

Se a moral e a ética permitirem.

UM FATOR LIMITANTE

Talvez porque a Transcomunicação Instrumental venha mostrando, por meio da manifestação fenomênica, a potencialidade de abalar as bases do *establishment*, é natural que desperte atenção, tanto a favor quanto contra.

Se tivéssemos de resumir os objetivos da Transcomunicação Instrumental, talvez pudéssemos reduzi-los a dois:

1º *Evidenciar a realidade do espírito (mediante documentação e a investigação concernente).*
2º *Trazer consolo.*

O primeiro cruza, necessariamente, com caminhos científicos. O segundo, com o amor que permeia a nossa evolução.

É importante notar que a comprovação científica pode trazer à tona um *boom* em várias áreas do conhecimento humano:

A medicina terá de repensar o corpo, que passa então a incluir um espírito, cujo elo é indissolúvel; outro alvo certeiro é a psiquiatria, cujo objeto de estudo poderá ter de se deslocar. E quanto à física? Como ela irá explicar de onde vêm esses contatos? Então os planos dimensionais são reais? Como, com que tecnologia, os comunicantes nos acessam?

Enfim, novos conceitos. Novo patamar.

Mas analisemos: a quem convém isso... e a quem não convém?

A quem convém

À humanidade, em sua parcela que beira a possibilidade da compreensão de uma nova realidade. Aquela apta a assimilar o conceito do espírito, ainda que isso simbolize o abandono de várias tradições religiosas. Convém também aos aflitos, que viram seus entes queridos partirem para o outro lado da vida, deixando o vazio da saudade em seu lugar, pois a prova concreta de que eles vivem, sentem e "falam"... transmutaria a dor em esperança.

A quem não convém

Àquela parcela da humanidade que tende à irresponsabilidade diante da vida; às religiões que negam a sobrevivência do espírito e que, em muitos casos, sobrevivem, materialmente, da ignorância de seus fiéis; aos que destroem tudo e todos na mira de interesses pessoais; aos que ignoram a preservação do futuro que tem de ser pensada no presente.

Mas isso falando da humanidade do lado de Cá.

Só que, sendo o espírito uma realidade, temos de considerar uma "outra humanidade" (qual fosse uma extensão desta), que não pode ser ignorada, por causa da força do vínculo.

Então, analisemos de novo: para os "do lado de Lá", a quem convém o desenvolvimento da Transcomunicação Instrumental?

A quem convém

Aos espíritos esclarecidos que lutam pelo nosso progresso; àqueles que têm consciência da importância da revelação dessa realidade para o homem.

E a quem (do lado de Lá) não convém?

Aos espíritos atrasados que sorvem a dor e o desespero dos aflitos encarnados; aos que dependem de toda sorte de imperfeição humana para continuar a se impor; aos espíritos que necessitam do caos que alimentam hoje, se o homem (encarnado) avançar na sua trajetória evolutiva.

Deduz-se daí que a TCI será sempre assediada por uma luta invisível, entre forças positivas e negativas. Luta essa cujo final não podemos prever. Que o leitor não seja inocente a ponto de imaginar, aprioristicamente, que o bem sempre vence. Os que militam no mal têm artimanhas que não se pode subestimar. São poderosos e organizados quando querem. Podem não vencer a guerra, mas podem se sair muito bem em muitas batalhas.

Isso porque, com facilidade, conseguem parceiros, entre os encarnados, por meio de canais como a vaidade, orgulho, ambição e o egoísmo, tônicas que ainda tipificam o ser humano. É por esse veículo que o mal se enraíza no nosso próprio meio, planta desarmonia e, muitas vezes, sai (aparentemente) vitorioso. Pelo padrão geral, ou o nível moral mediano da nossa humanidade, é fácil perceber o tamanho do esforço que as falanges de luz têm de empreender para se fazer notar.

Isso tudo porque o homem apenas engatinha na sua evolução moral. E isso o atinge sob duas formas: pela facilidade do assédio das forças negativas que o sintonizam com alguma facilidade e pelo temor dos espíritos superiores em confiar ao homem avanços para os quais ele está pouco preparado.

Em outras palavras: a TCI, para evoluir, necessita do homem. Mas, enquanto sua moral for questionável, os avanços dos contatos caminharão com extrema lentidão. Também há de se dar tempo para que as revelações, por meio de áudios e imagens do Além, não tenham uma força implosiva. A transcomunicação não pode se impor ao mundo de forma súbita como uma realidade.

Por certo a espiritualidade maior cuida para que esses novos conhecimentos cheguem ao homem na medida da sua evolução global. Quanto maior ela for, mais os fenômenos ocorrerão, alimentando e fortalecendo o elo que une os dois lados da vida.

2

Em busca de outros mundos

"Quando a ciência começar a estudar os fenômenos não-físicos, fará mais progresso em uma década do que em séculos de suas experiências."

DOUTOR FRED HOYLE (COSMÓLOGO)

A. O CAMINHO DA CIÊNCIA

A possibilidade de vida inteligente fora da Terra sempre suscitou a curiosidade inata do homem.

Essa especulação é um dos mais antigos temas da filosofia. Na Grécia clássica, foi Demócrito quem estabeleceu as bases da discussão. Segundo o filósofo, as leis da natureza são universais, aplicam-se a todos os casos e circunstâncias, e a Terra não é especial, privilegiada ou única no universo. Finalmente, disse Demócrito, se algo for viável, a própria natureza se encarrega de realizá-lo. Claro que entre filosofia e realidade há uma enorme distância. O ponto de vista tradicional sobre o surgimento da vida diz que se trata de um acidente extraordinário, um acaso feliz em 1 bilhão, quase impossível de se repetir em outro planeta.

Segundo esse postulado, o universo está morrendo, regido pela segunda lei da termodinâmica, caminhando lenta e inexoravelmente para um estado de entropia total e de caos, sendo inútil esperar que se encontre mais vida.

As novas teorias, no entanto, são mais otimistas e indicam que a complexidade pode surgir espontaneamente, por um processo de auto-organização. Se a matéria e a energia realmente possuem essa tendência de ampliar os estados de complexidade organizada, o surgimento da vida, por conseqüência, pode ser muito mais comum do que o imaginado.

Encontrar vida em outros planetas, mesmo que seja uma bactéria fossilizada em Marte, ajudaria a confirmar essas especulações seculares.

Sabemos, com certeza, que existem planetas com água e calor no universo onde também seria possível existir vida.

Existem 400 bilhões de galáxias onde podemos procurar, cada uma podendo ter até 100 bilhões de estrelas, como a Via Láctea, o que significa bilhões de possibilidades.

Não faz muito tempo, a Nasa decidiu lançar um novo projeto, chamado Origens. Seu objetivo é encontrar um planeta capaz de apresentar vida. Segundo Edward Weiler, encarregado do projeto (e também da administração científica do telescópio espacial Hubble), a Nasa buscará detectar planetas de classe M, semelhantes ao nosso, e enviará imagens para que suas atmosferas sejam analisadas em busca de oxigênio, carbono e ozônio, sinais indiscutíveis da possibilidade de existência de vida.

Carl Sagan, o astrônomo que ganhou fama mundial com seu livro e a série de televisão *Cosmos*, desejava, fervorosamente, encontrar vida extraterrestre. Entretanto, nem seu entusiasmo pessoal fez com que perdesse a objetividade científica: "Deve-se acreditar somente naquilo que venha respaldado por evidências contundentes." Para Sagan, encontrar planetas era um primeiro passo nessa direção e, além do mais, uma excelente façanha para a ciência, como ele mesmo concebia. A ciência, segundo ele, não há de se prestar para confirmar as nossas crenças, mas para averiguar como o universo realmente é. Se quisermos ser o centro do universo, como professam certas religiões, a ciência serve como contraponto, porque os fatos são bem diferentes. Vivemos numa pedra opaca, que orbita em torno de um sol qualquer, localizado na periferia de uma galáxia vulgar de 100 bilhões de estrelas. A partir dessa perspectiva, pensar que estamos sozinhos, que somos o centro da criação e temos alguma importância cósmica é ridículo.

A EXOBIOLOGIA

É sabido que principalmente os Estados Unidos investem na busca de vida fora da Terra. Só no projeto SETI (Search for Extraterrestrial Investigation), foram investidos mais de 50 milhões de dólares. Antenas gigantescas perscrutaram os céus por anos em busca de um sinal inteligente.

Não soa estranho que, no entanto, tantas pessoas afirmam que falam com outras *consciências*, até por simples gravadores?

O problema dos americanos é estar buscando vida física. E, para tal, não só milhões de dólares ainda terão de escoar para dentro dos laboratórios, mas muito tempo também.

Se parassem de se concentrar nessa pesquisa "horizontal" dentro do universo físico, quem sabe eles já não teriam encontrado o que buscam?

UNIVERSOS PARALELOS

O russo Andrei Linde é um dos mais importantes físicos da atualidade. Ele faz parte de uma elite de cérebros preocupada em investigar a origem do universo e seu destino final. Desde os anos 40, esses cientistas aperfeiçoam uma teoria segundo a qual o cosmos nasceu há cerca de 15 bilhões de anos numa explosão descomunal, o Big Bang, que catapultou matéria e energia em todas as direções. Com o passar das eras, formaram-se as galáxias, estrelas e planetas. Como o universo continua em expansão, um dia as estrelas consumirão todo o seu combustível e se extinguirão, para mergulhar o espaço em uma eterna escuridão gelada. Será o fim da vida. Esse quadro, no entanto, mudou radicalmente em 1983, quando Andrei Linde formulou uma nova e revolucionária teoria, a da expansão inflacionária do universo. Segundo o físico russo, não existiu apenas um, mas infinitos Big Bangs, e cada um formou um universo-bolha como este onde existem a Via Láctea, o Sol e o planeta Terra. A nova teoria não pára por aí. Prevê inúmeros novos Big Bangs no futuro, num universo que sempre existiu e jamais se extinguirá. Um cosmos eterno onde o gêneses é permanente.

Segundo a teoria do Big Bang, o universo nasceu numa explosão colossal há 15 bilhões de anos. Essa teoria, no entanto, não explica o que ocorreu antes do Big Bang, nem onde ele surgiu. É aí que entra a teoria inflacionária.

Segundo ela, o universo é formado por uma "sopa" de plasma, onde não existem átomos, nem elétrons, nem galáxias. A densidade e a temperatura do plasma são variáveis. Existem regiões do universo mais ou menos densas, e essa densidade também varia com o tempo. Quando um determinado ponto do universo atinge densidade máxima, esse ponto explode num Big Bang para criar uma região do espaço que chamamos universo-bolha. O universo visível que observamos pelos telescópios pode pertencer a uma dessas bolhas. Da mesma forma, existem regiões que no passado já se expandiram, criando outros universos-bolhas paralelos ao nosso. Cada Big Bang pode criar um universo-bolha com suas próprias leis físicas. As leis da natureza que valem para a nossa bolha podem, portanto, não valer para outras.

Com isso, a ciência oficial estaria endossando a possibilidade de *mundos paralelos* ao nosso. Acaso não seria nessas outras "dimensões" que habitam os *comunicantes* que nos contactam? Que se manifestam e falam naturalmente de suas vidas, de amor, de saudade, do que fazem e mostram-se em transmissões de vídeo?

B. O CAMINHO RELIGIOSO

A busca por "inteligências" no nosso universo visível não tem dado resultados, mesmo com os mais avançados recursos científicos disponíveis. No entanto, religiões milenares atestam contatos de seres (aparições de anjos, antepassados etc.), o que implicaria a existência de vida (ainda que não biológica) fora do nosso hábitat.

Segundo as muitas versões, dependendo da facção religiosa, esses seres vêm fazendo contatos das mais diversas formas.

Provavelmente, a mais atual e impressionante seria a que usa recursos técnicos. E aqui vale lembrar um pensamento de Thomas Edison, tido como o primeiro a cogitar dessa hipótese:

> Se nossa personalidade sobrevive, é estritamente lógico e científico pensar que retenha a memória e conhecimentos que adquirimos neste mundo. Portanto, se a personalidade prossegue existindo depois daquilo que chamamos morte, resulta razoável deduzir que queira comunicar-se com aqueles que aqui deixou. Inclino-me a crer que se pudermos inventar um aparelho suficientemente sensível, tal instrumento teria que registrar algo.

E sabe-se que Thomas Edison realmente tentou criar um aparelho para essa finalidade, mas não conseguiu. Era cedo demais. Além do que, as décadas seguintes mostraram que esse não era bem o caminho. Ou seja, raros equipamentos criados pelo homem, especificamente destinados a essa finalidade, funcionaram. Em 99% dos casos, os aparelhos utilizados no passado, e até hoje, ainda são os "comuns", ou seja: rádio, gravador, TV, vídeo, computador etc.

Mas há ainda quem se inquiete com essa possibilidade. Os espíritos poderiam mesmo falar conosco pelo gravador? E pelo computador, então? Parece por demais fantástico.

No entanto, é preciso lembrar que a literatura espírita está repleta de informações e descrições de equipamentos no lado de Lá, e, antes do desenvolvimento da TCI, isso passou despercebido.

Por isso, vale arrolar trechos de obras que asseguram que a tecnologia, no Além, não apenas é uma realidade, mas superior à que temos hoje.

TECNOLOGIA NO ALÉM?

Procuraremos responder a essa questão, não pelo que vimos depreendendo nesses dez anos de experimentação em TCI, mas em bases inquestionáveis, como é a obra do respeitado médium Chico Xavier. Existem muitas outras fontes, mas as que arrolamos devem ser suficientes para demonstrar essa realidade.

A FOTOGRAFIA ANIMADA

No livro *Obreiros da vida eterna* (FEB, 10ª ed., cap. I, págs. 21 e 22) encontramos a descrição de um processo técnico de imagens totalmente desconhecido na Terra, mas que demonstra o avanço de nossos irmãos espirituais. Transcrevemos:

> (...) Falou, comovedoramente, por mais alguns minutos e, em seguida, invocou as Forças Divinas, arrancando-nos lágrimas de intraduzível alegria.
> Raios de claridade azul brilhante choveram no recinto, proporcionando-nos a resposta do Plano Superior.
> Transcorridos alguns momentos de meditação, *Metelo fez exibir num grande globo de substância leitosa, situado na parte central do Templo, vários quadros vivos do seu campo de ação nas zonas inferiores. Tratava-se da* ***fotografia animada****, com apresentação de todos os sons e minúcias anatômicas inerentes às cenas observadas por ele em seu ministério de bondade cristã.*

Infelizes desencarnados, em despenhadeiros de dor, imploravam piedade. Monstros de variadas espécies, desafiando as antigas descrições mitológicas, compareciam horripilantes, ao pé de vítimas desventuradas.
As paisagens analisadas de tão perto, através do avançado processo de fixação das imagens, não somente emocionavam: infundiam terror. Na intimidade da massa leitosa em que eram lançadas, adquiriam expressões de vivacidade indescritível. Apareciam soturnas procissões de seres humanos despojados do corpo, sob céus nevoentos e ameaçadores, cortados de cataclismos de natureza magnética. (...)

A TELA DAS BÊNÇÃOS

Ainda do mesmo livro acima citado, nas págs. 140 a 146, encontramos outras valiosas informações, relativas aos equipamentos utilizados no Além:

(...) Sinais sonoros convocaram colaboradores à ação de graças.
Zenóbia, delicada e ativa, dispôs-nos em torno de vasta mesa, ao fundo da qual se erguia *uma tela transparente de grandes proporções.*
(...) A diretora informou-nos, afável, de que todas as noites se verificavam trabalhos de oração para os asilados e para o pessoal administrativo, salientando que, nesses últimos, se reunia em pessoa com todos os subchefes da organização que não se encontrassem inibidos por motivos de serviço. Naquela oportunidade, éramos ali 35 criaturas, presas ao doce magnetismo daquela mulher que tão bem sabia desempenhar a excelsa missão educativa. À cabeceira do grande móvel referido, cercado pelas poltronas confortáveis que ocupávamos em duas filas, sentou-se Zenóbia, radiante, *mantendo-se de frente para a tela constituída de tecido diáfano, semelhando tenuíssima gaze.* Trinta e cinco mentes, interessadas na aquisição de luz divina, uniam-se à dela, para as vibrações de reconhecimento e paz.
(...)
Não se passou muito tempo e a tela, desdobrada diante de nós, como se fora instrumento de resposta ao esforço devocional, iluminou-se de súbito, expelindo raios de brilho maravilhosamente azul, que se espargiram sobre a diminuta assembléia, quais minúsculas safiras eterizadas. Davam-me a idéia de energias divinas a caírem sobre nós, penetrando-nos o íntimo e revitalizando-nos o ser.
Nova quietude pairou em toda a sala. Contudo, após longos instantes de expectativa mais intensa, Luciana tomou a palavra e dirigiu-se à diretora, nestes termos:
— Neste momento, vejo na tela das bênçãos respeitável ancião, cercado de luz verde-prateada. Estende-lhe a destra, abençoando-a e me recomenda dizer-lhe tratar-se de Bernardino.
— Ah! Já sei — respondeu, contente, a instrutora —, é mensageiro da Casa Redentora de Fabiano. Que Jesus o recompense pelo contentamento que nos traz.
— Assegura o iluminado visitante — tornou a clarividente prestimosa — que as vibrações ambienciais inclinam-se, agora, para as esferas inferiores e que não conseguirá fazer-se visível a todos, não obstante o seu desejo.

(...) Terminada a exteriorização da sublime energia, portadora de bem-estar, e findos alguns minutos de novo silêncio, Luciana voltou a comunicar-se com a diretora:
— Irmã, ilumina-se a tela novamente. Dessa vez, temos a visita de uma bem-aventurada celeste. Oh! Sua fisionomia deslumbra! Tem no colo soberbo ramalhete de lírios nevados a exalar inebriante perfume.
A informante não havia completado a notificação e, em meio da alva claridade que se evolava da tela, sentíamos todos o aroma característico das flores mencionadas, envolvendo-nos em ondas de alegria e paz indescritíveis.
Impressionada, por sua vez, Luciana prosseguiu:
— A mensageira traja veludosa túnica, talhada em delicado tecido semelhante a escumilha de neve e parece em oração de agradecimento...
— Agora, fita-nos, bondosa — continuou, retomando a palavra — e atira-nos as flores que traz consigo, revelando inexcedível carinho! (...) Identifica-se por Letícia, declara que desencarnou há 32 anos e assevera que foi mãe de um de nossos companheiros.
Mais emocionada e reverente, acentuou:
— *Ah! Desloca-se agora da tela e vem ao nosso encontro. Adianta-se. De suas mãos desprendem-se raios de sublime luz. Abraça-me! Oh! Como sois generosa, abnegada benfeitora!... Sim! Estou pronta, cederei com prazer!... Nesse instante, a fisionomia de Luciana transformou-se (...).*

Comentários

Que surpreendente tecnologia então foi alcançada nessa colônia espiritual para dispor de uma tela que efetua também o teletransporte do comunicante?

Foi apenas em passado recente, 1998, que a comunidade científica divulgou a importante notícia de que pesquisadores austríacos conseguiram efetuar o teletransporte de um "fóton". Ora, apenas um "fóton", enquanto que no plano espiritual já é realidade o teletransporte de um ser global! E como seria a conexão dessa tela das bênçãos com os planos mais elevados de onde obtiveram respostas? De que matéria seria essa tela, assim como o "globo de substância leitosa" no item antecedente, que possibilitava a visão de fotos animadas? De que intrincada tecnologia já dispõe o lado de Lá!

Perguntamo-nos, nesse momento, avaliando nossos rudimentares recursos técnicos daqui da Terra, se eles não consistiriam apenas em um estágio preparatório para que, mais tarde, a ciência terrestre alcance tecnologia semelhante à já existente em planos mais elevados?

ESPELHO FLUÍDICO: TELEVISÃO

Em outra obra de Chico Xavier, *Nos domínios da mediunidade* (7ª ed., cap. XVI, págs. 158 e 159), encontramos outras surpreendentes revelações:

"(...) *Isso, porém, não acontecia com o meu companheiro, porque Hilário, fixando o espelho fluídico em que os benfeitores do nosso plano recolhiam informações*

rápidas para respostas às consultas, solicitou de nosso orientador alguma definição sobre o delicado instrumento, que funcionava às mil maravilhas, mostrando quadros com pessoas angustiadas ou enfermas, de momento a momento.
— É um televisor, manobrado com recursos de nossa esfera.
— Entretanto — inquiriu Hilário, minucioso —, a face do espelho mostra o veículo de carne ou a própria alma?
— A própria alma. Pelo exame do perispírito, alinham-se avisos e conclusões. Muitas vezes, é imprescindível analisar certos casos que nos são apresentados, de modo meticuloso; *todavia, recolhendo apelos em massa, mobilizamos meios de atender a distância. Para isso, trabalhadores das nossas linhas de atividade são distribuídos por diversas regiões, onde captam as imagens de acordo com os pedidos que nos são endereçados, sintonizando as emissões com o aparelho receptor sob nossa vista. A televisão, que começa a estender-se no mundo, pode oferecer uma idéia imediata de semelhante serviço, salientando que entre nós essas transmissões são muito mais simples, exatas e instantâneas. (...)*

Comentário

Esse breve parágrafo deixa claro que a espiritualidade usa recursos técnicos para avaliar e receber imagens da Terra, o que nos faz imaginar amplas salas repletas de monitores, de onde podem, entre outras coisas, enviar auxílio a nós, encarnados.

Como descrito acima, pelo espírito André Luiz, fazem captura de imagem de massa com o objetivo de auxiliar a distância.

Evidencia com isso que, se não dispusessem desses recursos técnicos que agilizam os contatos entre o plano terrestre e o espiritual, o auxílio não teria a mesma presteza.

A TELA DE AVISO

No livro *Ação e reação* (12ª ed., cap. III, págs. 33 e 34), temos a impressionante descrição de uma tela de comunicação permanente — tecnologia avançada e desconhecida para nós. Analisemos:

"(...) — Instrutor, a tela de aviso que não funcionava, em conseqüência da tormenta agora em declínio, acaba de transmitir aflitiva mensagem... Duas das nossas expedições de pesquisas estão em dificuldade nos desfiladeiros das Grandes Trevas...
— A posição foi precisamente indicada?
— Sim.
— Conduza os textos recebidos à consideração do diretor de operações urgentes. O auxílio deve ser enviado o mais breve possível.
De inesperado, outro colaborador veio até nós e pediu:
— Instrutor, rogo-lhe providências na solução do *caso Jonas*. Recolhemos agora um recado de nossos irmãos, cientificando-nos de que a reencarnação dele talvez seja frustrada em definitivo. (...)

Comentários

Parece-nos surpreendente que a referida *tela* sirva de conexão para receber mensagens a distância, sugerindo o uso de tecnologia desconhecida para nós. Dá a entender que o sofisticado equipamento é capaz até de demarcar a localização da fonte emissora.

Outro detalhe a ser notado: o autor (André Luiz) refere-se a um "diretor de operações", sugerindo ampla e perfeita organização de postos de trabalho, dispondo de farto arsenal tecnológico para uma atuação eficaz.

TELESCÓPIOS, CANHÕES DE BOMBARDEIO ELETRÔNICO E BATERIAS

Na obra *Ação e reação* (8ª ed., cap. III, págs. 36, 37 e 38), de André Luiz, pela pena de Chico Xavier, encontramos informações notáveis que revelam a evolução tecnológica dos espíritos:

> (...) O companheiro ia continuar, mas estranho ruído nos tomou a atenção, ao mesmo tempo que um emissário varou uma das portas, situada rente a nós e, abeirando-se de Druso, anunciou:
> — Instrutor, depois de amainada a tormenta, voltou o assalto dos raios desintegrantes...
> O orientador esboçou um gesto de preocupação e recomendou:
> — Liguem as *baterias de exaustão*. Observaremos a defensiva, instalados na Agulha de Vigilância.
> Em seguida, convidou-nos a acompanhá-lo.
> (...) O local conhecido por Agulha de Vigilância era uma torre, provida de escadaria helicoidal, algumas dezenas de metros acima do grande e complicado edifício.
> No topo, descansamos em pequeno gabinete, em cujo *recinto interessantes aparelhos nos facultaram a contemplação da paisagem exterior.*
> Assemelhavam-se a telescópios diminutos, que funcionavam como lançadores de raios que eliminavam o nevoeiro, permitindo-nos exata noção do ambiente constrangedor que nos cercava, povoado de criaturas agressivas e exóticas, que fugiam, espavoridas, ante vasto grupo de entidades que manobravam curiosas máquinas à guisa de canhonetes.
> — Estaremos assediados por um exército atacante? — perguntei, intrigado.
> — Isso mesmo — confirmou Druso, calmamente —; esses ataques, porém, são comuns. Com semelhante invasão, pretendem nossos irmãos infelizes deslocar nossa casa e levar-nos à inércia, a fim de senhorearem a região.
> — E aquelas equipagens? Que vêm a ser? — enunciou meu companheiro, assombrado.
> — Podemos defini-las *como canhões de bombardeio eletrônico* — informou o orientador. — As descargas sobre nós são cuidadosamente estudadas, a fim de que nos atinjam sem erro na velocidade de arremesso.
> — E se nos alcançassem? — perguntou meu colega.

> — Decerto provocariam aqui fenômenos de desintegração, suscetíveis de conduzir-nos à ruína total (...) Estejamos tranqüilos. Nossas *barreiras de exaustão* funcionam com eficiência.
> E designou-nos ao olhar assustadiço longa muralha, constituída por milhares de hastes metálicas, cercando a cidadela em toda a extensão, qual se fosse larga série de pára-raios habilmente dispostos.
> Em todos os lances do flanco atacado surgiam faíscas elétricas (...)

Comentário

A credibilidade de Chico Xavier assegura-nos da realidade dessas afirmativas. Então... se assim é, seria o caso de questionarmos:

Se a espiritualidade dispõe de tecnologia mais avançada do que a nossa, usa aparelhos para nos sintonizar e localizar, ajudar e orientar, por que não teria interesse em valer-se desse mesmo recurso para se "comunicar" conosco? Não constituiria esse meio uma prova irrefutável da realidade do *espírito*, capaz de despertar os céticos?

Talvez veja nessa alternativa uma fonte franca e promissora de acesso a nós, ainda com recursos viáveis de ajuda, consolo e meio de aportar informações para o nosso desenvolvimento. E não seria exatamente isso a Transcomunicação Instrumental?

LABORATÓRIOS NO ALÉM

Citamos há pouco um pensamento de Thomas Edison, quando vivo, é claro. Mas, se do lado de Lá prosseguimos a caminhada, seria muito lógico imaginar que o gênio daria continuidade às suas pesquisas.

Isso é exatamente o que relata o livro do médium carioca Luiz Antonio Milleco, *Meu além de dentro e de fora* (Editora Soc. Esp. F. V. Lorenz), cujo capítulo de interesse aqui transcrevemos. Na referida obra, o espírito de Humberto Rohden, sob o pseudônimo de Delfos, encontra-se com Thomas Edison, que, como se vê, é de fato um dos coordenadores da Transcomunicação Instrumental do lado de Lá.

> Viajei para as terras da Califórnia e, nas esferas espirituais vizinhas à crosta, fui encaminhado ao laboratório de Edison.
> Aparelhos os mais diversos abarrotavam o recinto. Alguns eu conhecia; outros, porém, me eram totalmente estranhos e me pareciam exóticos.
> Decorrido algum tempo, vi, afinal, diante de mim o tão esperado Thomas Edison.
> Iniciei a entrevista perguntando que aparelhagens eram aquelas e quais as suas finalidades.
> — É difícil explicar-lhe — respondeu ele. — O que posso, por enquanto, dizer-lhe é qual o seu objetivo: estamos experimentando a manipulação do som. Pretendemos dominar e utilizar ondas sonoras para estabelecer uma comunicação mais concreta com o mundo físico.
> — De que maneira se fará isso? — perguntei.
> — Já se faz, pelo menos em parte. Quando desejamos comunicar-nos via rádio ou gravadores, aproveitamos toda a gama de sons guardados ou circulantes no ambiente.

— Guardados? — perguntei, mais para provocá-lo.
— Pensa que o som se perde? Para além do ambiente físico existem, como você sabe, registros onde estão arquivados, em cada ambiente, sons, imagens e até mesmo idéias e sentimentos. Aqui, estamos como que "fabricando sons" para depois adensá-los e condensá-los.
— Como será isso possível?
— Você sabe que só há uma energia passível de todas as transformações. Assim como se pode congelar a energia luminosa, transformando-a em matéria opaca, também nos é possível fazer com que a vibração sonora desça até o nível em que possa ser percebida pelo ouvido humano. O trabalho é árduo, mas já nos aproximamos da recompensa. Breve os homens poderão escutar-nos e ver-nos, sem grandes gastos de energia da parte dos médiuns.
— A propósito, qual o papel dos médiuns em suas investigações?
— Quanto menos precisarmos deles, melhor — respondeu o gênio. — Os homens, quando desejam estratificar suas concepções, levam seus sofismas até as últimas conseqüências. Enquanto os médiuns forem indispensáveis no intercâmbio conosco, a teoria animista e materialista buscará sempre sobreviver, utilizando, na hora do naufrágio, a balsa ou o escapismo do inconsciente.
É preciso, de uma vez por todas, desfazer essa falácia dos eternos negadores. E não estamos longe de conseguir. A própria eletricidade, ao lado de outras forças da natureza, nos fornece os recursos necessários para dispensar os médiuns, quase por completo.
— Fale-me um pouco mais, por favor, dessa condensação do som; não me disse que, para o intercâmbio com os encarnados, são aproveitadas ondas sonoras circulantes ou guardadas no ambiente? Por que levar para o plano físico o som daqui?
— Nesse campo, meu caro, queremos depender cada vez mais de nós e cada vez menos das pessoas e circunstâncias da Terra. Se conseguirmos produzir, por nós próprios, sons que facilitem o nosso intercâmbio com os encarnados, comunicar-nos-emos com eles tão fluentemente quanto eles se comunicam entre si, através dos mil e um recursos da eletrônica.
— Há outros cientistas na sua equipe?
— Claro! Trabalho com Marconi e Landell de Moura. Não sei se você sabe, mas este também captou, em terras brasileiras, a noção da existência do rádio e do telégrafo sem fio.
— Em contato com o irmão Jacó, soube do seu atual interesse em buscar, não a descoberta de lâmpadas externas, mas o encontro da luz interior. Surpreendo-me, no entanto, aqui em seu laboratório empírico, visando a comprovação das realidades do espírito, através de efeitos fisiotécnicos. Não haverá nisso uma certa contradição?
— Você sabe mais do que ninguém que a análise é o primeiro passo para a síntese e que o intelecto é a antecâmara da intuição. Do mesmo modo, a comprovação dos fatos é o impulso inicial para a percepção da realidade. Não queira transformar homens em anjos de um momento para o outro. Eles perceberão por si mesmos que são espíritos eternos, mas antes precisam despir a morte dos trajes horrendos com que a revestiram. Devem primeiro ser abalados pelo contato daqueles a quem julgavam mergulhados no nada ou

beatificados num paraíso distante. Depois, sim, nascerão de novo pelo espírito. Lembre-se do Cristo; repreendeu Tomé, é verdade, mas se deixou tocar pelo apóstolo; em conseqüência, Tomé, o incrédulo, despertou para as realidades mais íntimas do seu ser e exclamou: "Senhor meu e Deus meu!"

Nossa entrevista poderia perfeitamente acabar ali, tão soberbas e transcendentes eram as palavras de Edison; eu, porém, queria um pouco mais e o abordei, nestes termos:

— Até que ponto a teoria da relatividade favorece as suas experiências?

— Nem era preciso que você me fizesse essa pergunta — respondeu ele, sorrindo. — Em todo caso, acrescento a tudo o que você já viu a informação de que o som a irradiar-se das lâmpadas não passa de transformação de energia luminosa em vibração sonora. Isso confirma um dos pressupostos einstenianos, segundo o qual, no mundo físico tudo vem da luz. Lembrando Hermes Trimegisto, digo-lhe que no mundo extrafísico as coisas também são assim. (...)

Mas podemos colher ainda outro depoimento de relevante importância a favor da possibilidade de contatos interdimensionais, por meio da palavra do respeitado médium Divaldo Pereira Franco. Questionado por Jean-Michel Grandsire (França) sobre o fenômeno de contatos, disse:

> ...Acompanhamos a Transcomunicação Instrumental com muito interesse. Allan Kardec fez suas primeiras descobertas com a TCI usando uma mesinha, que era em si um instrumento grotesco. A evolução da tecnologia fez o resto. O conjunto das pesquisas realizadas por pessoas como Marconi e Tesla, que estiveram entre os primeiros a tentar criar instrumentos para falar com os espíritos, popularizou a idéia que os contatos se fariam graças à evolução tecnológica. Chegamos hoje na era da eletrônica, o que representa uma grande virada para a pesquisa. Hoje podemos facilmente contatar os espíritos graças a uma simples fita magnética ou aparelhos como telefone ou computadores. É um grande acontecimento científico que está ocorrendo diante de nós. A TCI elimina a intervenção direta do mental do médium. (...)

Mas Divaldo fez mais. Ao saber de nossa empreitada em escrever este livro, fez a revisão pessoalmente, para nós, do texto que transcrevemos de uma de suas palestras, em que abordou o tema TCI. Ei-lo:

A PALAVRA DE DIVALDO...

Foi Allan Kardec, o mais admirável pesquisador dos fenômenos anímicos e mediúnicos, quem aprofundou a sonda da investigação com caráter científico no organismo da paranormalidade, porque, durante os períodos recuados, era considerada uma dádiva dos deuses. Já na Idade Média, era tida como uma aberração demoníaca. No primeiro período do século XIX, era vista como manifestação psicopatológica.

Allan Kardec teve a coragem de aprofundar-lhe o estudo e, como cientista que era, estabeleceu:

- primeiro, que a vida não morre quando se dá a disjunção cadavérica;
- que depois da vida física, há vida;
- mas que cada criatura viverá conforme os padrões morais de comportamento que haja abraçado antes de morrer;
- que determinadas antigas tradições de arrependimento à hora da morte podem ser muito positivas, e o arrependimento pode ser útil, mas não modifica integralmente a criatura;
- que há necessidade da transformação moral, condição *sine qua non* para a verdadeira felicidade no *post mortem*;
- que a morte tampouco dá sabedoria aos desencarnados;
- que os espíritos não são deuses, não são anjos, nem demônios, mas, sim, as almas dos homens que viveram na Terra;
- seu conhecimento é relativo ao grau de desenvolvimento moral e intelectual que possuem...

E propôs uma condição admirável: o desenvolvimento intelecto-moral do ser, porque a cultura é uma forma de conquista, mas, para ser verdadeiramente nobre, é necessário ter o sentimento do amor, para transformar-se em sabedoria. Não seja pois de estranhar que espíritos imensamente cultos, mas não-moralizados, sejam pervertidos, mentirosos, burlões e equivocados, oferecendo, com essa visão, uma ética para o trato seguro no intercâmbio mediúnico.
Estabeleceu, ainda, Allan Kardec, que a mediunidade não é um dom, não é uma graça, nem tampouco é uma punição, como as pessoas inexperientes e mal-informadas às vezes fazem parecer, dizendo no meio das ruas que somos ou não somos médiuns, de palpite, fingindo-se portadoras de uma especial percepção extrafísica que não possuem, mais para chantagear a ignorância e a ingenuidade das demais, do que com o objetivo de esclarecer.
É muito comum essas pessoas acercarem-se de nós e dizerem: "Você é médium!"
E perguntamos: "Será que eu sou médium?"
"É médium sim e precisa desenvolver!", em um aventureirismo chão, que não tem respaldo cultural, científico ou lógico.
Já tenho perguntado a esses adivinhos de ocasião como sabem que os outros são médiuns, e me redargüem: "*Eu sei, olho a aura...*", ao que lhes respondo: "*Pela aura você não vê coisa nenhuma, pois que na aura não há nada escrito que a pessoa é médium ou não*"... O espiritismo e as doutrinas da paranormologia, tais como a psicobiofísica, a parapsicologia, a psicotrônica, não abrem espaço para esses aventureiros, que se utilizam da ingenuidade, como da presunção alheias, para engendrarem mecanismos falsos de colocações que não correspondem à verdade. (...) A doutrina espírita, mediante a visão de Allan Kardec, oferece-nos uma realidade científica: a demonstração, em laboratório, de que a vida prossegue depois da vida e aqueles que, saindo da Terra, retornam para ajudar-nos a nos tornarmos felizes ou desventurados...

(...) É a mensagem moral que ressalta da comunicação do mundo espiritual, e foi exatamente isso que fizeram os que buscaram a Transcomunicação Instrumental.

Foi Edison, o pai da lâmpada elétrica, quem pensou numa técnica, para ver se conseguia captar o mundo espiritual. Mais tarde, Marconi fez experiências semelhantes. No dia 12 de junho de 1959, Frederic Jürgenson, estando nos arredores de Estocolmo — ele era poliglota —, gravando cantos de pássaros, colocou o gravador à janela para o mister e, ao passar a gravação para ouvi-la, teve um choque, pois estavam fixadas vozes inteligíveis. Ele repetiu a façanha e as vozes apareceram.

Começava a saga extraordinária da gravação de vozes através de aparelhos. Já era conhecida a comunicação telefônica, particularmente no Brasil, quando a neta de Coelho Neto veio do Além telefonar para sua mãe, diálogo este que foi acompanhado pelo insigne escritor brasileiro ateu. Quando a esposa estava emocionada, disse-lhe: "Venha, depressa. Minha filha está louca, lá embaixo, rindo e conversando ao telefone com nossa neta falecida."

Ele diz na sua proclamação de fé: — *Eu seria um homem indigno, se ouvisse a conversa de minha filha com outrem. Estaria ela conversando com um novo pretendente? Ela era viúva, a filhinha morrera fazia pouco, ela ficara louca, tombada na cama, mas agora estava sorrindo, era necessário saber do que se tratava. Peguei o fone e, quando coloquei ao ouvido, era minha neta, conversando com ela, sorrindo, dizendo-lhe palavras de carinho: "Mamãe, eu não morri. Eu estou viva, mamãe."* A minha filha vivia normalmente no cemitério, chorando sobre a campa da filha. *"Eu não estou lá, mamãe. Você leva as flores e eu agradeço, mas eu não estou lá."* A partir daí, cético que sou, fui à Companhia Telefônica do Rio de Janeiro para saber quem era que estava, talvez, utilizando-se desse artifício para consolar minha filha. O técnico da telefônica ficou à porta da minha casa. Quando o telefone soava à hora certa e minha filha ia atendê-lo, ele colocava o fone para ouvir de onde vinha a chamada, que era de lugar nenhum...

Mas as comunicações telefônicas já eram conhecidas quando Jürgenson começou a fazer suas experiências e gravar milhares de vozes, a ponto de receber das mãos do Papa Paulo VI a comenda de São Gregório, o Grande, da Rússia. Ele, que não era católico, recebeu o título honorífico de comendador pelos serviços prestados à humanidade por provar a sobrevivência da alma.

Alargou as experiências, e o doutor Konstantin Raudive, certa feita, pôs o gravador e ouviu a voz da sua mãe: *"Kosti, Kosti."*

Era uma voz inconfundível. Esse homem, extraordinário, dedicou sua vida às gravações e chegou a gravar mais de 6 mil vozes. As experiências alongaram-se. Na Suíça, através do padre Leo Schmidt, que conseguiu gravar mais de 12 mil vozes. Nos Estados Unidos, homens eminentes na área de eletrônica começaram a fazer pesquisa e o doutor George Meek aplicou mais de 500 mil dólares em viagens ininterruptas à Europa, América do Sul, à África, à Ásia para tentar descobrir o mecanismo para conversar com o Além.

Foi lançado o livro *Telefone para o Além* (de Jürgenson). E as experiências realizadas com George Meek começaram a dar os primeiros resultados. Ele se encontrou com um paranormal americano, vinculou-se a ele, até que seu amigo George Müller retornou, após a morte, pelo aparelho que haviam construído — Spiricom* — e deu-lhe detalhes para que a voz se tornasse mais audível, mais caracterizada.

As experiências avançaram, e Klaus Schreiber realizou a tentativa para trazer não apenas a onda sonora, mas também a imagem, surgindo o Vidicom, até que Otto Koenig, em 1980, reuniu 1.200 investigadores para apresentar em Milão a extraordinária técnica da Comunicação Instrumental inconfundível, demonstrando, sem qualquer sombra de dúvida, que a morte não é o fim da vida.

Essas experiências demitizaram a morte e deram-nos a certeza de que morrer é transferir-se para outro estado de vibração, qual afirma o espiritismo. Ninguém morre, ninguém se aniquila. Esses mundos paralelos que intercambiam conosco, esses vários graus de vibrações, como colocou muito bem o padre François Brune no seu admirável livro *Os mortos nos falam* — utilizando-se de um pensamento que brilhou no século XIX, trazendo-nos a notícia maravilhosa, como muito bem colocou Sua Reverendíssima na obra, de que a morte é um momento luminoso, um momento de alegria, momento de felicidade para quem tem a consciência de paz.

Nas diversificações da Comunicação Instrumental, os cientistas constataram que há também mundos de sombras, de dores, ante as mensagens de amargura, como acontece nas sessões mediúnicas. Vêm dizer-nos que sofrem, que estão desesperados, que odeiam, que têm paixões, porque a morte retirou-lhes a indumentária carnal, o escafandro, mas não lhes modificou o caráter.

Estamos no alvorecer de uma nova era, em que cientistas absolutamente insuspeitos, alguns dos quais tentaram a transcomunicação, sem a menor esperança de comprovar nada, pelo contrário, para demitizá-la, renderam-se às evidências dos fatos: os mortos estão de pé. Não há morte, só há vida! Mortos estamos os homens que perdemos parte da capacidade intelectual, da percepção espiritual, mortos estamos na Terra, porque, reencarnados, esquecemos grande parte dos conhecimentos antes hauridos.

Confúcio definiu, numa frase lapidar, esta realidade: "Quando nasceste, todos sorriam e tu choravas. Vive de tal forma que, quando morras, todos chorem, mas tu sorrias."

Nesta Era Nova, saudamos a Jerusalém libertada, neste crepúsculo de um período amoral e, nesta madrugada de uma fase espiritual, saudemos a palavra viva do Cristo.

A contribuição da ciência, que dá as mãos à fé, à fé que dá apoio à ciência, confirmam o pensamento de Einstein: "A fé religiosa que não se apóia na ciência é cega, mas a ciência que não tem a fé religiosa, é manca." Agora constatamos a aliança da ciência com a religião. A ciência trazendo fatos e

---

* *O projeto Spiricom foi descontinuado na sua versão 12 ou 13, e segundo contou-me pessoalmente um dos componentes do trio, Hans Heckmann que, em conjunto com Meek e O'Neal, criou tal equipamento, ocorreu algo muito estranho. Durante anos, o aparelho (Spiricom) ficou abandonado na garagem da casa de Meek. Certa manhã, o equipamento de mais de 200 quilos havia desaparecido da casa onde viviam Meek e sua governanta. Não houve sinal de arrombamento, nem se pôde explicar o inusitado desaparecimento. Isso me foi relatado em 1997, num encontro com Hans nos Estados Unidos. (N.A.)*

a religião oferecendo os valores éticos para dizer: "Vale a pena bem viver, porque somente uma grande vida merece uma nobre morte."

C. O CAMINHO DO MEIO: CIÊNCIA E RELIGIÃO

"Chegamos, assim, a uma concepção da relação ciência-religião muito diversa da usual. Sustento que o sentimento religioso cósmico é a mais forte e a mais nobre motivação da pesquisa científica."

ALBERT EINSTEIN

A comprovação da realidade do espírito não é só tema de interesse para as religiões (tanto as que partilham dessa premissa, quanto as que negam). Há quem diga que tal temática é muito mais uma questão de ciência, por causa da reviravolta que provocaria nas bases do conhecimento humano.

A busca de respostas para as mesmas perguntas fundamentais, que hoje aproxima ciência e religião, já foi o mais forte motivo para o conflito entre as duas áreas.

Em *A dança do universo*, o físico brasileiro radicado nos Estados Unidos, Marcelo Gleiser, expõe as razões históricas desse relacionamento conflituoso.

"A humanidade sempre procurou modos de expressar seu fascínio pelo mistério da criação", disse. "Dos mitos de criação do mundo de culturas pré-científicas às teorias cosmológicas modernas, a questão de 'por que existe algo em vez de nada' inspirou e inspira o religioso e o ateu."

Durante séculos a ciência compartilhou as posições da religião, ainda que obrigada. Como a crença de Ptolomeu, do século II, de que o Sol girava em torno da Terra, e o pobre Galileu teve de engolir em seco para salvar a pele. A partir da Idade Moderna, as respostas que os cientistas começaram a encontrar para as "questões fundamentais" contestavam as defendidas por Roma. Para combatê-los, a Santa Sé acionou a temida Inquisição. A força bruta para calcar o silêncio. O estremecimento entre a ciência e a religião começava.

E muitos sábios ficavam no meio. Um exemplo disso foi o do naturalista Charles Darwin. Embora muito religioso, ele teve de enfrentar seu opositor: as suas diferenças com a Igreja se transformaram em polêmica pública com o lançamento de sua obra *A descendência do homem*, onde aponta o parentesco entre homem e macaco. Darwin tirava de Deus a autoria da criação de Adão e Eva. Mas ele não foi o único que se sentiu dividido entre suas convicções científicas e sua fé. A história da ciência está cheia de exemplos famosos. Mas, segundo a revista *Science*, esse tipo de tormento é cada vez menor em um número cada vez maior de cientistas.

Para Francis Collins, geneticista do Instituto Nacional de Pesquisas do Genoma Humano, "quando alguma coisa nova *é* revelada sobre o genoma, experimento um sentimento maravilhoso de satisfação ao perceber que a humanidade agora sabe alguma coisa que só Deus sabia antes". O genoma é a célula que guarda o código hereditário dos seres vivos. Para Collins, "muitos cientistas não sabem o que estão perdendo por não explorar seus sentimentos espirituais".

Essa sua referência ao lado "espiritual" da vida, contudo, foi mais do que suficiente para deixar alguns de seus colegas de cabelos em pé. "Na cultura acadêmica pós-moderna, muitos cientistas ainda pensam que, para ser levados a sério, devem zombar da fé", argumenta David Scott, físico americano da Universidade de Massachusetts. Outros se prenderiam ao agnosticismo segundo o qual a investigação científica deve refutar a fé enquanto não se descobrir uma evidência científica para o divino.

Mas, a característica efêmera de muitas teorias científicas, agravada pela rapidez do avanço tecnológico, está diminuindo, felizmente, a prepotência de alguns cientistas.

E uma posição mais conciliadora vem sendo cada vez mais aprovada. Dizia Galileu: "O livro da natureza foi escrito com caracteres aritméticos."

O fato é que a ciência quer "explicar" o mistério dos fenômenos e o misticismo quer experimentá-lo. A diferença mais óbvia entre ambas é a metodologia. A ciência é quantitativa, já a religião é qualitativa. A ciência dispõe de metodologia formal e rigorosa, a matemática.

Seria possível de fato a união de ambas?

Os cientistas que vêm vivenciando o fenômeno da Transcomunicação Instrumental crêem que sim.

Afinal, como disse um deles recentemente, referindo-se ao amigo falecido Carl Sagan:

"Compartilhávamos a suspeita da inexistência da alma. Mas não vejo melhor razão para esperar que estejamos errados do que a perspectiva de passar a eternidade vagando pelo cosmos conversando com uma alma maravilhosa."

3

Nossa pesquisa

"Estou convencido de que, no campo da pesquisa psíquica, serão descobertos fatos que provarão ser da maior significância para a raça humana, mais do que todas as invenções."

THOMAS EDISON (INVENTOR)

Sonia Rinaldi, coordenadora da ANT – Associação Nacional de Transcomunicadores – desde 1990.

São muitos os segmentos de pesquisas que permitem levantar evidências que sugerem a realidade do espírito. Há décadas estudiosos vêm investigando a veracidade de vários fenômenos, como, por exemplo, os casos de reencarnação, *poltergeist*, viagens fora do corpo, regressão a vidas passadas, mediunidade, as chamadas experiências de quase-morte etc. Alguns desses (e outros fenômenos similares), permitem testes rigorosos e o levantamento de evidências bastante fortes com relação a que nossa consciência continua, de fato, existindo após a morte física.

Mas aí existe um percalço: a raridade desses fenômenos; a dependência de um agente (geralmente, médium) específico e dotado de faculdades especiais; a não possibilidade de fazer o fenômeno se repetir; e, finalmente, a impossibilidade de um controle rigoroso e laboratorial. Entendemos que esses foram os fatores principais que mantiveram os cientistas afastados de toda a fenomenologia espirítica. Talvez por isso é que os fenômenos de contatos com outros planos dimensionais, ou seja, da Transcomunicação Instrumental, constituam os mais passíveis de serem investigados.

Ela (assim como os demais casos citados acima) se enquadra perfeitamente dentro do segmento científico do espiritismo, conforme propôs Allan Kardec, ou mesmo pode-se dizer que integra a psicobiofísica, se quisermos usar uma terminologia moderna e abrangente.

Vejamos, pois, de que forma a fenomenologia da TCI consegue fazer uma ponte com a ciência.

A. A PESQUISA NO BRASIL

Este livro destina-se, principalmente, a dar uma panorâmica da Transcomunicação Instrumental de hoje, trazendo dados bem atuais sobre vários centros importantes de pesquisa.

O Brasil tem posição de destaque nesse cenário, graças, principalmente, ao trabalho e dedicação de muitos colegas.

Iniciamos buscando atualizar o leitor sobre o trabalho da estação central da ANT (Associação Nacional de Transcomunicadores), da qual tenho a honra de ser a coordenadora. Da mesma forma que apresentaremos colegas, abordaremos também um pouco do trabalho, dos resultados e das pesquisas que desenvolvemos pessoalmente.

Para que o leitor nos conheça um pouco mais, transcrevemos aqui uma conversa-entrevista com o jornalista Jorge Rizzini:

EM CONVERSA...

Jorge Rizzini: Como foi que você se iniciou na Transcomunicação Instrumental?
Sonia Rinaldi: As primeiras notícias sobre TCI chegaram ao Brasil, de forma mais enfática, nos anos 70, primeiro com a publicação do livro de F. Jürgenson (1972), a seguir com os artigos de Elsie Dubugras (1974) e, a partir daí, com vários artigos do doutor Hernani Guimarães Andrade. Assim, eu conhecia o assunto apenas por leitura. Mas, em 1988, numa sessão mediúnica no IBPP (Instituto Brasileiro de Pesquisas Psicobiofísicas), dirigido pelo doutor Hernani, um mentor sugeriu que iniciássemos experimentos para obter transcontatos. Começamos na mesma semana, porém sem qualquer orientação mais sólida. Naquela fase não havia literatura que explicasse, detalhadamente, como proceder nos experimentos, e tivemos de "reinventar a roda"... ou seja, fizemos nosso caminho por conta e aprendemos muito com isso. Tempos depois, para evitar que outras pessoas tivessem de passar pelas mesmas dúvidas, devido à falta de orientação, lançamos um livro, em 1996, que traz o "passo a passo" para iniciar, bem como dezenas de casos, esquemas de aparelhos etc.

Jorge Rizzini: Você obteve resultados desde o início?
Sonia Rinaldi: De jeito algum. E nem poderia, pois, conforme viríamos a descobrir tempos depois, naquele período não existia nenhuma estação transmissora situada no Além interessada em contatar o Brasil. Por isso, levamos quase três anos para ouvir as primeiras palavras. Finalmente, em 1992, tivemos notícias da formação de um grupo de espíritos interessados em desenvolver contatos conosco. A partir daí, solidificaram-

se os elos de amizade, e os objetivos comuns entre nós e o grupo do Além que nos contata. Mas parece que o nosso caso foi um tanto particular, pois nunca obtivemos contatos de espíritos "locais", se assim podemos chamar aqueles que nos rodeiam. Explico: pela nossa experiência, notamos que existem dois tipos de contatos:

- os gerados por entidades que estão transitando pela Crosta (que não se valem de tecnologia e, por isso, necessitam exclusivamente da vontade e de algum recurso energético existente nas redondezas) e
- os que provêm de entidades que informam estar numa estação transmissora e usam de tecnologia para nos acessar.

Jorge Rizzini: Então o experimentador é peça-chave na obtenção dos contatos?
Sonia Rinaldi: Assim me parece. Além dos recursos técnicos, parece ser importante algum tipo de bioenergia de nossa parte, mas que, com toda a certeza, não é exatamente o *ectoplasma*. Por outro lado, notamos que o transcomunicador atua de forma decisiva no intercâmbio porque é como se ele funcionasse como "antena" — e, nesse sentido, o "ser global" dele faz diferença para sintonizar os parceiros do Além. É como se o operador fizesse parte integrante do conjunto de aparelhos, e, assim, oscilações emocionais sempre se refletem na faixa sintonizada dos espíritos comunicantes. Mas quer nos parecer que essa "energia" pessoal difere do ectoplasma. Portanto, entendemos que os contatos com aparelhagem, conforme vivenciamos, não se trata de um "fenômeno de efeito físico". É bom observar que quem fala isso não é experimentador. Ou, ao menos, não o é como se entende normalmente essa expressão. Possivelmente, os comunicantes utilizam-se de algum tipo de bioenergia ainda desconhecida para nós, que com o tempo e o desenvolvimento das pesquisas, será mais bem definida. Na TCI, a evolução mais enfática é muito recente, e os estudos ainda são incipientes. Há que se dar mais tempo para aclarar o fenômeno.

Jorge Rizzini: Então você admite que há uma integração?
Sonia Rinaldi: Eu falei há pouco do "ser global", e isso inclui, principalmente, o bloco que perfaz o nosso espírito, com suas graduações de humor, bem ou mal-estar, qualidades (ou defeitos) pessoais, o que vale dizer que cada transcomunicador acessará o seu semelhante do lado de Lá. A famosa "sintonia" que conhecemos muito bem. Nesse sentido, o intercâmbio não difere muito da questão mediúnica, pois basta um médium ser de elevado padrão moral e ele terá uma faixa de amigos espirituais, e se assim não for, poderá atrair toda sorte de companhias indevidas, inclusive obsessores. Muito será determinado pela intenção, objetivos, estado mental etc. do transcomunicador.

Jorge Rizzini: Assim, haveria risco em se fazer experimentos de TCI?
Sonia Rinaldi: O risco não está nos experimentos, mas nas nossas imperfeições. Não há nada a temer se houver intenções positivas. Mas, se o objetivo for brincar com os contatos, e nesse caso vale lembrar as brincadeiras do "copo que anda", aí a coisa pode pegar, pois obviamente que obter "contatos locais" é algo que se relaciona aos espíritos que estão por aí, sem nada para fazer. Aí voltamos à questão moral, à seriedade, à ética enfim, que é só o que despertará o interesse dos espíritos mais elevados.

Jorge Rizzini: Então voltando: como foram os seus primeiros contatos?
Sonia Rinaldi: Uma das coisas mais comuns que ocorrem com o transcomunicador iniciante é ele ouvir o seu próprio nome gravado pelos comunicantes espirituais. No

início, é preciso treinar um tanto o ouvido para que este se torne seletivo. Ou seja, é preciso aprender a separar a voz paranormal do ruído de fundo. E uma das formas de chamar a atenção do experimentador é chamá-lo pelo nome. Foi isso que ouvi pela primeira vez, o meu nome, em meio a uma emissão de muitas vozes no rádio.

Jorge Rizzini: E hoje, como são esses contatos?
Sonia Rinaldi: Desde o início de 1998, a equipe técnica do Além que nos contata conseguiu suprir os ajustes necessários no tempo, de forma que hoje atingimos a fluência tão esperada durante os dez anos. Ou seja, todas as perguntas são respondidas ou comentadas. Hoje conversamos com eles em tempo real. Às vezes, ocorrem casos curiosos, como o do telefone. O mais curioso é às vezes perceberem a nossa "teimosia". Já há meses, os espíritos inseriam em meio a muitas respostas as expressões: "Sonia, pega o telefone", ou então diziam: "Sonia, telefona para nós". Ora, eu achava que eles tinham grande senso de humor, pois como eu poderia ligar para eles??? E simplesmente ignorava a recomendação. Somente cerca de poucas semanas depois, por acaso eu estava com o telefone sem fio ao lado do computador onde gravo os contatos quando eles voltaram a se repetir — "Pega o telefone". Apenas para brincar com eles, peguei o telefone sem fio e respondi: "Tá bom! Peguei o telefone! E agora?" Parei por alguns segundos, e a intuição passou a funcionar e fui checando um jeito, outro, e mais outro, até que na quarta tentativa havia acertado. Havia percebido como usar o telefone na nova aparelhagem, e uma das primeiras coisas que eles disseram então foi: "Você telefonou para nós." Claro que não se trata de uma chamada telefônica conforme nós entendemos, mas apenas o uso do aparelho no lugar do gravador ou de outro recurso qualquer. A vantagem de usar o telefone assim, sem a linha telefônica, garante que os contatos são autênticos. Não há como uma pessoa nos acessar através daquele telefone, pois não está na linha. O aperfeiçoamento do equipamento foi desenvolvido por cientistas da USP.

Jorge Rizzini: Fale da aparelhagem que você usa.
Sonia Rinaldi: Atualmente utilizo o computador como base, o telefone, secretária eletrônica e gravador. Recentemente, acrescentamos equipamentos para recepção de imagens também. Para isso, estou usando um *tubo de raios catódicos*, placa de captação, câmera de vídeo etc. Mas quem deseja iniciar pode perfeitamente começar pelo uso de rádio (comum) e gravador (comum). Ou melhor ainda, com uma técnica nova que descobrimos e que usa apenas dois gravadores e nada mais.

Jorge Rizzini: Com que freqüência você faz experimentos?
Sonia Rinaldi: Eu diria que durante nove anos fui extremamente metódica. Seguia rigidamente a rotina de gravar três vezes por semana, durante quinze minutos. Acho que isso garantiu a credibilidade dos amigos do lado de Lá. Mas, de um ano para cá, quando os contatos começaram a se tornar fluentes, não consegui mais manter a rotina, pelo volume de trabalho na coordenação da ANT, atualização do nosso *site* na Internet, preparação de palestras, preparação de artigos, e responder a todos os *e-mails* e correspondências que chegam etc. Atualmente, tenho gravado pela manhã, algo como três minutos de áudio e dois de imagens. Costuma ser o suficiente para ouvir até trinta respostas ou orientações. Essa quantidade se relaciona com o modo temporal em que se manifestam.

Jorge Rizzini: Como nasceu a ANT — Associação Nacional de Transcomunicadores?
Sonia Rinaldi: Por volta de 1990 a associação já estava esboçada; o que fizemos foi ampliá-la com cautela, por orientação dos nossos mentores. Hoje (outubro/99) contamos com aproximadamente 850 associados, sendo que uma grande parte já recebe contatos.

Jorge Rizzini: Quem são os associados da ANT?
Sonia Rinaldi: Os transcomunicadores, em geral, podem ser divididos em dois grupos básicos: os que começam na TCI porque perderam um ente muito querido e querem ouvi-lo (seria o bloco dos pais que perderam filhos, principalmente) e os que começam porque têm interesse na parte científica da pesquisa.

Jorge Rizzini: Do seu ponto de vista, qual seria o objetivo maior da TCI?
Sonia Rinaldi: A meu ver é uma oportunidade da qual a Espiritualidade Maior está se valendo para trazer aos homens a informação, de forma bem concreta, de que o *espírito* sobrevive à morte do corpo físico. Isso tem muitas implicações. Por exemplo, o consolo. Quantos pais que perderam seus filhos já conseguem aplacar a dor da saudade por ouvi-los novamente? Só de saber que o filho falecido *vive* no outro lado é um conforto profundo, pois adquirem a certeza de que um dia irão reencontrá-lo. Claro que isso não elimina a saudade, mas ameniza a dor da separação. Hoje, isso pode ser alcançado através de ouvir as vozes desses falecidos queridos. Imagine, no futuro, poder vê-los através das transfotos. Quem sabe de forma até mais fácil do que se cogita hoje.

Outra implicação: com a comprovação científica da realidade do espírito, essa informação tenderá a penetrar na sociedade não como uma questão religiosa, mas como uma *realidade*. Veja que, como questão religiosa, já se fala em espírito há mais de 5 mil anos (se tomarmos as filosofias orientais), mas, nunca tiveram força para se impor como uma verdade indiscutível, pois "religião não se discute", é coisa pessoal. Mas, se as mesmas informações advirem pela ciência oficial, é possível (apenas possível) que a coisa seja um pouquinho diferente. Achamos que vale a pena tentar.

Jorge Rizzini: Em sua opinião, a Transcomunicação se enquadra no segmento científico do espiritismo?
Sonia Rinaldi: Exato. Veja, a parte religiosa e filosófica da doutrina já vem sendo bastante difundida, sobretudo levando seu lado moral, ético, a atuação caritativa etc. Mas a pesquisa científica é praticamente inexpressiva, até mesmo no Brasil, local de maior difusão da doutrina espírita. São vários os segmentos que constituem o segmento científico do espiritismo, como os estudos de casos de reencarnação, *poltergeists*, regressão a vidas passadas, viagens astrais, telepatia, clarividência, clariaudiência, EQM (Experiência de Quase-Morte), visões em leito de morte, etc., mas onde estão os estudiosos desses temas? Raros são os que se envolvem com a pesquisa.

Jorge Rizzini: Sabemos que você conduz a pesquisa na direção científica. Como é isso?
Sonia Rinaldi: Verdade. Não consigo ver a TCI sem o respaldo da garantia do reconhecimento científico, ou seja, se o fenômeno é verdadeiro, ele tem que dar margens à comprovação. Se não fizermos isso, a TCI não terá a força para atingir culturas que negam a realidade do espírito. Além disso, se não trabalharmos com a *comprovação* do fenômeno, estaremos gerando apenas mais uma possibilidade de crença. Para isso, estamos em freqüente contato com cientistas de algumas universidades, cujos resultados

de pesquisa vimos divulgando através da Internet e outras publicações. Mais recentemente, quando fomos aos Estados Unidos, ao Congresso de Psicotrônica (Ohio), firmamos as tratativas para a parceria com o IONS (Institute of Noetics Sciences), um instituto de pesquisa americano interessado em construir um laboratório para a autenticação da TCI.

Jorge Rizzini: Quem são os comunicantes?
Sonia Rinaldi: Em 1992, começou a formar-se um grupo de espíritos interessados em nos assistir e, em 1994, fomos informados que criaram uma estação independente num local que disseram chamar "Lago da Paz". Esse aviso foi recebido simultaneamente por vários de nossos associados, no mesmo período. Esse grupo diz ter a coordenação do (espírito) doutor Roberto Landell de Moura. Embora a maioria dos brasileiros desconheça, o doutor Landell foi o verdadeiro inventor do rádio, pois o inventou dois anos antes de Marconi, no início do século. Hoje chegaram a avanços técnicos notáveis, haja vista terem estabelecido a sincronia de tempo perfeita em algumas estações, como a minha, por exemplo. Ou seja, hoje recebemos contatos em tempo real e a qualquer hora. O ajuste no tempo era e é uma das principais barreiras que dificultam o acesso deles à nossa aparelhagem. Mas estou certa de que esse não é o único entrave para eles. A outra barreira que eles enfrentam é a moral dos do lado de Cá. Provavelmente, essa é a maior de todas.

Jorge Rizzini: Para os espíritas seria importante saber se o codificador da doutrina teria feito menção relativa a essas possibilidades.
Sonia Rinaldi: Fez. Isso ficou bem claro na questão 934 do *Livro dos espíritos*, que fala da perda dos entes queridos e diz:

> A perda de entes queridos não nos causa um sofrimento, tanto mais legítimo quanto é irreparável e independente de nossa vontade?
> Resposta: Essa causa de sofrimento atinge tanto o rico como o pobre: é uma prova ou expiação e lei para todos. Mas é uma consolação poderdes comunicar-vos com os vossos amigos pelos meios de que dispondes, *enquanto esperais o aparecimento de outros, mais diretos e mais acessíveis aos vossos sentidos* (grifo nosso).

Ora... que meios poderiam ser mais diretos do que ouvir a voz do querido falecido ou ver a sua imagem no plano espiritual hoje? No entanto, é preciso lembrar que à época de Kardec nem sequer o uso da eletricidade havia sido descoberto e que só muitas décadas depois é que surgiram o rádio, gravador, TV etc.

Jorge Rizzini: Qualquer pessoa pode fazer experimentos e obter resultados?
Sonia Rinaldi: De acordo com o nosso ponto de vista, sim. Não dá para imaginar que a espiritualidade teria a intenção de favorecer apenas uns e não outros. Nada tem a ver com recursos especiais de equipamentos, pois tem gente trabalhando com sucesso usando apenas gravador e rádio, e nada mais. Tampouco parece depender de dotes mediúnicos especiais pois, se assim fosse, não teríamos resultados sendo obtidos por centenas de pessoas no mundo todo. O único requisito real é a vontade, mas muita vontade mesmo, pois isso abrirá a ponte para os contatos. Temos estudado muito esse assunto, e quer nos parecer que a "vontade", o senso de determinação, a concentração

no objetivo, modela a ponte para o lado de Lá. O Brasil é um celeiro de grandes médiuns, e, no geral, sua população aceita bem a realidade do *espírito*. Mas isso não nos motiva a nos aquietarmos se outras culturas não assimilam essa verdade porque exigem fatos mais contundentes. Por isso, é gratificante ver hoje o nosso país dando sua contribuição para levar a verdade sobre o *espírito* também aos que não se permitem crer no que o coração mostra, mas no que a razão exige.

B. NOSSA TRAJETÓRIA

Há aproximadamente doze anos, dedicamo-nos à experimentação em TCI. Nesse período, nossos contatos evoluíram consideravelmente, saindo de palavras esparsas e desconexas até chegar a respostas objetivas e claras. Em muitos experimentos, vivenciamos a fluência, embora a qualidade das vozes ainda não tenham alcançado o patamar almejado, ou seja, a obtenção permanente de vozes de nível "A".

Tal situação prevalecia não apenas na nossa estação, mas também com a maioria dos associados que já recebem contatos.

Foi assim que conseguimos a oportunidade de poder ajudar melhor nossos associados e, principalmente, saber o que se passa com comunicantes, como vivem etc.

Tenho descoberto, por exemplo, que de fato eles levam uma vida muito parecida com a nossa. Por demais parecida. Dou alguns exemplos:

Certa vez, perguntei se o doutor Landell estava e se poderia falar comigo; veio a resposta: "*Não. Ele está dormindo*." Ora! Dormindo? Em outra oportunidade, foi ainda mais estranho. Perguntei se o Artur (um de nossos comunicantes) estava, e uma voz respondeu: "*Não, saiu pro almoço!*" Almoço? Claro que várias obras espíritas abordam isso; porém, há muita diferença entre você ler e *ouvir*. Veja, em outra oportunidade, por estar sozinha em casa, coloquei o telefone sem fio ao lado dos aparelhos e comecei a gravar. Nisso tocou o telefone, bem junto do microfone. Parei de gravar e atendi. Quando retornei a gravar, voltei um trechinho e ouvi o registro do toque estridente do telefone e, em seguida, uma voz masculina reclamando bem alto: "*Ai! Ai, o meu ouvido!!!*" Ouvido? Pois é... eles têm "ouvido"!

Para confirmar esse novo estágio na recepção dos contatos, e à medida que o nosso tempo permite, venho convidando amigos e associados para gravar comigo e testemunhar as ocorrências.

Nota: Muitos relatos e dezenas de amostras dos áudios (por gravador, computador, telefone, secretária eletrônica etc.) podem ser vistos e ouvidos no nosso site *na Internet. Por isso, convidamos o leitor a visitá-lo no seguinte endereço:*

http://www.geocities.com/Athens/Acropolis/9045.index.html

Dentre os muitos casos que poderíamos narrar, selecionamos estes:

CASO 1 — OLINDA

Em outubro de 1998, recebemos a visita de uma amiga que perdeu um filho num insólito incidente com abelhas. Sendo ele alérgico, veio rapidamente a falecer antes de receber auxílio. O nome do jovem era José Augusto.

No momento da gravação, sem querer, confundi-me com o nome de outro jovem falecido, chamado "José Adilson". Ou seja, no momento de chamar por "José Augusto", chamei "José Adilson", isso ao lado da mãe. Pareceu-nos curiosa a precisão com que o filho da Olinda me corrigiu. Eis o diálogo gravado com voz de ótima qualidade:

Sonia: Amigos, é possível falarmos com o José ADILSON?
Voz do José Augusto consertando meu erro: *AUGUSTO! GUTO!*
Outra voz paranormal complementa: *Ela errou...*
Sonia se apercebe e corrige: Ah! Desculpe-me, José Augusto!
Guto diz pra mãe: *Te amo!*
Olinda pergunta: E a Marine, pode falar conosco?
Nota: Marine é uma prima falecida da Olinda.
Voz feminina responde: *A Marine já chegou.*
Nota: É freqüente eles informarem se um espírito chegou à estação ou ao grupo deles.
Voz feminina (provavelmente da Marine): *Saudade. Quanto tempo!!!*
(...)

CASO 2 – GYORGY

Gyorgy Ferray

Certa noite, veio à nossa casa o associado Gyorgy Ferray acompanhado de uma amiga. A jovem era extremamente quieta, parecia um tanto tímida. Enquanto eu e Gyorgy falávamos sem parar, a moça não disse um "a"; apenas acompanhava a conversação com interesse e sorrindo.

Em outras palavras: não sabia absolutamente nada da *discreta visita*.

Fomos gravar. Coloquei a saudação e passei a palavra para o Gyorgy, que fez uma pergunta qualquer. Ao ouvirmos, uma voz dava notícias da irmã falecida da *jovem calada*, e nem sequer o próprio Gyorgy sabia que a amiga tinha uma irmã falecida. Por fim, ouvimos a moça falar um bocado, manifestando a surpresa que a tomou, pois *pensara* na irmã sim, mas nada pediu ou perguntou.

CASO 3 – TV BANDEIRANTES

Equipe da TV Bandeirantes – que também visitou outros associados da ANT – na foto com Magaly.

Esteve em nosso laboratório a equipe da TV Bandeirantes, com o apresentador Gerson, para gravar um programa para a série "Documento Especial". Estavam presentes na nossa sala de contatos eu, o Gerson, o *camera-man* e um assistente.

Depois de encerrada a entrevista, decidimos fazer um experimento particular com as câmeras desligadas. Gravamos por uns dois minutos e, ao ouvirmos, o Gerson teve uma grande surpresa. Eis a seqüência dos contatos que íamos ouvindo, e o diálogo com Gerson:

Voz paranormal diz: *Olavo*.
Interrompi a audição, já que eu e Gerson estávamos com fones e, portanto, ouvindo simultaneamente. Pergunto ao Gerson: Você conhece algum Olavo falecido?
Gerson tenta se lembrar e diz: Olavo? Olavo? Só se for um amigo que eu tinha na Globo.
Voltamos à tarefa de ouvir a gravação, e o contato imediato ao nome dizia:
(M): *Fala pra ele que é o da Globo!!!*
Gerson ficou todo arrepiado e surpreso com a ocorrência.

CASO 4 – FERNANDO PORTELA

Em janeiro de 1998, recebemos o jornalista Portela, que pretendia fazer uma matéria para o *Jornal da Tarde*, de São Paulo. Após a entrevista, convidei-o para participar de um experimento, no qual gravamos menos de dois minutos. Eis o diálogo conforme registrado:

Voz paranormal feminina diz, assim que acionamos para gravar:
Tem uma pessoa (referia-se à presença do Portela).
Sonia: Doutor Landell de Moura, o senhor está me ouvindo?
1ª voz paranormal (M): *Sim, sim.*
2ª voz paranormal (M): *Estou te ouvindo!*
Sonia: Doutor Landell, o senhor conhece o Fernando Portela?
Voz feminina: *Muito bem.*
Nota: Nesse ponto da gravação, a voz paranormal responde antes da pergunta:
Doutor Landell: *Bem-vindo!*
Sonia: Doutor Landell, o Fernando é pessoa muito solícita e disposta a auxiliar nesse trabalho de vocês, OK?
Voz masculina: *Bom! O trabalho é feito em grupo.*
Sonia pergunta ao Fernando Portela: Como era mesmo o nome do seu pai?
Fernando Portela: Carlos... Portela.
Sonia: Doutor Landell....
Voz paranormal (M): *Da avenida Paulista.*
Sonia: Seria possível localizar o Carlos Portela e levá-lo para a estação?
1ª voz masculina: *Fala aqui Portela.*
2ª voz masculina: *Portela.*
3ª voz masculina (pai, Carlos Portela?): *Fernando!*
Voz feminina emocionada e trêmula (seria da mãe?): *Fernando!!!*
Nota: O nome Avenida Paulista chamou a atenção, pois tratava-se (na época) do endereço do escritório do Portela. Parece ter sido uma forma de os comunicantes espirituais dizerem que o conheciam de fato.

- Uma voz dirige-se a um "Portela" do lado deles, o que nos leva a entender que o pai (Carlos Portela) estava sendo orientado para falar com o filho; isso foi totalmente inesperado.

- A voz feminina, trêmula, deixava transparecer emoção e tinha sotaque nordestino. Logo em seguida, nosso visitante informou que a mãe dele era pernambucana. Por isso, tudo leva a crer que a voz poderia ser a de sua falecida mãe.

Sonia: Doutor Landell de Moura, é possível obter notícias do Carlos Portela?
1ª voz masculina: *Sim, sim.*
Sonia: Doutor Landell de Moura...
Voz masculina: *Ele está ouvindo.*
Resposta dada antes da pergunta:
Voz paranormal: *O Artur... o Arturzinho...*
Sonia: Tem ainda algum amigo querendo enviar alguma mensagem?
Explicação:
Pela primeira vez ouvimos esse nome, Arturzinho, que viria a se firmar em dezenas de contatos posteriores.
Sonia: Doutor Landell, é possível localizar e conduzir Carlos Portela e Dulce Portela para a estação?
Voz paranormal: *Está na Itália.*
Nota: Essa palavra chamou a atenção, pois, exatamente naqueles dias, o Fernando Portela estava tirando passaporte italiano para obter uma segunda nacionalidade, e seu pai era italiano.
Sonia: Amigos, vou deixando um grande abraço e boa-noite.
Voz paranormal masculina: *Boa-noite.*

Nota final: O jornalista, que sempre teve certeza da realidade do espírito, saiu de casa com a nova convicção de que os contatos por aparelhagem são uma realidade e estão em franco desenvolvimento. Seu artigo, com a nossa entrevista e com vários de nossos associados, foi publicado no JT de 8 de fevereiro de 1998.

CASO 5 – MÃE FALA COM A FILHA

A associada, médica, doutora Maria do Carmo assistiu à partida de sua filhinha Fernanda, aos 10 anos de idade, num acidente tolo. A garotinha nasceu em fevereiro de 1979 e veio a falecer em junho de 1989. Menina linda, esperta e inteligente, era a caçula e o xodó da família, principalmente do pai, também médico.

Doutora Maria do Carmo

A BUSCA

A partir de janeiro de 1998 passei a pedir notícias de Fernandinha e, semanas depois, obtivemos as primeiras informações. A partir dali, passamos a "puxar conversa" com a garota, e começaram a chegar várias respostas com voz de menina.

Comuniquei esse fato à mãe, que, obviamente, quis ouvir essas vozes. Na noite que antecedia a vinda da Maria do Carmo à nossa casa, ainda fiz um experimento fortemente dirigido à filha, enfatizando que, no dia seguinte, tentaríamos um contato direto.

A CONVERSA...

Gravamos apenas por aproximadamente seis minutos. Os resultados dessa conversa seguem aqui, sendo que predominaram as captações em nível A e B (as captações de qualidade "C" foram desprezadas).

Tão logo acionei para gravar, uma voz paranormal masculina confirmou a minha ação através da palavra "Gravando". Chamou-nos a atenção tal fato, pois isso confirma que estavam nos vendo e tendo total controle de nossas ações, a partir da estação transmissora situada no Além. Conforme já nos explicaram, eles monitoram todo o ambiente (terrestre) por aparelhos do lado deles.

Nota: Usaremos sempre "(M)" para designar voz paranormal masculina e "(F)" para designar voz paranormal feminina.

ÍNTEGRA DO EXPERIMENTO

Sonia aciona para gravar:
Voz paranormal (M): *Gravando.*
Sonia falando para Maria do Carmo: Já está gravando.
Sonia: A Fernanda está nos ouvindo?
Voz paranormal infantil: *Aqui.*
Sonia: Fernanda, você está nos ouvindo?
Voz paranormal: *Estou te ouvindo.*
Sonia repete: A Fernandinha já está nos ouvindo?
Voz paranormal infantil: *E o papai???*

Nota: Prova interessante de que estavam nos vendo, pois foi uma das primeiras coisas que a garotinha falou. Ou seja, notou a ausência do pai. Pelo tom da voz, parecia ter sentido muito. Depois, a Maria do Carmo explicou que, por causa do fato de o marido, até hoje, sentir muito a falta da filha, receou que ele participasse do experimento se, porventura, não ocorresse nenhum contato com a filha. A decepção seria muito amarga para um pai até hoje sensível ao assunto.

Sonia: Fernandinha, quem está aqui comigo hoje?
Voz infantil: *A minha mãe.*
Mãe: Quem é o meu tesouro?
Voz infantil: *Sou eu.*
Mãe: É a minha Bicuda?
Voz infantil: *Mâma.*
Voz infantil: *Eu vivo aqui.*
Mãe: A mamãe só quer saber se você está bem...
(M): *Está. (**)*

(**) Note que foi uma voz masculina que respondeu. Percebemos que às vezes outras vozes respondiam no lugar da Fernandinha. Provavelmente, ela estava sendo orientada e amparada pelos comunicantes adultos.

Mãe: Eu só quero que você saiba...

(M): *Está com Cristo*. (Nota: Mesma voz paranormal masculina.)

Mãe: ...que meu amor não tem tamanho... você não esqueceu de mim?

Voz infantil: *Nunca*.

Segue curiosa antecipação à pergunta da mãe. Fernandinha diz — "*Está vivo*", referindo-se à lembrança de seu aniversário no domingo seguinte, ou seja, a lembrança está viva. Curiosamente, a resposta veio antes da pergunta da mãe.

Voz infantil: *Está vivo*.

Mãe: Você lembra o que vai ser no próximo domingo?

Voz infantil: *Domingo, será a primeira a vir*.

Mãe: Nós não vamos esquecer nunca...

Voz infantil: *Eu te amo*.

Mãe: E você é feliz?

Voz infantil: *Sim, mamãe...*

(F): *Por tanto te ver*. (Voz paranormal feminina jovem.)

Mãe: E seja sempre boazinha, viu?

(M): *Ela é. Muito obrigado*. (Voz paranormal masculina.)

Mãe: E você vai me esperar?

Voz infantil: *Eu vou*.

Mãe: Eu gostaria tanto que fosse você quem me recebesse quando eu chegasse aí...

Voz infantil: *Pode ser*.

Sonia: Fernanda, com quem você mora agora?

(F): *Isaura e Ester*.

Mãe: Tesouro da mãe...

Voz infantil: *Mamãe...*

Mãe: Você vai falar comigo outras vezes?

Voz infantil: *Vou*.

Mãe: Me diga como...

(M): *Falando com o Carlindo*.

Nota: A entrada dessa voz paranormal masculina de adulto sugere que estavam controlando para amparar a garota — que diante dessa pergunta, provavelmente, não saberia responder. Alguém respondeu por ela.

NO MEIO DA GRAVAÇÃO, UM INCIDENTE: o menino intruso

Nesse ponto da gravação, ocorreu algo muito curioso: a intromissão de um espírito-garoto, que parecia um tanto descontrolado, na ansiedade de também ver e falar com sua mãe. Não sabemos quem é essa criança, mas sua voz forte e clara denotava profunda angústia e muita saudade de sua mãe terrestre.

Ao ouvir esse trecho, senti certa tristeza e vontade de saber mais dados a respeito desse menino e avisar sua mãe. Quem sabe, trazê-la ao nosso laboratório para que o filho que, visivelmente, sofria do lado de Lá pela separação, se acalmasse. É muito curioso o diálogo entre essa voz de menino e a da menina, numa cena tipicamente de crianças da Terra brigando.

Percebe-se que ele se intrometeu indevidamente e levou um "pito" por isso.

Além da "força" desse momento, exacerbada pelo tom angustiado do menino, além de percebermos que ele "furou um bloqueio", ainda deu para escapar certa informação técnica, pois um espírito adulto diz:

(M): *Fechar, agora.* Fechar, o quê? Um canal, talvez? Será que é assim que eles falam? Abrindo e fechando canais? Não sabemos. Mas foi deveras curiosa a intromissão do garoto, que assim ficou registrado em qualidade de nível "A":

(Voz de menino, alta e clara): *Quero ver a minha mãe! A minha mamãe!!!*

Voz infantil de menina (Fernandinha?): *Vai embora!!!*

Voz de menino: *Já vou.*

Voz masculina paranormal dando um pito: *Ouviu? FECHAR agora!!!*

Sonia faz o encerramento: Eu agradeço o empenho de vocês...

(F): *Nós a você.*

Voz infantil: *Eu te amo.*

(Provavelmente voz da Fernandinha agradecendo pela chance de falar com a mãe.)

Sonia: Aceitem o nosso abraço.

(M): *Um abraço forte.*

(M): *Parabéns.*

Sonia: Um beijo pra todos.

(F): *Está chorando.*

Nota: De fato eu e Maria do Carmo estávamos muito emocionadas e lacrimejantes.

(M): *Até sexta-feira.*

(E desligamos os aparelhos.)

Nota: De fato, sexta-feira seria o dia do próximo experimento, embora eu nada tenha mencionado.

Conclusão:

Esse diálogo emocionado entre mãe e filha vem mostrar o novo estágio que a TCI vive, rumando na direção de uma de suas tarefas mais importantes: o consolo. Assim como, também, passar a mensagem de que a vida continua e glorificar a eternidade da vida.

CASO 6 – AMOR SEM FRONTEIRAS

Carmem Machado

Carmem Machado, cujo marido faleceu de infarto, é revisora profissional, associada da ANT e amiga de muitos anos. Trata-se de uma paixão que continua depois da partida de João Batista.

Quando obtive a autorização do grupo de espíritos comunicantes para convidá-la a participar de um experimento, cuidei de enfatizar com eles o horário em que ela se faria presente no dia seguinte.

Já na noite anterior, captei as seguintes mensagens referentes a Carmem:

Sonia: O João Batista está me ouvindo?

1ª voz paranormal orientando-o: *Solta a voz.*

2ª voz (M) (do João?): *Estou.*

Sonia: João, deixe uma mensagem para a Carmem...

Voz masculina: *Eu te espero.*

E mais adiante diz enfático: *Eu te amo, te espero chegar.* Após pausa, diz: *Minha Flor.*

Quando Carmem chegou em casa, mostrei essas captações e ela logo ficou emocionada, não só pelas declarações, mas porque dois dias antes havia pego um livro de poesias com o título *Vale Flor*, que seu querido João costumava declamar para ela. Naquele dia, saudosa, Carmem abriu o pequeno volume para ler uma das poesias de que o casal mais gostava, e que ele declamava com freqüência:

O Coração é como concha bipartida
Nós guardamos no peito uma metade,
E a outra, quem sabe,
Se encontra nos mares da eternidade.

Nesse momento, ela sentiu que seu amado estava, sim, nos mares da eternidade, mas firme e a postos para repetir que continua amando-a. No experimento gravado com a Carmem, houve um total de 93 respostas, incluindo comentários ou inserções dos espíritos, em oito minutos de gravação. Transcreveremos aqui exclusivamente alguns de maior interesse para o leitor:

Sonia: João Batista, você já está a postos?

Voz (M): *Carmem, te amo.*

Carmem: Eu agradeço por vocês possibilitarem ao meu marido falar comigo...

Voz (M): *Pode ser.*

Carmem: Vida minha...

Antes de Carmem prosseguir com a frase, durante uma fração da respiração dela, uma voz feminina intercala-se dizendo: *Ele é daqui!*

Carmem: ...você acha que eu consigo organizar seus escritos...?

Voz (M): *Com certeza.*

Carmem: Tudo o que você falava...

Na pausa, outra voz interfere e complementa, pois Carmem referia-se a tudo que o João lhe dizia sobre a espiritualidade. A voz paranormal masculina diz: *Sobre nós.*

Carmem: Agora eu estou conhecendo através da TCI...

Nota: Observe o quanto ficou completa a frase com a interferência da voz paranormal, mostrando que os espíritos sabiam perfeitamente o que a Carmem viria a dizer e o tempo preciso das palavras, pois intercalaram com perfeição. Repetimos a seqüência da gravacão:

Carmem: Tudo o que você falava...

(M): *SOBRE NÓS.*

Carmem: Agora estou conhecendo através da TCI

Voz (M): *Continua.*

Carmem: Devo recomeçar?

Voz (M): *Assim será.*

Carmem: Eu gostaria de saber se você está bem...?

Voz (M): *E vivo aqui... como eu tinha sonhado.*

Carmem: Diga-me aquelas palavras que você me dizia...

Voz feminina complementa: *É o amor da vida dele.*

Carmem: Minha Vida...

Na pausa para respirar, uma voz paranormal (M) diz: *Sou eu mesmo.*

Carmem: ... esse trabalho estava preparado para nós?

Voz (M): *Sim... e como te amo.*

Nesse momento da gravação ocorreu algo *sui generis*: Carmem, emocionada, parou: "deu um branco". Como percebi, tomei a palavra dizendo:

Sonia: João... a Carmem...

Nessa pausa para respirar, uma voz masculina diz: *Ela está sem voz.*

Sonia: Está sem palavras...

Nota: Achamos curioso eles constatarem e, em perfeita sincronia, antecipando o que eu iria dizer da situação.

Carmem: João, deixe uma mensagem para o nosso filho Marcelo...

Voz (M): *Marcelo... meu.*

Nesse trecho, outro detalhe interessante. A Carmem tem um irmão falecido, de quem ela viria a perguntar mais adiante. Nesse ponto, ela me pede para requisitar ajuda para a mãe, que está acamada:

Sonia: Queridos amigos, eu queria lembrar do problema da mãe da Carmem, a nossa Maria Piedade...

Voz paranormal (M) grita: *É a "minha" mãe!!!*

A partir daí, soubemos que não só o seu marido estava na escuta, mas seu irmão, o Júnior, também.

Carmem: João, você me conhece bem...

Voz (M): *Querida.*

Carmem: Sou chorona... mas...

Aqui novamente a voz de seu amado se antecipa à pergunta de Carmem e diz brincando:

Voz (M): *Jura?*

Carmem: Eu sinto muito a sua falta...

Quando, então, Carmem decide pedir ao esposo notícias do irmão falecido, o próprio logo se manifesta:

Carmem: Vida minha, a minha mãe quer notícias....

Na pausa para respirar, a mesma voz de pouco antes grita novamente:

Voz (M) do Júnior: A *"minha" mãe!*

Carmem prossegue: ...ela gostaria de saber notícias do Júnior...

Voz (M) do João: *Está aqui.*

Voz (M) do Júnior: *Minha mãe....*

A gravação seguiu com outros assuntos, mas a voz de seu querido marido ficou no coração de Carmem... como a concha bipartida, cuja outra metade está nos mares da eternidade.

CASO 7 – CHEGA A MAIS LONGA MENSAGEM

Na noite de 11 de fevereiro de 1998, fizemos um rápido teste de gravação para verificar o nível de ruído de fundo. Gravei menos de dois minutos. Quando ouvi, a surpresa: continha a mais longa mensagem já recebida pela minha estação (desconsiderando chamadas telefônicas). Nesse primeiro contato, apesar de o comunicante não haver se identificado, foi fácil perceber de quem se tratava.

A IDENTIFICAÇÃO

Pelo conteúdo da mensagem, logo lembramos de uma de nossas associadas. Nós nos conhecemos em dezembro de 1997, por ocasião da reunião da ANT, quando, inclusive, seu filho falecido comunicou-se pela primeira vez.

Naquela oportunidade, ainda sob forte emoção (por ter ouvido a voz do filho), ela contou que José Geraldo havia sido assassinado, aos 27 anos de idade. Tal fato ocorreu há aproximadamente dois anos. Sua dor foi ainda maior, pois na condição de advogada e conhecedora dos rapazes que praticaram o crime, ainda entrou em batalha judicial para defender seu filho do coração. Falou da forte ligação que sempre a uniu ao filho e ainda que, muitas vezes, José Geraldo dizia que não viveria muito e um dia iria deixá-la. Isso era para ele um pensamento tão definitivo que o fez até comentar com a namorada que ela deveria arranjar outro namorado, pois ele não viveria o suficiente para casar-se com ela.

Dispondo dessa informação, quando recebemos a mensagem gravada na noite do dia 11 de fevereiro de 1998, logo deduzimos tratar-se de um contato do filho da Carolina. Eis o que o jovem falecido gravou:

José Geraldo (falecido) e sua tia Rute

"Eu dizia pra minha mãe: 'um dia eu vou'
inclusive, eu falei pra minha mãe que eu não ia viver;
pra minha mãe — que deu o ar pra mim;
inclusive eu falei 'te amo';
como esconder de um coração de mãe?
agora tô ouvindo o coração da minha mãe;
mas, 'já era' a minha vida;
Minha amiga, avisa ela.
Foi horrível..."

Infelizmente, nesse ponto, como eu estava fazendo apenas um teste, pareceu-me tempo suficiente e interrompi a gravação. É bem provável que a mensagem fosse mais longa. Isso é uma novidade na TCI, pois até então vínhamos recebendo respostas, geralmente, de uma só frase e curta. Essa foi a primeira vez que recebemos, por aparelhos, uma seqüência de frases de um mesmo comunicante espiritual.

No experimento seguinte, procuramos confirmar o nome do comunicante, pois, embora suspeitássemos, não poderíamos afirmar tratar-se do jovem de Sorocaba.

Eis a seqüência do diálogo, gravado dia 12 de fevereiro, quando busquei a confirmação:

Sonia: Se foi mesmo o José Geraldo, diga o nome de sua mãe...
Resposta com voz masculina: *Carolina.*
Não havia mais dúvida.
O jovem pedia que intermediássemos a mensagem para sua mãe, a advogada doutora Carolina Seixas, de Sorocaba.
No sábado seguinte, sua tia Rute, residente em São Paulo, veio ouvir e buscar a gravação, que seria entregue nas mãos da mãe. E, assim, o pedido do jovem José Geraldo foi atendido.

CASO 8 — O BOM HUMOR

Recebemos em fevereiro de 1998 a visita do engenheiro associado Augustin Woeltz, de São Paulo. Por causa da sua especialização técnica, ele queria vivenciar o fenômeno e obter algumas informações. Eis alguns dos registros da gravação:

Augustin: Existe na estação espíritos interessados em física?
(M): *MUITOS.*
Augustin: Alguém, em particular, poderia auxiliar-me na pesquisa?
(M): *O José Luiz.*
Augustin: José Luiz, você era brasileiro, português ou de outro país?
(M): *Brasileiro.*
Augustin: De que cidade?
(M): *São Paulo.*
Augustin: Então vocês gostam de física?
(M): *É evidente.*

Nesse momento, Augustin achou que o ruído de fundo estava muito alto e receava que poderia interferir nas gravações, e insistiu para alterar o ruído de fundo. Começou, então, a mexer nos aparelhos, até que um caiu e danificou-se ligeiramente. Ainda assim, ajustou os outros aparelhos conforme lhe pareceu melhor e retornou para prosseguir na gravação, dizendo: — Esse som de fundo confunde a gente...
Assim que começamos a registrar, uma voz feminina disse, imediatamente, em tom jocoso:
(F): *Tão confuso!!!*
E eu então perguntei: Amigos, o Augustin acha que o ruído de fundo confunde. Vocês acham que confunde?
(M): *Ele é burro*, uma voz respondeu brincando.
Vários outros contatos se seguiram, mas valeu notar o senso de humor dos comunicantes, e, principalmente, a precisão das respostas.

CASO 9 — SAUDADE EM DOBRO

Este caso envolve a associada de Contagem — MG, Erika Ribeiro. O que a aproximou de nós foi a partida de sua filha Miriam, que faleceu em 1993, aos 23 anos, de uma súbita e rara doença, denominada febre maculosa. Miriam estava casada havia menos de dois anos quando retornou ao plano espiritual.

Miriam Ribeiro

Em 15 de março, decidi tentar saber notícias de Miriam, a ver se confortava o coração da Erika. Eis algumas das captações, cujo total passa de cem, só desse caso:

Comecei a gravar e quando ia falar: "Antes de saber da Miriam eu...", já nessa pausa uma voz masculina deu nome e sobrenome:

(M): *"Miriam Ribeiro"*, e uma voz feminina completou:

(F): *Ela é tudo pra sua mãe...*

Sonia: Miriam, sua mãe virá aqui na quinta-feira...

(F): *A mãe querida.*

Mais adiante gravam:

(M): *É vinda do Brasil.... que gracinha.*

Sonia: Miriam, você pode pedir auxílio aos seus amigos para que tenhamos bons contatos na quinta-feira?

(M): *A gente ajuda.*

Na tarde do dia seguinte, fiz outra tentativa referente à Miriam. Eis alguns resultados:

Voz da Miriam: *Mamãe.*

Sonia: A Miriam Ribeiro já está na linha?

(M): *Amanhã estará com vocês.*

Sonia: Miriam, diga o nome de sua mãe:

(F): *Erika.*

Sonia: Você vai poder falar com a Erika?

(F): *Fazer o possível.*

Sonia: Miriam, deixe uma mensagem para sua mãe...

(F): *Linda vida.*

Sonia: Miriam, você é feliz?

(M): *É feliz.*

(F): *Vamos trazer a menina.*

Sonia: O doutor Landell está me ouvindo?

(M): *Saiu, mas vai chegar.*

Sonia: Miriam, você vai falar com a sua mãe?

(F): *Estou escutando...* (M): *Tudo bem com a gente....* (M): *A gente vai estar aqui.*

No dia em que a Erika veio à casa, junto com outros três associados — Zilda Monteiro (SP), Leo Bloomfield (RJ) e Valdir Cunha (SP) —, estes foram alguns dos registros:

Erika: Miriam, se você está presente, identifique-se...

(F): *Mãe... a busca é o começo.*

Sonia: A Miriam já está na linha?

(F): *Já tentei ...* (F): *Pensa, Miriam.*

Sonia: Fale com a sua mãe.

(F): *Tá pensando em ir pra Minas.*

Sonia: Miriam, você vai falar com a sua mãe?

(F): *Um beijo para você.* (F): *A Miriam está muito bem.*

Conclusão:

Percebemos o conforto que as notícias da filha trouxeram para aquele coração abatido de mãe. Mas, apesar de ter sua dor amenizada por ouvir Miriam, a mãe, Erika, passou por uma segunda desastrosa vivência: veio a perder outra filha no início do ano de 1999. Essa outra filha, muito espiritualizada, faleceu subitamente, por problema de choque anafilático, aos 32 anos. Mas, a exemplo da caçula, agora que ambas as irmãs estão juntas, por certo virão consolar a mãe em dobro.

CASO 10 – UM BEIJO INESPERADO

Uruçana Marques de Oliveira

No capítulo que se segue, o leitor terá oportunidade de observar que nas gravações que fazemos nas reuniões da ANT, diante de dezenas e dezenas de testemunhas, não só os presentes recebem mensagens, mas também pessoas ausentes.

Um exemplo ocorreu ao ouvirmos a gravação, e ouvimos claramente, para nossa surpresa, a mensagem em voz feminina (cujo áudio se encontra no nosso *site* na Internet): "UM BEIJO POLIANA".

Ora, com um nome tão incomum desses, de imediato lembramos da Poliana, filha da associada falecida, Uruçana. Essa colega filiou-se à ANT em 1992 e cooperou conosco, inclusive no I ENCONTRO NACIONAL, de 1993, na FAAP. Tínhamos conhecimento de que era portadora de uma doença denominada "Lupus", e, infelizmente, foi numa inesperada reação provocada pela enfermidade que ela partiu em 4 de dezembro de 1994.

Poucas semanas antes, estivemos em sua casa e conhecemos sua filha Poliana, uma jovem risonha e simpática. Tendo a gravação em mãos, procuramos dar o recado da mãe para a filha. Fomos até a rua Ferreira de Araújo, seu antigo endereço, muito embora imaginássemos que, com o falecimento da mãe, dificilmente Poliana ainda moraria ali. De fato, ela tinha se mudado havia mais de dois anos e não tinha deixado endereço, segundo disse a vizinha. Em todo caso, esta, muito solícita, ofereceu-se para tomar nota do meu telefone, pois disse que de meses em meses Poliana passava por lá. Saí com a certeza de que Poliana não receberia o recado da mãe.

Três dias depois, recebo ligação da própria Poliana. Por um "acaso" incrível, justamente depois de estar ausente muitos e muitos meses, ela ligou para a ex-vizinha e, claro, recebeu o recado.

Ao conversar por telefone, ela revelou que logo que recebeu a informação de que estávamos à sua procura, imediatamente teve a certeza de que se tratava de um recado da mãe.

Foi quando colocamos, para que ela ouvisse, a mensagem, pelo telefone mesmo, tal a clareza do contato. Feliz, ela pôde matar um pouquinho a saudade, nascida de um amor que une mãe e filha e ignora as fronteiras da morte.

CASO 11 – O GRUPO CRESCE

Dez dias antes de ir para a Colômbia, para o VII Congresso Espírita na cidade de Santa Marta (de 9 a 11 de abril de 1997), as duas palestras já estavam prontas, bem como todas as transparências — tudo em espanhol. Faltava preparar os áudios para que o público pudesse ouvir vozes paranormais.

Foi nesse momento que pensei que os colombianos teriam dificuldade para entender as vozes em português. E, num ímpeto ousado, arrisquei a pensar: "Será que não existe algum espírito na estação que fale espanhol?"

Imediatamente, acionei os equipamentos e perguntei. Para meu espanto, várias vozes responderam em claro espanhol, dando seus dados, nomes, informações particulares etc.

Nota: Muitos desses contatos também estão no nosso site *na Internet*. Visite para ouvir no:

http://www.geocities.com/Athens/Acropolis/9045/inde.html

(Nota: observar que somente os dois "As" são maiúsculos.)

UM FATO CURIOSO

A fim de arregimentar mais contatos, lembrei-me que Karine, a filha falecida dos colegas mexicanos, os transcomunicadores Yvon e Marivon Dray, falava tanto francês (em casa, pois os pais eram franceses) quanto o espanhol (por viverem no México). E arrisquei:

Sonia: Karine, mi querida, habla comigo...

E a resposta veio em francês. (F): *Pas possible*.

Desconsiderei então, já que eu precisava de respostas em espanhol, e não em francês. Mas ocorreu que, dias depois, tive de enviar um fax ao Yvon, seu pai, e aproveitei para mencionar a ocorrência. Todo feliz, ele rapidamente respondeu, em fax datado de 7 de abril de 1998, que, embora eu desconhecesse esse detalhe, sua filha Karine sempre que grava nos experimentos que realizam em sua casa (no México) responde exclusivamente em francês! Para ele, essa foi a prova da autenticidade do contato da filha em nossa estação.

Seguem aqui os contatos selecionados, e que foram apresentados ao público na conferência: "Actualidad en Transcomunicación Instrumental", na Colômbia:

1. Sonia: Hay alguien que hable español en la estación?

(M): *Tienes Amigos Hugo acá*.

2. Sonia: Hugo, decime, qual es tu sobrenombre?

(M): *Yo soy Victor Hugo*.

3. Sonia: (Hugo)... Quantos años tienes?

(M): *40*.

4. Sonia: Quantos hijos tenias?

(M): *Yo tengo dos hijos*. *(1)*

5. Sonia: Hugo, quien es el coordenador de tu grupo?

(M): *Salustiano*.

6. Sonia: Quien es Salustiano?

(M): *Es el superior de la Tierra.*
7. Sonia: Hugo, estás me oindo?
(M): *Estoy oyendo!!! (2)*
8. Sonia: (Hugo) Puedes informar se Artur está?
(M): *Está no 45. (3)*
9. (M): *Julio.*
(M): *Puedo hablar.*
10. Sonia: Julio, hable conmigo...
(M): *Julio Bonafé.*
11. Sonia: Queridos amigos...
(M): *Mi querida...*
12. (M): *Hola!*
Sonia: Alguien habla español?
(M): *Armando Auguste.*
13. *Yo vivo a sonreir...*
14. Puedes decir qual es la color de mi ropa?
(F): *Blanca.*
15. Sonia: Queridos amigos, dejen un mensaje para los amigos colombianos...
(M): *Tendrá contacto.*
16. Sonia: Hay alguien que hable español?
(F): *Yo y muchos más.*
17. Sonia: Hugo, onde nasceste?
(M): *Yo soy de Cartagena. (4)*
18. Sonia: Julio, hable conmigo...
(M): *Uno abrazon.*
19. Sonia: Isaura, tu hablas español?
(M): *No está... pero irá escucharla. (5)*
20. Sonia: Arturzinho, você sabe que eu vou viajar amanhã?
(M): *Victor Hugo assumiu; e cuidamos de você em qualquer lugar.*
21. Assim finalizaram o contato: *Estação Grupo Landell em progresso.*

Notas:

Observem que eu perguntei usando o verbo no passado ("quantos filhos TINHA"), e ele respondeu no presente: "TENHO dois filhos." Significa que considera que ainda TEM os filhos.

(2) Foi curioso que eu falei errado o verbo, e ele me corrigiu. Eu não sabia conjugar o verbo de forma correta. Aulas de espanhol interdimensionais ???

(3) De novo, referência que parece indicar que falam em canais — no caso, canal 45.

(4) Cartagena é uma grande cidade da Colômbia.

(5) Essa resposta sugere-nos que eles podem gravar nossas conversas, como fazemos na Terra... e depois mostrar a algum companheiro ausente, no caso, a Isaura.

CASO 12 – DETALHES

• AJUSTES E INSTRUÇÕES

Eis um exemplo de como, às vezes, procedemos para ajustar as gravações. Esta ocorreu em março de 1998:

Sonia: Amigos, eu deixei os ruídos bastante baixos. Fica ruim pra vocês?
Resposta: *Fica.*
Sonia: Doutor Landell, o senhor precisa de ruído de fundo?
Resposta: *Exato.*
Sonia: Agora está bem o ruído pra vocês?
(F): *Está sim, meu amor.*
Sonia: O ruído está muito alto?
(M): *Não, assim está bom.*

• DE ONDE FALAM?

Em 12 de março, perguntei para saber de onde estavam falando... e a resposta foi: *Não podemos revelar.* No entanto, muitas gravações sugerem que estão de fato fora da Terra, por causa de gravações como: "*Estou vendo São Paulo*"; "*Atenção... é do Brasil*"; "*Chamando da Terra*".

• DO NOSSO COORDENADOR

Sonia: O doutor Landell é o nosso coordenador?
(M): *Sou eu sim.*
Sonia: Doutor Landell, se está me ouvindo, registre o seu nome completo...
(M): *Roberto Landell de Moura.*

Poucos dias depois, perguntando pelo doutor Landell, uma voz respondeu no lugar dele:

(M): *Não está... está no pátio da escola.*

Nesse período, nosso associado gaúcho, Olegário Vargas, comentou que tinha ido várias vezes à Feplam (Fundação Landell de Moura), em Porto Alegre, solicitar publicações e soube que alguns médiuns videntes às vezes vêem um vulto magro e alto, de batina, pelos corredores daquela instituição.

Nota: A Feplam é uma escola especial, faz excelente trabalho na área social e de educação, com cursos, inclusive profissionalizantes.

• ALGO TOCA DO OUTRO LADO

No dia 2 de fevereiro, assim que acionei para gravar, as vozes logo registraram:

(M): *ATENDE.... ATENDE....* — antes mesmo que eu fizesse as saudações habituais.

O que chama a atenção é o fato de que, quando liguei para gravar, algo deve ter soado ou aparecido em monitor, pois eles notaram; e um diz, até aflito, para outro: "Atende... atende."

Isso é muito significativo, pois, há muitos anos, Chico Xavier disse: "O telefone só toca de Lá pra Cá."

Com essas ocorrências, percebe-se que algo avançou, e "alguma coisa" (som? sirene? etc.) já sai daqui e chega do lado de Lá. Não foi apenas nesse exemplo, mas em dezenas de outros, que percebemos que, quando acionamos, eles já estão a postos. Várias vezes, assim que aciono, já os registro dizendo: "*Atenção, preparar*" ou... "*Ela vai começar*", ou "*Atenção, São Paulo na linha.*" Outros exemplos:

Em 6 de fevereiro, logo que aciono para gravar, registraram: "*Atenção, gravando...*", o que significa que têm pleno controle do momento exato de quando começo a gravar.

Em 12 de fevereiro, imediatamente antes de eu desligar registraram: "*Campo, desligar.*"

Em 6 de abril, poucas horas antes de viajar para a Colômbia, liguei os aparelhos e imediatamente eles registraram, antes mesmo de eu os cumprimentar: "*Atende.... a Sonia está no canal...*"

• OUTRO DETALHE: O ALARME

Várias vezes, tive a oportunidade de ouvir um alarme que disparava e um aparente tumulto gerado nessas ocasiões, com expressões registradas do nosso lado, assim:

"*Atenção, atenção... chama a segurança...*", "*Segurança!*"; a campainha soa e alguém grita: "*Enfermaria*"...

Quer me parecer que, nessas oportunidades, é como se a estação estivesse sendo invadida, pois ocorrem instruções súbitas de "Fechar canais!!!" e, outras vezes, espíritos jocosos ou insatisfeitos, que reclamam por estarem sendo postos pra fora. Esse tipo de ocorrência cessou em meados de 1998.

CASO 13 – CASO AMANDA

A família Valério, completa, antes do desencarne do Júnior (entre a mãe e o pai); à direita, a irmã, Amanda.

Em 27 de abril de 1998, estávamos fazendo simples testes de gravação de nível de ruídos de fundo quando, inesperadamente, os comunicantes espirituais entraram com o seguinte recado a ser intermediado para alguém aqui na Terra.

COMO OCORREU

Um dos nossos mais freqüentes comunicantes espirituais identifica-se como Arthur, e foi quem registrou a mensagem com seis frases:

"É o Arthur quem chama.
Do Arthur pra Amanda.
É o Arthur chamando ela.
Não esquece: o Júnior está novo.
Sonia - ligue pra Amanda."

Quando ouvimos a mensagem, logo nos recordamos da associada Amanda Valério, residente em São Bernardo do Campo, SP. Ela havia nos procurado havia poucos meses, tendo descoberto a nossa associação por causa do falecimento de seu querido irmão. Era tudo o que sabíamos. Restava procurar sua ficha, localizar o telefone, verificar se o recado fazia sentido e, principalmente, se era para ela mesmo.

MENSAGEM CORRETA

Conseguimos localizar Amanda, que nos contou: seu irmão, Júnior, teve câncer nos gânglios aos 13 anos de idade. Fez tratamento com quimioterapia e, aos 15, parecia curado. Mas essa felicidade durou pouco: aos 17 anos, a doença voltou a atacar, dessa vez de forma intensa e no curto prazo de seis meses, José Adilson Valério Júnior partiu para a pátria espiritual.

Amanda, que foi sempre muito apegada ao irmão, ficou tão surpresa quanto nós pela mensagem inesperada. E mais surpresa ainda ficou quando soube que o experimento fora gravado no dia anterior, próximo ao final da tarde, horário exato em que ela estava angustiada, chorando e lembrando muito do irmão, sentindo intensa saudade e tristeza pelo sofrimento dele. Foi nessa mesma hora que a espiritualidade trazia a resposta: "*Não esquece, o Júnior está novo.*"

Amanda relatou-nos que, embora o Júnior tenha sofrido bastante pela doença, jamais se revoltou. Pelo contrário, gostava de ler o Salmo 15 da Bíblia, que diz que Deus não nos abandona na habitação dos mortos. Foi para essa irmã dedicada, estudante universitária de 23 anos, um conforto a mais saber que seu irmão continua ligado a ela, amando-a como em vida.

PELA PSICOGRAFIA

Quando da partida do Júnior, os pais recorreram ao conforto das mensagens psicografadas pelo médium Carlos Bacelar, de Uberaba, MG.

No Centro Espírita Lar Pedro e Paulo, os familiares de Júnior receberam o primeiro consolo, que aqui se segue:

> MENSAGEM DO JÚNIOR RECEBIDA EM UBERABA EM 29 DE MARÇO DE 1998
>
> Querida mamãe Regina e querido papai José Adilson: Deus sempre nos fortaleça. Estou aqui na companhia do vovô Beco, e não tenho condições de escrever-lhe um bilhete muito longo. Não fiquem tristes em nossa casa com o que houve comigo. O câncer era para ter me levado mais cedo. Felizmente, pude ficar mais um pouco desfrutando da convivência de vocês.

Que a Amanda não fique assim tão deprimida. Não gostaria de ver a minha irmã sofrendo por minha causa. Entendam que quem morre de câncer morre por si mesmo e não por outras mãos. Graças a Deus não assumi no passado compromissos mais sérios que envolvessem outras pessoas. Situação mais difícil é a situação daqueles que são vítimas do ódio que outros lhes consagram. Porquanto, na maioria das vezes, o ódio deles é tão grande que continua, mesmo desse outro lado da vida. Agradeço a todos pelos cuidados que me dispensaram e o carinho da Amanda para comigo. O sorriso dela me animava a continuar lutando. As lágrimas que eu via muito discretamente chorar ao meu lado eram bálsamo que me confortava o coração. Peço a Deus para que a Amanda recupere a alegria de sempre e compreenda que, na medida do possível, estarei ao lado dela auxiliando-a a encontrar o seu caminho na vida. Além do vô Beco, aqui comigo nesta oportunidade, já estive com a vó Adelaide e com o vô Jamil. Eles solicitam transmitir um grande abraço à querida vó Nair. Vocês me perdoem as dificuldades que encontro para escrever este bilhete. Estou me sentindo um ator diante de tantos holofotes e luzes (a sessão estava sendo filmada), mas, infelizmente, não sou muito bom para decorar textos. Se eu não me sair bem, levem em consideração que eu sou um novato nesse tipo de intercâmbio. Agora não posso mais continuar. Estou bem e não há motivo algum para que vocês se aflijam por minha causa. A idéia de que estou completamente curado, creiam, compensa inclusive a tristeza de os ter deixado. Eu gostaria muito de ter ficado com vocês, mas doente, lutando anos a fio com o câncer, sinceramente eu não gostaria. Com o meu carinho a todos e os meus beijos de todos os dias, especialmente à querida Amanda, sou o filho que não os esquece, mamãe Regina e papai Adilson.

Sempre do seu JÚNIOR

JÚNIOR VOLTA A FAZER CONTATOS E CUMPRE O PROMETIDO

José Adilson Valério Júnior, falecido

Na reunião da ANT de 2 de maio, tivemos, finalmente, a oportunidade de conhecer pessoalmente Amanda e mostrar a ela e aos presentes a mensagem gravada do irmão.

Mas não foi só. Nesse dia, Amanda foi a "recordista" dentre todos os associados presentes, pois recebeu, nada mais nada menos, do que dezessete mensagens do Júnior na gravação coletiva. Pela psicografia, ele prometera que estaria ao lado dela. Pela aparelhagem, demonstra que está cumprindo.

Que amor lindo une esses dois espíritos, que, mais que irmãos nesta encarnação, são, por certo, viajores de muitas vidas.

C. CHEGAM AS PRIMEIRAS IMAGENS

COMO OCORREU...

Em 3 de setembro de 1998, realizamos o primeiro experimento de recepção de imagens do Além. Gravamos pouco menos de um minuto e procedemos ao exame dos mais de mil *frames* (quadro a quadro) no computador. Dentre as primeiras imagens selecionadas, pinçamos a de um "ursinho" (Foto 1).

Buscamos uma interpretação que fizesse sentido com a referida imagem. Nada. Eu não via nenhuma ligação com um *bichinho de pelúcia.*

Mas, lembramos logo que, três dias depois, ocorreria a reunião dos associados da ANT (Associação Nacional de Transcomunicadores) e que essa imagem poderia se destinar a algum pai ou mãe que perdera um filho e que, ao ver a imagem, identificaria qualquer ligação.

E foi quase isso.

Ocorreu que, nessa mesma noite, Maria Inês, dona da residência onde ocorreria a reunião, na Granja Viana, em São Paulo, ligou para confirmar que todos os preparativos estavam prontos. Foi quando comentamos sobre a imagem. Ela emudeceu. Ficou inicialmente se questionando se "seria possível".

A IMAGEM ERA UM PRESENTE...

Ela contou que, muito embora seu filho, Paulo Eduardo, houvesse falecido aos 19 anos (em acidente de carro), ele guardou por toda a vida um ursinho que ganhou ao fazer 1 ano de idade.

Por dezenas de vezes, Maria Inês tentou convencer o filho a se livrar do ursinho, já velho e feio. Porém, ele jamais o deixou. Era como que um talismã ou um símbolo, talvez.

Para acentuar a "coincidência", Maria Inês narrou que, poucos dias antes, entrando no quarto de Paulo (que permanece como era antes de sua partida) decidiu mexer num baú. Ali viu o ursinho, abraçou-o, e seu coração de mãe recorreu ao filho em pensamento, pedindo um sinal, qualquer que fosse, a lhe indicar que ele *vive e está bem.*

Não teve de aguardar muito. Dias depois, um ursinho, que lembra o velho brinquedo de infância do filho, marcava para nós um novo degrau em nossas pesquisas: a chegada da primeira imagem do Além.

A emissão foi confirmada no dia seguinte através de gravação, na qual uma voz feminina disse: "*Foi um presente do Paulinho.*"

À esquerda, o casal de associados, Rai e M. Inês, presenteados com a primeira imagem recebida do Além. À direita, Paulo, falecido, cerca de dois anos, em acidente de carro.

Imprimimos a imagem e presenteamos a Maria Inês no dia da reunião, cumprindo o desejo de seu filho (..."um presente do Paulinho"...).

No decorrer dos dias, fizemos outros experimentos e obtivemos outras imagens, sendo que a sexta delas já trazia alterações na emissão (Foto 2). Vê-se um menino, quando se extrai o verde inerente a todas as imagens que recebemos através do tubo de raios catódicos, já que o monitor é de fósforo verde.

O PROCESSO DE CAPTAÇÃO

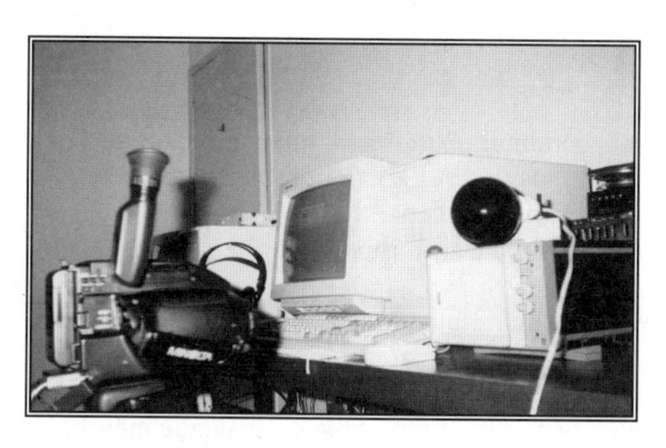

Para obtenção das imagens, uma câmera de vídeo foi colocada a uma distância adequada (cerca de meio metro) na frente de um tubo de raios catódicos com deflexão eletrostática, alimentado por fonte de tensão com alta estabilização. A deflexão horizontal (componente X) é realizada com oscilador dente de serra externo com freqüência ajustável, enquanto que a deflexão vertical (componente Y) é aleatória, obtida por meio de uma antena ligada diretamente a essa entrada. A intensidade de emissão do canhão de elétrons (o chamado componente Z) é mantida fixa.

A seqüência de vídeo gerada pela câmera é captada por uma placa digitalizadora, facilitando a operação de análise individual de cada quadro gravado, o que consideramos mais difícil no caso analógico por equipamentos convencionais de vídeo. Além disso, torna imediata a possibilidade de se analisar e transformar digitalmente as imagens obtidas, com perda mínima de qualidade.

A utilização do tubo de raios catódicos, em vez de TV em canal livre, foi sugerida por várias razões.

Em primeiro lugar, a TV, apesar de não estar sintonizada, fica sujeita a captar sinais espúrios de vídeo. Assim, poderia ocorrer a captação, mesmo que por fração de segundo, de imagens vindas de transmissões quaisquer.

Outro ponto é a freqüência de varredura: a TV tem uma taxa fixa de varredura, que é estabelecida como padrão de transmissão, enquanto que o tubo pode ter sua varredura alterada pelo oscilador, reduzindo a chance de se captar sinais de vídeo composto.

Além de tudo, o tubo de raios catódicos tem uma vantagem, para o propósito a que se dirige, que é a de permitir freqüências de varredura elevadas por causa da deflexão eletrostática do feixe.

Observação: De forma alguma descartamos o processo tradicional de obter imagens paranormais pela TV. Muitos transcomunicadores usam esse processo com sucesso. Apenas procuramos evitar que cientistas cogitassem que nossas imagens pudessem ter origem em estação de TV (terrestre) e, especificamente para isso, o tubo de raios catódicos é mais eficaz.

COMO AS PROCESSAMOS

Cada imagem a ser analisada advém de uma seqüência de vídeo captada, geralmente de menos de um minuto de duração. Parece pouco, mas, nesse breve espaço de tempo, são gerados aproximadamente seiscentos quadros (*frames*). Uma vez gravados, olha-se um a um em busca de traços que sugiram ser imagens, e não turbulência (chuvisco). Delas são selecionadas as que visualmente possuem formas definidas e, portanto, são diferentes das restantes.

Por causa dessas condições, e somando-se o fato de as imagens serem de natureza extremamente ruidosa, costuma-se fazer algumas transformações e operações especiais (técnica convencional para esse tipo de situação).

- **Aglutinação de pontos próximos**

Para se processar um sinal ruidoso, geralmente usa-se um filtro mediano, ou "passa-baixa" por exemplo, o que torna o sinal suavizado. O maior problema com esse processo é a perda das bordas dos objetos presentes na cena.

Em vista disso, foi necessário o uso de uma transformação conhecida como aglutinação.

Essa operação tem como objetivo aglutinar, em regiões bem determinadas da imagem, pontos que tenham maior intensidade e que estejam mais próximos do que os outros que estão dispersos, vindos do sinal aleatório. Ao mesmo tempo, os pontos dispersos pela área geral da imagem tendem a ficar com intensidade e densidade menores.

Ou seja, trata-se de uma tentativa de se identificar regiões que se sobressaem entre os pontos ruidosos, que são comuns ao todo. Ao se identificar essas regiões, por conseqüência, são identificados também contornos de possíveis objetos presentes na imagem.

- **Deslocamentos direcionados**

Essa operação também visa conservar as bordas. Ela consiste em criar, a partir da imagem original, imagens com um efeito de borrão de movimento nas direções diagonais e vertical e horizontal (seguem gráficos) com 6 *pixels* de deslocamento. Em seguida, obtém-se uma imagem final, com, por exemplo, o máximo nível de cinza de cada ponto correspondente nas imagens direcionais.

- **Múltiplos *thresholdings***

Outra técnica desenvolvida, que gera um resultado à altura da aglutinação, chama-se múltiplos *thresholdings*.

Para se saber com certeza se foram obtidas imagens coerentes, ou seja, de natureza inteligente, há a necessidade de se identificar detalhes de contornos que se sobressaem das regiões vindas dos movimentos de turbulência. Assim, é necessária a análise das imagens não apenas num contexto estático, mas também temporal. Ou seja, deve-se identificar os movimentos turbulentos que ocorrem antes e depois dessa imagem.

Esses recursos de *enhancement* (melhoramento) de imagens é utilizado rotineiramente por transcomunicadores para se certificar de que em determinado *frame* existe de fato uma emissão do Além e não se trata de um "borrão" aleatório.

Depois da primeira ocorrência, houve a recepção de várias outras imagens, sendo fácil observar a freqüência temática: animais. A explicação que recebemos é que, enquanto nossos comunicantes estiverem "ajustando" a conexão, prevalecerão as imagens de animaizinhos. Esperamos que mais adiante passemos a receber rostos dos falecidos para reforçar o consolo tão esperado por muitos.

TRANSIMAGENS DE SONIA RINALDI

A figura 1 mostra a imagem do "ursinho" tal e qual chegou pelo tubo de raios catódicos.

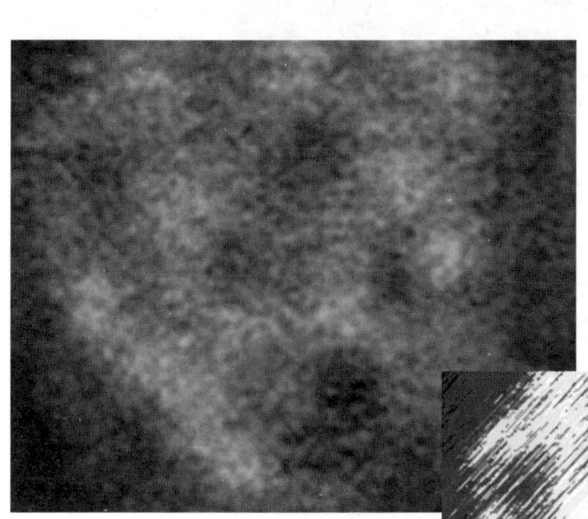

Ao lado, a mesma imagem tendo passado por filtros.

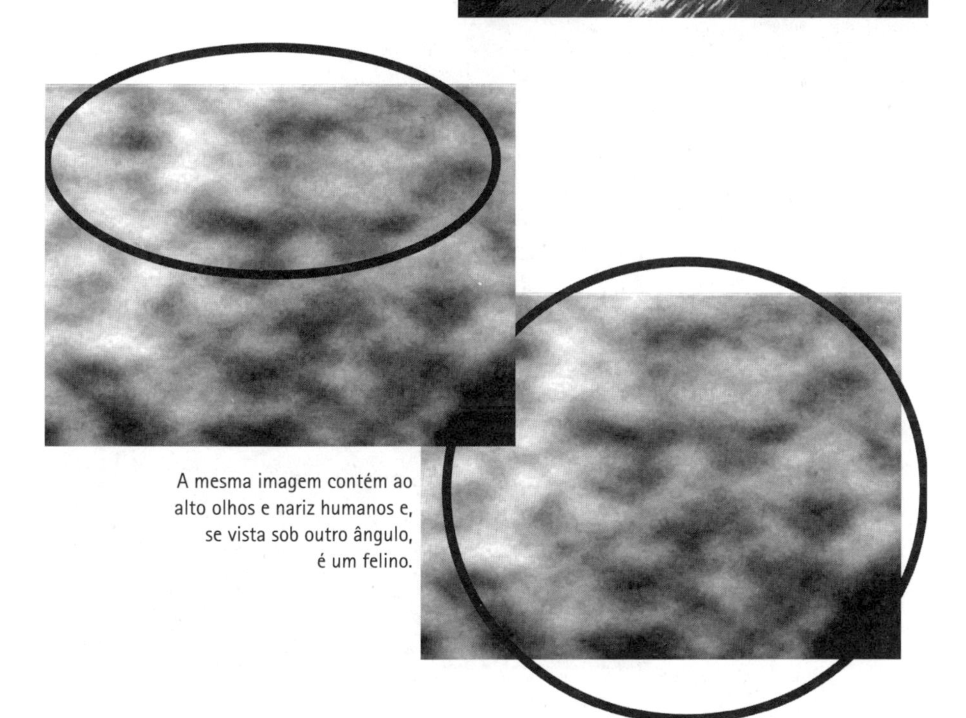

A mesma imagem contém ao alto olhos e nariz humanos e, se vista sob outro ângulo, é um felino.

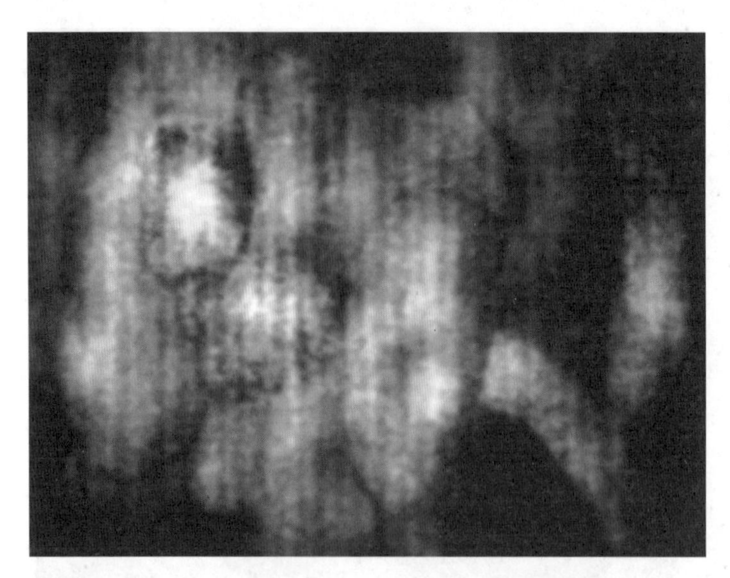

A flor ao lado é tal e qual nos chegou do Além.

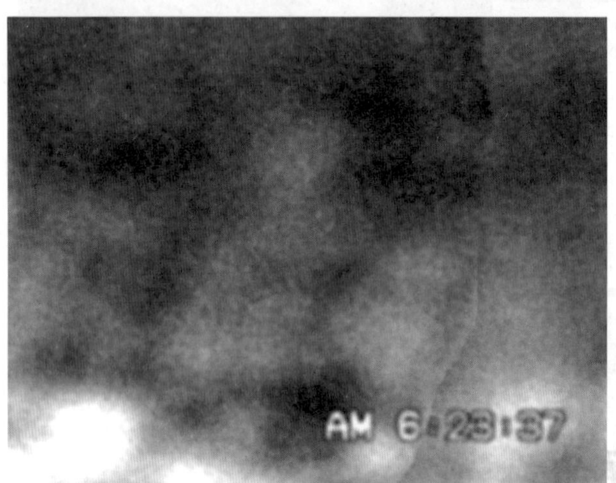

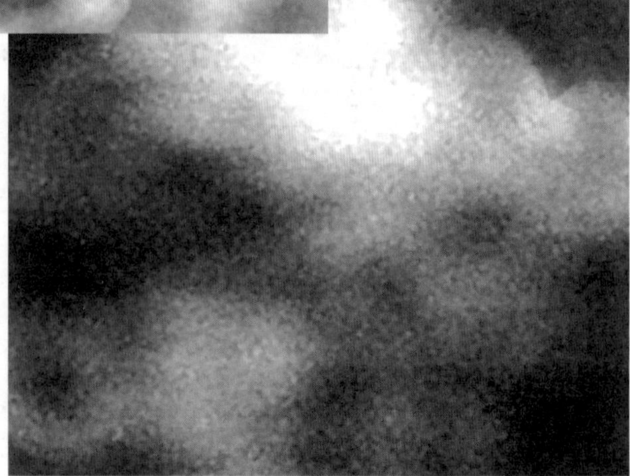

Rostos humanos ainda são incomuns para nós. O mais freqüente são imagens de animais e alienígenas.

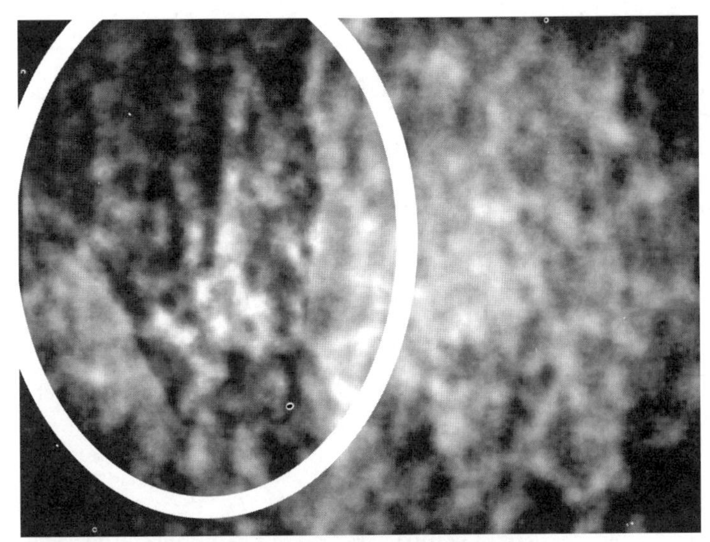

São muitas as imagens de animais que nos chegam.

À esquerda, um cavalo.

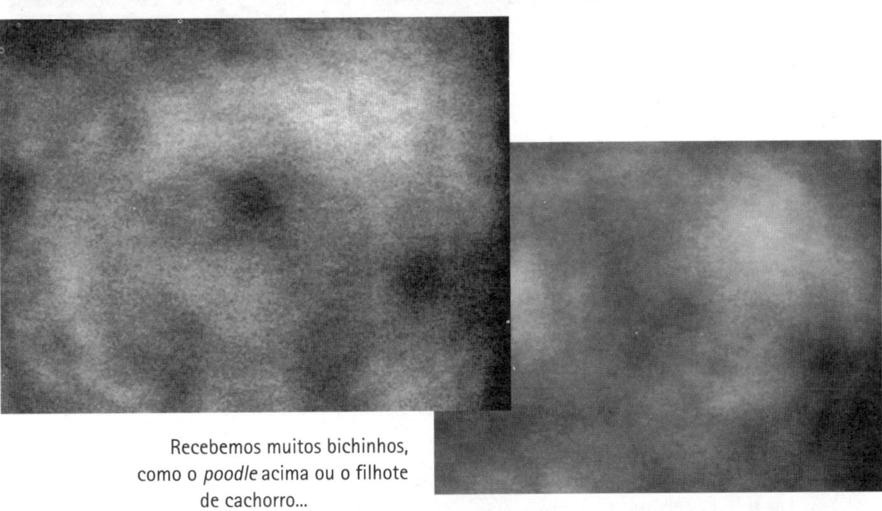

Recebemos muitos bichinhos, como o *poodle* acima ou o filhote de cachorro...

E, às vezes, animais alienígenas também.

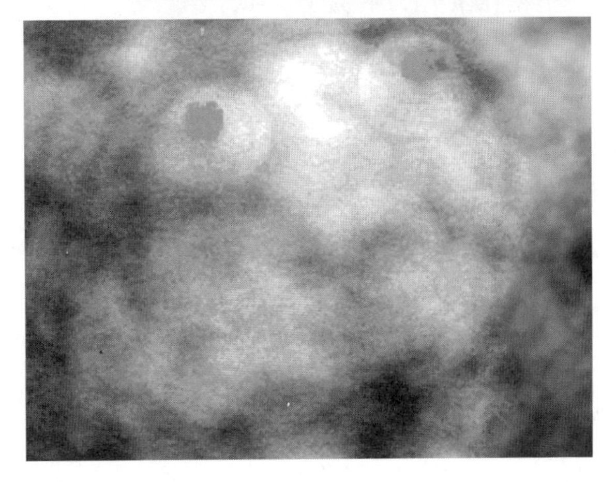

D. CONTATOS POR TELEFONE

Em 8 de agosto de 1998, consegui pela primeira vez usar o telefone como meio de contato. A idéia surgiu porque, enquanto estava fazendo um experimento, o telefone tocou. Era uma chamada da associada Lucidalma Gradwool, de Santos, SP. Em meio à conversação, ocorreu-me que já há algum tempo os espíritos vinham gravando expressões como "Sonia, liga pra gente", e "Sonia, telefona pra nós" etc., o que parecia uma brincadeira da parte deles. E eu pensava: "Como eu vou telefonar pra eles?"

Estando com Lucidalma na linha, ocorreu-me fazermos um primeiro teste. Como eu estava com o telefone sem fio, levei-o até a sala de experimentos, enquanto continuava a conversa. Pedi então que a Lucy falasse com os espíritos, normalmente, enquanto eu punha o bocal do telefone junto do microfone.

Ao ouvir o que ficou registrado, notei que a voz da Lucy ficou bem fraca mas ela pôde ser ouvida pelos amigos do Além, pois registraram:

(M): *É a Lucinha falando.*

(F): *Essa é boazinha.*

(M): *Tá gravando com a gente.* etc....

Mas estranhei que a chamassem de "Lucinha", pois o apelido que eu conhecia de Lucidalma era Lucy e não Lucinha, que seria o apelido para o nome Lúcia.

Tendo comentado esse detalhe, ela explicou: Sim, alguns parentes mais velhos a chamavam de Lucinha!

Nesse mesmo dia, pouco depois ligou Yolanda Póvoa (RJ), e resolvi fazer e incrementar o teste. Acionei o gravador da secretária eletrônica para gravar nossa conversa em fita; enquanto ficou gravando a nossa conversa, levei novamente o telefone sem fio até o computador e liguei para gravar pelo microfone também.

Pedi então à Yolanda para falar com os espíritos, e que enviasse um beijo para o filho falecido, Cacau, para ver o que acontecia.

O interessante desse experimento foi ter gerado duas gravações (uma em fita e a outra no computador). Eis o que registraram:

NA SECRETÁRIA ELETRÔNICA

Sonia: Yolanda, manda um beijo pro Cacau... vai lá... pode falar agora...

Voz (M): *Tá acertando...*

Yolanda: Cacau, Cacau, meu filho, um beijo pra você.

(M): *Mãe, mãe!*

NO COMPUTADOR

(M): *Mãe, me dá atenção / está chovendo, chovendo à beça(*) / mamãe / É só mudar / pra gravar no seu / isso é mudança / contato/ mudança /Equipe jovem.*

(*) Essa expressão "está chovendo" é muito freqüente, e levamos um bom tempo até perceber que significa "ruidoso", ou seja, a "chuva" a que se referem é o que chamamos comumente de "chuvisco", ou "chiado". Quando eles gravam que "está chovendo" significa que a conexão está ruim. No entanto, para o nosso lado, a gravação tinha qualidade de nível B, ou seja, suficientemente clara. Outro detalhe: a voz que fala "chovendo à beça" tinha forte sotaque carioca. Lembremos que a Yolanda e o filho são do Rio.

Ficou evidenciada uma mensagem do filho Cacau para a Yolanda, sugerindo mudanças na forma de gravar, e assinava como sendo da "Equipe Jovem". Esse grupo parece reunir muitos jovens que faleceram, sobretudo em acidentes de carro e moto.

Avançando mais

Notamos que essa linha de testes que iniciamos poderia resultar de forma positiva, mas não sugeria ser o que os espíritos vinham pedindo. Eles falavam que eu devia "telefonar" para eles. Bem, um passo havia sido dado. Percebi que poderia incluir o aparelho telefônico no conjunto de equipamentos, mas ainda não atinava como.

Maryvon, do México, em visita à nossa estação.

Recorremos então a amigos, cientistas, de uma universidade em São Paulo, que idealizassem um telefone que pudesse ser conectado diretamente ao computador. Um protótipo foi montado e testado satisfatoriamente. Atualmente dispomos de mais esse canal, que é e não é um telefone, pois da forma como trabalhamos ele não fica ligado à rede telefônica, mas serve para falar em dupla via.

Esse sistema de trabalho foi testemunhado por alguns visitantes, como por exemplo os colegas mexicanos quando de sua vinda ao Brasil. Yvon e Maryvon Dray, da diretoria da AMTI (Associação Mexicana de Transcomunicação Instrumental), gravaram conosco em três oportunidades, sempre usando o telefone.

Curiosamente, nessa oportunidade ocorreu um fenômeno novo, pois em muitas respostas, propositadamente, compunham a sentença em duas línguas: português e espanhol.

Um exemplo simples: "Estoy falando." Ora, em português seria "Estou falando" ou, em espanhol, "Estoy hablando". Como isso se repetiu em muitas respostas deu para perceber que se tratava de afirmações conscientes e propositais e não apenas do engano de quem não domina uma ou outra língua. Isso porque as palavras que falavam em ambas as línguas estavam bem corretas.

Um exemplo curioso ocorreu logo na primeira frase que os espíritos registraram. Eles disseram, assim que acionamos para gravar: "*São amigos da França.*"

Ora, eles vivem no México. No entanto, poucas pessoas sabem que o casal é francês, mas radicado no México há mais de 20 anos. Portanto, são amigos da França sim.

E. UM CASO NOTÁVEL

O FENÔMENO DAS VOZES REVERSAS

É fácil compreender o que sejam "vozes reversas". Digamos que, quando gravamos, o gravador gira num determinado sentido, que chamaremos de "para a frente".

Ocorre que os comunicantes espirituais possuem a habilidade de gravar no sentido inverso, fazendo com que esses casos constituam uma das provas mais contundentes da autenticidade do fenômeno.

O primeiro transcomunicador a observar que os espíritos podiam gravar tanto no sentido "para a frente" quanto "para trás" foi Jürgenson.

Fazer a reversão com gravador é algo trabalhoso. Se o experimentador trabalha com gravadores de rolos (como é o caso da pioneira americana que até hoje ainda usa esse equipamento) é bem mais fácil, pois basta inverter os rolos. No caso de fita cassete, é algo mais complexo, pois seria necessário abrir a caixinha da fita e fazer o processo de inversão manualmente. Mas, para quem dispõe de computador, a operação é feita numa fração de segundos.

Para dar um exemplo real, digamos que numa gravação foi registrado:

"Amigos, vocês estão me ouvindo?"

Se dermos o comando *Reverse*, comum nos *softwares* de gravação, imediatamente essa frase se transformará em:

"? odnivuo em oãtse sêcov sogimA"

É óbvio que, quando invertemos uma gravação e a ouvimos, não entendemos uma palavra sequer.

Atenção, cuidado!

Já nos chegaram pelo menos uns três casos para analisar porque a pessoa encontrou gravações que pareciam estar "em idiomas desconhecidos", e logo deduziu que eram paranormais.

Acontece que, em 95% dos casos, essas ocorrências resultam apenas de fita *torcida* por simples descuido. Portanto, não se trata de fenômeno algum.

Um exemplo foi o caso trazido por uma associada, que enviou-nos uma fita com uns cinco minutos e nhumbtijlbh, nhfyb, hnmjgppk; etc.

Língua desconhecida? Voz reversa? Que fenômeno seria aquele?

Enviamo-la para um associado, o engenheiro Valdir Cunha, que, cuidadosamente, fez a inversão manualmente; um árduo trabalho (já que, naquela época, ele ainda não usava computador para tratamento de áudio). Ele copiou, inicialmente, da fita para um gravador de rolo e, por fim, se deu ao trabalho de anotar todas as frases. Depois de vários dias de trabalho em cima do caso, chegou-se aos resultados. Era uma poesia de fundo espiritualista. Muito satisfeita, levei o caso para a associada que o forneceu, para que pudesse apreciar o caso. Assim que ouviu, ela disse de imediato:

"Mas essa é uma gravação do médium "x", feita em Uberaba, no término de um encontro no qual eu estava... e é a voz dele também."

Ora, se não se tratava de um falecido, e se a mensagem era tal e qual a gravação original, só poderia ter ocorrido algo muito simples que, por fim, foi confirmado. Ao fazer uma cópia, a fita acidentalmente enroscou no cabeçote do aparelho. Depois de arrumado, ela não se deu conta de que a fita amassou e torceu. Ou seja, a partir daquele ponto, o áudio seria registrado no verso da fita. Essa fita foi guardada e ninguém mais se lembrou dela. Tempos depois, desejando reaproveitá-la, ela colocou-a para gravar. E então teve a surpresa da "língua estrangeira desconhecida".

Foi fácil verificar: pegamos a fita original e a rolamos manualmente até que, zaz, lá estava o retorcido causador do "falso fenômeno".

Relatamos esse caso porque isso ocorre com mais freqüência do que o leitor imagina. Alguns casos constam no livro *Ponte entre o Aqui e o Além*, de Hildegard Schäfer (Editora Pensamento, págs. 60 e 61).

UM CASO VERDADEIRO

Procuramos passar ao leitor que todo cuidado é pouco. O fenômeno tem de ser muito bem embasado, muito bem estudado, para manter a sua credibilidade.

Se, por um lado, já topamos com casos como o acima citado, de simples descuido, por outro, a possibilidade do fenômeno real também é verdadeira.

Em janeiro de 1998, recebemos a visita de um cientista que veio ajustar nossos equipamentos de captação de imagens. Enquanto o doutor Augusto nos dava diversas explicações sobre física, decidimos registrar despretensiosamente a conversação. Dentre os vários assuntos abordados, falamos das impressionantes vozes reversas e como que, tecnicamente, elas poderiam ser produzidas no fluxo contrário do tempo.

Quando ele foi embora, ouvi a gravação e lá estavam, como sempre, dezenas de comentários dos amigos espirituais que ouviam a nossa conversa. Daí, pareceu-me interessante experimentar ouvir o "reverso" dessa mesma gravação.

Surpreendentemente, lá estavam outras dezenas de áudios. Mas três casos nos surpreenderam sobremaneira, pois a modulação dos espíritos ocorreu na própria voz do doutor Augusto, ou seja, conseguimos um caso, absolutamente irrefutável, da veracidade do fenômeno das vozes.

Isso porque, no sentido "normal", ouve-se a voz do doutor Augusto dizendo algo; e se invertermos a sua voz, em vez de trazer o "nhvtomp ngrendjl mhntyn" incompreensível e típico, não! Traz outra frase, completa, com sentido e com voz diferente da sua!

Nota: Esse caso figura no nosso site na Internet e permite que o visitante faça o teste por si mesmo. Tomando a gravação em modo "normal", ele pode colocar no seu computador e invertê-la. E lá estará a outra fala, em vez de sons desconexos, como seria o esperado.

ALGUNS CASOS

Quando o doutor Augusto, durante sua explicação, fazia um traçado no papel e descrevia:

"Tudo isso vai... vai distorcer. Vai ficar numa maneira tal..." [No laudo que segue essa gravação é a Tr1.]

No modo reverso isso se transformou em:

- 1ª voz: *Bota aí. Vamos olhar. [No laudo é a Tst1.]*
- 2ª voz: *Queria ver se você é meu tio. [No laudo é a Tst2.]*

Em outro momento, o doutor Augusto diz:

"(...) até esse ponto eu consigo, realmente, entender o que está sendo dito... essas são as transformações (...)." *[no laudo é a Tr2]*

Ao se reverter toda essa frase, parte dela fica indecifrável, mas surgem duas vozes claras que modulam sobre a voz do doutor Augusto. Elas dizem:

"Eu sou José" e *"Que moça bonita." [No laudo é a Tst3.]*

Outro caso, extraído da mesma gravação essa noite:

O doutor Augusto dizia, enquanto traçava desenhos e gráficos no papel:

"(...) Sonia, aqui tem esta aqui, tá certo?"

No reverso de sua voz, a outra voz dizia:

"(...) Engenharia de cá." [No laudo é a Tst4.]

Nota: O sentido aparente é que as explicações dadas pelo meu amigo conferiam com a engenharia deles do lado de Lá.

O fato de essas gravações serem de nível "A" (bem altas, já que era a própria voz humana modulada no sentido reverso), servirão como referência para qualquer incrédulo.

Não existe a menor possibilidade de se "fabricar" uma voz que traga em si, no sentido contrário, outra frase.

A possibilidade de uma frase completa, espontânea, poder se transformar em outra por simples coincidência do realinhamento das letras seria mais improvável do que ganhar na mega-sena três vezes seguidas.

Convidamos o leitor a visitar o nosso *site* e testar por si mesmo:

www.geocities.com/Athens/Acropolis/9045/index.html

APOIO DA CIÊNCIA

Embora tratemos da busca da autenticação do fenômeno em outro capítulo, já que relatamos esse caso aqui, anexaremos seu respectivo laudo de análise, elaborado por especialista de uma universidade em São Paulo.

Enviamos as amostras dos áudios acima e solicitamos que se investigasse para saber se a voz do doutor Augusto era, porventura, a mesma da sua revertida.

Eis o laudo, rigorosamente elaborado, dentro dos padrões aceitos internacionalmente, e que transcrevemos na íntegra:

LAUDO TÉCNICO

Peças de exame

Constituem peças motivo do presente exame três gravações, numeradas 1, 2 e 3, gravadas e digitalizadas em um computador padrão IBM-PC através de uma placa de som padrão Sound-Blaster. A resolução utilizada foi de 16 *bits*, com taxa de amostragem de 11.025 amostras por segundo.

Objetivo do exame

Realizar a verificação de que todas as locuções tenham sido pronunciadas pelo mesmo locutor, doravante denominado locutor A.

Padrões de confronto

São objetos de padrões de confronto seis trechos de gravação numerados da seguinte maneira:

- 1 trecho de aproximadamente 4,8 segundos da voz do locutor A, aqui denominado tr1, proveniente da gravação número 1;
- 1 trecho de aproximadamente 2,3 segundos da voz do locutor A, aqui denominado tr2, proveniente da gravação número 3;
- 2 trechos de gravação de locutor desconhecido, aqui denominados tst1 e tst2, provenientes da gravação número 1;
- 1 trecho de gravação de locutor desconhecido, aqui denominado tst3, proveniente da gravação número 2;
- 1 trecho de gravação de locutor desconhecido, aqui denominado tst4, proveniente da gravação número 3.

Orientação dos trabalhos

Pré-processamento das amostras

As amostras foram normalizadas de modo a terem o mesmo nível de sinal e a mesma relação sinal-ruído. Os trechos sem voz foram removidos, pois não caracterizam o locutor. Das amostras normalizadas foram extraídos coeficientes do tipo MFCC (Mel-Frequency Cepstral Coefficients) utilizando janelas de 23,2 ms com espaçamento entre janelas de 10ms, 5 filtros por oitava, resultando em 16 coeficientes por janela.

Métodos de comparação

Os coeficientes das amostras tr1 e tr2 foram utilizados para treinamento de um sistema de reconhecimento automático do locutor, independente do texto baseado em misturas gaussianas (GMM — Gaussian Mixture Models), utilizando 24 misturas para representar o locutor. Como algoritmo de comparação, foi utilizado o logaritmo da verossimilhança (*log-likelihood*). Este método foi escolhido por causa de sua robustez, não sendo o único possível de ser utilizado.

Resultados

Os resultados obtidos estão compilados na tabela abaixo:

Amostra	Número de vetores	Valor de saída	Valor de saída normalizado
Tr1	484	- 3252,225943	-6,7195
Tr2	227	- 1475,761406	-6,5012
Tst1	83	-755,577541	-9,1033
Tst2	139	- 1222,059636	-8,7918
Tst3	131	- 1297,785913	-9,9068
Tst4	97	-992,800927	-10,2351

O número de vetores indica o número de janelas resultantes do pré-processamento, o valor de saída é a soma do logaritmo da probabilidade de o vetor pertencer ao locutor em questão, e a normalização é feita dividindo-se o valor de saída pelo número de vetores.

Conclusão

Através dos resultados obtidos, conclui-se que não existe evidência de que todas as locuções tenham sido pronunciadas pelo mesmo locutor, visto que os valores normalizados não se encontram perto o suficiente.

Comentário

Esse caso é um dos mais impressionantes que já vivenciamos, pois a voz do doutor Augusto, invertida, gerou outra voz, muito embora tenha sido a sua própria. Não há como a nossa ciência explicar isso!

Quanto à identificação das quatro vozes paranormais [tst1, 2, 3 e 4] os valores sugerem ser de, no mínimo, duas entidades distintas.

F. CONTATOS ÀS CENTENAS

Gravadores em ação simultânea nas reuniões da ANT. Da esquerda para a direita: Magaly, Luiz, Rai, Alexandre, Dirce e Sonia.

Trimestralmente, os membros da ANT (Associação Nacional de Transcomunicadores) se reúnem. Como hoje a associação já é muito grande (aproximadamente 800 associados em todo o Brasil), não é fácil gerenciar cada evento. Os últimos encontros têm reunido cerca de cem pessoas, em sua maioria de São Paulo e do interior do Estado, embora muitos venham de Porto Alegre, Curitiba, Brasília, Salvador, Belo Horizonte, Rio de Janeiro etc.

Nesses encontros, aproveitamos a oportunidade para ouvir explanações de companheiros sobre novas técnicas, seus resultados recentes, notícias do desenvolvimento das pesquisas e, principalmente, para realizar um "experimento coletivo", no qual todos os presentes podem fazer perguntas aos amigos espirituais ou saber notícias de seus falecidos.

COMO GRAVAMOS

Pela experiência adquirida em vários desses encontros, percebemos ser fundamental o registro simultâneo em vários gravadores, computadores, etc., pelo fato de que as respostas nunca são as mesmas nos diferentes equipamentos receptores. Assim fazendo, não apenas temos um leque maior de respostas, mas temos condições de compará-las. Não temos condições de explicar como esse fenômeno ocorre. Muitos transcomunicadores já passaram por esse tipo de situação: gravar com microfones lado a lado e as respostas obtidas serem totalmente diferentes para as mesmas perguntas. Esse fenômeno ocorre sempre nas gravações coletivas também. Inclusive sugerimos sempre que os participantes levem seus gravadores, e, com certeza, as respostas que aparecerão neles vão diferir das demais captações simultâneas.

Todas as captações são cuidadosamente ouvidas, registradas, catalogadas e publicadas em nossas circulares e revistas. Na última reunião, colocamos sessenta vozes paranormais num CD para que os associados pudessem dispor das ocorrências e inclusive, tendo as vozes gravadas, elas pudessem ser submetidas a todo e qualquer tipo de análise.

Assim, poderíamos tomar exemplos de qualquer um desses relatórios. Selecionamos a reunião ocorrida em 2 de maio de 1998, da qual analisamos três fontes de gravações, ou seja, a fita da transcomunicadora Magaly Chiereguini (Itanhaém — SP), a do engenheiro Luiz Netto (São Bernardo do Campo — SP) e a minha.

Nessa reunião, foram feitas 44 perguntas por parte dos do "nosso lado" e recebemos o seguinte montante de respostas do "lado de Lá":

A fita da Magaly continha 102 respostas; a fita do Luiz tinha 127 contatos e no arquivo do computador, feito por mim, havia 269 respostas dos amigos espirituais, sempre relativas às 44 perguntas feitas. Nesse encontro, portanto, recebemos um total de 498 contatos (sem considerar os registrados nos gravadores de cada associado, individualmente). Gravamos, aproximadamente, 18 minutos.

A título de exemplo, transcreveremos alguns casos. É importante esclarecer que toda e qualquer brecha é espaço para os amigos espirituais se pronunciarem, até mesmo as pausas para respiração. Portanto, seguem abaixo exemplos, nos quais pode-se observar a inserção de respostas, mesmo enquanto é feita a pergunta.

Exemplos (aleatórios) de contatos da reunião de maio de 1998. Selecionamos dez entre os quase quinhentos:

1. Pergunta da associada Flas Marta (SP):

"Eu queria saber da minha mãe" [(F): *Flas Marta*] "Élida Chiapetta, que desencarnou em 24 de julho de 1994 [(F): *Chamando*]. "Meu nome é Flas Marta."

Nota, explicando este primeiro caso como referência:

Flas começou a frase e parou para respirar, depois da palavra "mãe". Nesse momento, uma voz feminina já fala o nome da associada. Flas continua e, na próxima pausa, depois de dar a data, a mesma voz feminina diz: "Chamando." A associada termina com sua própria identificação, que é um requisito para facilitar a identificação dos que fizeram perguntas.

Ao final do pedido de Flas ainda entraram no computador (entre outros contatos): (M): *Mãe é tudo.*

Na fita da Magaly: (F): *É ela... estou aqui.* (F): *Tá na linha a sua mãe.*

Na fita do Luiz: (M): *Fala alguma coisa, Flas.*

Comentários

Usamos esse caso para notar que, segundo já observamos, o espírito a quem a pergunta é destinada sempre se manifesta em apenas um dos aparelhos, enquanto que nas outras fontes receptoras disponíveis outros espíritos complementam ou dão outras informações, mas ficando claro que se trata de vozes diferentes.

No exemplo acima, percebeu-se que a mãe de Flas falou pelo gravador da Magaly, enquanto que outros amigos complementavam nos outros dois equipamentos.

Com a seqüência das perguntas, ficou evidenciado que a cada momento o espírito a quem a pergunta ou o pedido era dirigido fala ora no microfone do computador, ora na fita do Luiz, ora na da Magaly.

2. Pergunta da Heloísa Diniz (BH):

"Eu sou Heloísa e gostaria de saber do Zé Geraldo Drummond Brandão."

Na fita da Magaly: (M): *Ele te ama.*

Na fita do Luiz: (M): *Heloísa eu te amo, eu amo você!*

No computador: (M): *O Brandão te adora.*

Nesse caso ocorreu algo peculiar. Como tínhamos as três gravações para comparar, notamos que em duas delas (na da Sonia e na da Magaly) a pergunta da Heloísa ficou tal e qual ela fez. Mas na gravação da fita do Luiz, em vez da palavra "Brandão", sua voz foi modulada para "Mamãe".

Outros casos de alteração da voz da pessoa foram registrados, e alguns enviados para análise na universidade por especialistas.

3. Loercy x Lovercy

Durante a pergunta do associado gaúcho, Carlos Eduardo, ocorreu a inserção de voz paranormal masculina dizendo: *Loercy*. Por ser um nome incomum, recordamo-nos da associada "Lovercy", de São Paulo. Mas o espírito pronunciou Loercy, sem o "v".

É importante observar que a Lovercy não pôde comparecer a essa reunião.

Enviamos então um *e-mail* para Lovercy, comentando o caso, e perguntando se poderia ter qualquer relação com ela. Surpresa, ela informou que seu avô, que faleceu há onze anos, pela falta de dentes tinha dificuldade em pronunciar o "v" e passou a chamá-la de Loercy.

4. Pelo pensamento

Ainda nessa linha de ocorrências temos o caso da inserção da palavra "Rúbi" em meio à pergunta de Carmem Machado. Depois de publicada a nossa circular número 38 (que contém o relato completo de todas as captações) descobrimos o que, ou quem era "Rúbi". O associado Cesar Ziliotto (São Bernardo do Campo — SP) estava presente na reunião, mas decidiu não fazer nenhuma pergunta. Mas, logo que começamos a gravar, ele pensou no pai falecido, de nome Rubens, e pediu mentalmente que, se fosse possível, ele lhe desse algum sinal. Pois bem: Rúbi era o codinome que o senhor

Rubens usava para identificar-se em meio aos radioamadores. Curiosamente, Carmem fez a quinta pergunta e, portanto, era início da gravação — possivelmente, o momento em que o César pediu o contato com o pai.

5. Festa para eles

Quando a associada Ernestina, que perdeu uma filha, Paula, fez sua pergunta, um comunicante espiritual gravou algo que nos chamou a atenção: *Esta é nossa festa.*

Viemos a saber depois que as reuniões da ANT são uma "festa" para os amigos espirituais, pois é quando podem dirigir-se aos familiares. Talvez por isso, do nosso lado também, a reunião seja alegre, embora com momentos emocionantes.

6. Recorde de contatos

Um comunicante que exagerou na quantidade de manifestações foi o Júnior, irmão de Amanda (cujo caso já relatamos aqui). Ele manifestou-se dezessete vezes ao longo das gravações, incluindo o momento em que Amanda fazia sua saudação. Por exemplo, enquanto a associada Sandra Fogalle (Americana — SP) fazia sua solicitação de notícias de seu primo Evandro, o Júnior aproveitou para mandar um recadinho para a querida irmã. Disse: *Sou eu, Amanda! Sou o irmão dela!!!* E fez toda sorte de declaração de amor e gratidão à irmã querida.

A alegria externada em cada contato garantiu a Amanda e aos seus familiares que Júnior continua o jovem feliz e "peralta" que era antes de adoecer.

7. Muitos beijos de Lá pra Cá

Um caso de voz muito clara ocorreu com a sogra de um dos nossos associados, Jean Paul, que convidou-a a participar de uma reunião da ANT pela primeira vez. Ela fez um pedido de notícias do pai e do irmão. Uma voz, que se identificou como sendo a do irmão, manifestou-se muito animada, dizendo: *Mando um beijo, irmã Jusmélia.*

(Nota: Esse caso e o áudio encontram-se no nosso site *na Internet, no* ***www.geocities.com/Athens/Acropolis/9045/index.html).***

Essa mensagem foi registrada na nossa gravação. Na fita de Magaly, outra voz confirmou: *É o irmão de você.* E na fita do Luiz, ainda outra voz disse: *Jusmélia, é o seu irmão!*

8. Pergunta da associada Vera

Outro exemplo de vozes que entram simultaneamente: Vera, associada de São Paulo, registrou a seguinte pergunta:

"Pai, aqui quem está falando é a Vera. Eu queria saber alguma coisa do senhor, Geraldo Oliveira."

Na nossa gravação, uma voz masculina disse: (M): *Ele está falando com você.*

Na fita de Magaly, nesse momento entrou uma voz infantil e pediu: *Fala do meu pai?*

E, na fita de Luiz, a resposta do pai diretamente, dizendo: (M): *Eu te amo, minha filha.*

9. Reclamações de Lá

Um fato curioso ocorreu enquanto o associado paulista Cristóvão Paganini fazia sua pergunta. Tínhamos um ruído de fundo todo o tempo até que, precisamente durante sua pergunta, a fita gerando som de ruído acabou. Tivemos de interromper as gravações, enquanto rebobinávamos a fita. Feito isso, reiniciamos. Assim que acionamos para gravar, uma voz reclama: (M): *Que bagunça!*, e uma voz feminina constata aliviada: (F): *Ah! Começou de novo.*

Cristóvão: Sou Cristóvão, gostaria de saber se algum amigo ou parente [(M): *Tio Humberto*] poderia deixar uma mensagem?

Além do "tio Humberto", na pausa para respiração, no final da pergunta essas foram as inserções: (M): *Alguém vai lá;* (M): *Luiz Palmeira;* (F): *Que amor! Daniela;* (M): *Meu nome é Matias*, etc.

10. Antecipação

Um fato curioso e comum é que, muitas vezes, os espíritos que ainda iriam ser chamados pelos amigos do lado de Cá já se pronunciam com antecedência. No relatório geral das 44 perguntas, foi na número 37 que um associado perguntou pelo falecido Euclides. No entanto, o próprio Euclides Magalhães já havia respondido durante as perguntas número 29 e 33. A pergunta foi:

"Eu gostaria de saber do caso do Euclides Magalhães, de São Paulo". — Mas, na pergunta 29, enquanto Amélia Watanabe falava, o Euclides falou bem alto: *Aqui é o Euclides!*

E na questão 33, quando Socorro Alba fazia seu pedido, de novo notícias do Euclides. Uma voz masculina disse: (M): *Quando o Euclides sair dessa, estaremos aqui.*

Nota: Pelo tom, o Euclides ainda enfrenta problemas de recuperação no lado de Lá.

11. FINALMENTE, A GRANDE PROVA

FINALMENTE, A PRIMEIRA PROVA REAL...

Nossa vivência nesses onze anos de coordenação da ANT tem nos trazido a clara percepção da evolução que viemos galgando.

Nesse caminho, descobrimos a importância de seguirmos lado a lado com a investigação científica, pois só isso pode dar real credibilidade ao nosso trabalho.

Recentemente, pudemos atestar com laudos a veracidade das vozes reversas, fato que legitima a autenticidade do fenômeno.

Mas até hoje, em nenhum lugar do mundo havia ocorrido a identificação plena de um transcontato e seu real emissor.

Digamos que, para efeito da ciência, um simples nome registrado por meio de um transcontato não vale. Não identifica o falecido.

A única forma para que isso seja aceito seria através dos rigorosos cálculos que compõem uma análise técnica de vozes.

E esse foi como que um "presente" que recebemos, às vésperas da vinda do astronauta Edgard Mitchell à nossa residência.

Esse cientista, que não é favorável à hipótese da "sobrevivência" após a morte, dentre os vários casos demonstrados, viu sua tese realmente abalada exatamente por esse caso.

Desde que iniciaram as propostas de parceria entre o nosso grupo internacional GAIT (Global Association for Instrumental Transcommunication) e o IONS (Institute of Noetics Sciences — EUA), sabíamos que teríamos de imprimir rigor absoluto às pesquisas. Só assim elas seriam consideradas pelos cientistas daquele respeitado instituto.

Zilda Monteiro

Quando anunciaram que o professor doutor Edgard Mitchell viria à minha casa, procuramos alinhar casos bastante evidentes a favor da nossa tese sobrevivencialista.

Ele fundou o IONS tão logo voltou de sua viagem à Lua, tendo sido o sexto homem a pisá-la, na missão da Apolo 14.

Foi exatamente nessa fase que surgiu o caso, ocorrido com a associada Zilda Monteiro, cujos dados (transcontatos) foram enviados para análise ao doutor Alessandro Pecci.

Segue aqui relato da própria Zilda Monteiro sobre o importante transcontato.

O NOSSO PASSADO...

"Fui casada com o Edson durante cinco anos. Tínhamos alguns problemas de relacionamento, mas, apesar disso, sempre acreditamos que tínhamos alguma ligação espiritual.

Edson

A TCI aconteceu em nossas vidas num momento em que estávamos despertando para a consciência da sobrevivência do espírito e sentimos a necessidade de conhecer mais sobre o tema.

Foi com grande interesse que lemos vários livros sobre TCI, e o Edson, mais ousado, logo começou suas gravações. Eu demorei um pouco mais, pois me sentia um pouco insegura e queria me informar melhor.

Logo no início de seus experimentos, ele obteve resultados, fato que me surpreendeu, pois eu acreditava que os resultados só viriam após longo tempo de dedicação.

O Edson gravava duas vezes por semana e, em cada gravação, usava duas fitas diferentes para comparar os resultados posteriormente.

Animada pelo seu sucesso, decidi iniciar (1996) e comecei as gravações, o que venho fazendo até hoje.

Viemos a nos separar em 1997. A partir daí, o Edson interrompeu suas gravações, mas sempre teve em mente retomar seu trabalho assim que fosse possível.

Ele mudou de São Paulo para o Rio de Janeiro (abril de1999), e nos afastamos.

O INFARTO...

No dia 30 de junho de 1999, o Edson sofreu um infarto e foi internado no Hospital das Laranjeiras, no Rio de Janeiro.

No dia 6 de julho de 1999, ele pediu à Cláudia, então sua nova companheira, para me ligar e me informar de seu estado, pois receava que eu não iria querer falar com ele. Ao telefone, eu agradeci pelo recado e desejei de coração melhoras e breve recuperação.

Após desligar, tomei consciência da gravidade da situação e percebi que não tinha o telefone dele, nem como contatá-lo. Temi que algo pior lhe acontecesse, e eu não teria informações.

Através de outras pessoas, finalmente consegui o telefone em 7 de julho de 1999. Ele ainda estava internado e falamos longamente.

Notei que ele estava profundamente emocionado. Contou-me que, apesar de estar medicado com sedativos, não conseguia dormir. Parecia ainda nutrir por mim amor e muito respeito.

Falou-me que pretendia retomar os experimentos de TCI, mas que receava que as pessoas que agora o rodeavam não compreendessem.

Falou também de seu desejo de voltar a fazer o Evangelho no Lar, como fazíamos quando estávamos casados. Isso tudo lhe fazia bem à alma. Por fim, informou que iria fazer uns exames na quinta-feira, dia 8 de julho de 1999, e que esses exames definiriam se ele faria uma cirurgia de ponte de safena, uma angioplastia ou talvez apenas saísse do hospital. Inisisti para que ele me ligasse na quinta-feira mesmo, assim que tivesse uma posição.

Como havíamos nos afastado por um tempo, perguntou-me se eu já tinha celular, e pediu-me o número.

Guardou de cabeça e cumpriu o combinado: na quinta-feira, 8 de julho de 1999, ele me ligou e informou que havia tentado muitas vezes e sempre caía na Caixa Postal.

Noticiou que, pelos exames realizados no hospital, ele teria de se submeter a uma angioplastia na sexta-feira, 9 de julho de 1999, e estava com muito receio.

Ele fumava muito, e os médicos lhe haviam falado que teria de parar de fumar, e isso era difícil para ele aceitar. Busquei tranqüilizá-lo, dizendo que a angioplastia seria um procedimento relativamente simples, e comparei com o caso de meu pai que, com quase o dobro de sua idade, já havia recebido quatro pontes de safena e estava ótimo.

Sugeri que ele orasse e confiasse. Lembrei-o de uma experiência que vivenciamos, de um perfume que subitamente invadiu nosso apartamento (um aroma delicioso e indescritível), às 3 horas da manhã, fazendo com que ele me acordasse para sentir e, juntos, nos emocionamos muito.

Falei também para que mentalizasse nossos amigos espirituais, os nossos comunicantes via TCI, que por certo o ajudariam.

Emocionado como estava, parecia um pouco arrependido de fatos passados, chamou-me de "meu amor" e, ao final, mandou um "beijo em seu coração".

A PROMESSA...

Encerramos a conversação com o meu pedido de que, assim que ele saísse do hospital, me ligasse.

Não sei se brincando, ou se sério, prometeu: "*Se eu não ligar daqui... ligo de Lá...*"

AGRAVAMENTO... E MORTE...

No dia 9 de julho de 1999, durante o início do procedimento da angioplastia, que se realizaria com sedação apenas, ele sofreu novo infarto e teve de ser levado imediatamente para a UTI.

Lá ele se despediu da mãe e da companheira, Cláudia, pedindo-lhe que deixasse o celular com ele lá, pois queria falar com alguém. (Não foi atendido porque o hospital não permite o uso de celular na UTI.) Ambas o deixaram, porém estavam muito preocupadas. Assim que chegaram em casa, receberam o aviso de que ele sofrera parada cardíaca e que retornassem imediatamente.

Após esse dia, 9 de julho de 1999, ele nunca mais voltou à consciência. Só respirava por aparelhos e, depois, foi submetido a uma traqueotomia.

Acompanhando a distância o desenrolar dos fatos, cheguei a pedir ajuda no centro espírita que freqüento, e o que os amigos do Outro Lado informavam era que ele estava num processo de decisão, entre ir para o mundo espiritual ou ficar; se ficasse (se sobrevivesse), seria num estado vegetativo, o que ele não estava aceitando.

Ficou na UTI durante 39 dias, vindo a falecer em 16 de agosto de 1999.

O CONTATO...

No dia 10 de setembro de 1999, à noite, tendo chegado do escritório, coloquei o celular para carregar.

Quando o retirei, observei que havia uma mensagem na Caixa Postal. Ao ouvir, uma sensação de estranheza me tomou.

Uma voz rouca, como que cansada, porém claríssima, disse:

"*Eu te amo*" e, logo em seguida, um ruído com voz, porém de difícil compreensão.

O primeiro ímpeto foi o de apagar a mensagem, pois achei que seria um engano apenas.

No dia 11 de setembro de 1999, à noite, liguei para a Sonia Rinaldi (coordenadora da ANT — Associação Nacional de Transcomunicadores) e lhe contei. Curiosamente, quando dias antes eu lhe comuniquei o falecimento do Edson, ela disse de imediato:

"Ele vai se comunicar, espere."

Será???

Conversamos e concluímos que, naquele momento, os dados em mãos eram insuficientes. Eu tinha de concreto apenas uma promessa do Edson... e um simples recado pelo celular.

Como a nossa linha de ação em transcomunicação é de total imparcialidade e rigoroso controle científico, lembramos que eu tinha comigo muitas fitas do Edson, com sua voz, dos muitos experimentos que fazíamos.

Como eu não tinha como gravar a mensagem (retirá-la da Caixa Postal) pedi a Sonia que o fizesse, dando a ela o meu código de acesso às mensagens do meu celular.

UMA PRIMEIRA CONFIRMAÇÃO...

Para atender à sugestão da Sonia, busquei uma caixa na qual o Edson havia deixado aproximadamente umas cinqüenta fitas cassete.

Como me encontrava inquieta com a possibilidade (ou não) de ter sido uma mensagem dele, no momento em que olhei as fitas, pedi mentalmente uma prova, e, se realmente ele tivesse me deixado aquela mensagem no celular, que me desse um sinal.

Não fazia idéia de COMO tal "confirmação" poderia vir. Enfim...

Aleatoriamente, peguei uma fita dentre tantas, sem saber, claro, o que continha.

Quando coloquei no gravador para fazer uma cópia, levei um susto.

Lembro aqui que a mensagem deixada no celular ocorreu em 10 de setembro de 1999. Pois bem, a fita que peguei, dentre dezenas, era uma gravação do Edson realizada exatamente no dia 10 de setembro de 1997!

MAIS CONFIRMAÇÕES

A pedido de Sonia, fiz no domingo (12/09/99) um experimento com o meu gravador, no qual, insistentemente, perguntei ao Edson se a mensagem deixada no celular era dele.

Enviei esse experimento, mais a fita com a voz do Edson vivo, e aguardei.

A Sonia ouviu e transcreveu as dezenas de contatos encontrados no experimento, incluindo a confirmação, como por exemplo:

Quando perguntei, "Foi você, Edson?", uma voz masculina logo respondeu: *Claro que foi*, e uma voz feminina complementou: *Ele está aqui*.

Mas algumas respostas foram mais definitivas.

Numa, Sonia informou ter ouvido: *Mamãe, cuida da minha filha*; ocorre que ninguém sabia (nem a Sonia) que o Edson tinha uma filhinha fora do casamento.

Também surgiu a palavra "aniversário" — isso me chocou, pois eu tinha feito aniversário um dia antes, e, nos tempos de casada, e mesmo depois, jamais o Edson se esqueceu do meu aniversário.

E MAIS...

Tendo a fita em mãos, Sonia digitalizou a gravação e conseguiu "limpá-la" daquele ruído que se seguia à mensagem. E ali dizia: *AVISEI*.

Penso que, conforme era sua vontade, voltou a fazer experimentos, só que de Lá para Cá, e talvez esse tenha sido um dos presentes de aniversário mais emocionantes que eu poderia ter recebido, principalmente pela oportunidade de oferecer dados que cientistas viriam a processar... e constituir o primeiro caso documentado de identificação de um falecido.

O ÁUDIO

Eis a mensagem registrada na Caixa Postal do celular, que diz, com voz rouca (própria de quem esteve com traqueotomia até poucos dias antes), e sugere esforço para falar. A voz diz:

Eu te amo... avisei.

(*Para ouvi-lo acesse nosso site.*)

De posse de todos os dados (voz do Edson vivo, voz supostamente dele já falecido e registros do experimento), enviamos para um especialista nesse tipo de investigação que elaborou o laudo abaixo, rigorosamente dentro dos padrões internacionais:

ANÁLISE TÉCNICA

Peças de exame

Constituem peças motivo do presente exame quatro gravações, numeradas 1, 2, 3 e 4, sendo:

Gravação 1: gravada em fita cassete;

Gravação 2: gravada em Caixa Postal de sistema celular digital e passada para fita cassete;

Gravações 3 e 4: gravadas e digitalizadas em computador IBM-PC.

Todas as gravações foram digitalizadas em computador IBM-PC, através de uma placa Sound-Blaster com resolução de 16 *bits* e taxa de amostragem de 11.025 amostras por segundo.

Objetivo do exame

Realizar a verificação de que a voz gravada na gravação 1, doravante denominada locutor A, coincide com a voz da gravação 2, denominada locutor B.

O locutor B é um locutor desconhecido.

Será considerado para motivos de comparação com os locutores A e B a voz gravada na gravação 3, doravante denominada locutor C e voz da gravação 4 denominada locutor D. Os locutores C e D são certamente distintos entre si, assim como são distintos dos locutores A e B.

Padrões de confronto

São objetos de padrões de confronto 4 gravações presentes em um arquivo do formato wave (*.wav) utilizado e numerado da seguinte maneira:

- 1 gravação de aproximadamente 2,6 segundos da voz do locutor A, aqui denominada tr1 (= voz do Edson vivo)
- 1 gravação da voz do locutor B de aproximadamente 1,4 segundo, aqui denominada tst1 (= voz gravada no celular)
- 1 gravação da voz do locutor C de aproximadamente 2,6 segundos, aqui denominada tst2 (= voz de terceiros apenas para comparação)
- 1 gravação de aproximadamente 1,5 segundo da voz do locutor D, aqui denominada tst3 (= mais uma voz de terceiros apenas para comparação).

Orientação dos trabalhos

Pré-processamento das amostras

As amostras foram normalizadas, de modo a terem o mesmo nível de sinal e a mesma relação sinal-ruído; os trechos sem voz foram removidos, pois não caracterizam o locutor. Das amostras normalizadas foram extraídos coeficientes do tipo MFCC (Mel-Frequency Cepstral Coefficients), utilizando janelas de 23,2 ms com espaçamento entre janelas de 10 ms, 5 filtros por oitava, resultando em 16 coeficientes por janela.

Métodos de comparação

Os coeficientes da amostra tr1 foram utilizados para treinamento de um sistema de reconhecimento automático do locutor, independente do texto baseado em misturas gaussianas (GMM — Gaussian Mixture Models), utilizando 16 misturas para representar o locutor. Como algoritmo de comparação foi utilizado o logaritmo da verossimilhança (*log-likelihood*). Este método foi escolhido por causa de sua robustez, não sendo o único possível de ser utilizado.

Resultados

Os resultados obtidos estão compilados na tabela a seguir:

Amostra	Número de vetores	Valor de saída	Valor de saída normalizado	
Tst3	141	907,427714	6,435657546	
Tr1	205	1468,653789	7,164164824	
Tr1	205	1530,539859	7,466048093	→ Edson vivo
Tst1	133	1050,821937	7,90091682	→ *Edson morto*
Tr1	205	1530,539859	7,466048093	
Tst2	246	2453,2977	9,972754878	

O número de vetores indica o número de janelas resultantes do pré-processamento, o valor de saída é a soma do logaritmo da probabilidade de o vetor pertencer ao locutor em questão, e a normalização é feita dividindo-se o valor de saída pelo número de vetores.

Conclusão

Através dos resultados obtidos conclui-se que não existem evidências que comprovem que os locutores tr1 e tst1 são diferentes, dada a proximidade dos coeficientes encontrados. Como se pode observar na tabela acima, tr1 e tst1 são certamente diferentes de tst2 e tst3 dada a grande diferença nos coeficientes de saída normalizados, como já era esperado.

Conclusão final

Esse caso constitui algo de grande importância pois foi a primeira vez na história da TCI que se comprova, matematicamente, que uma voz obtida em transcontato corresponde à voz de alguém vivo conhecido.

Ainda buscando esgotar TODAS as possibilidades para aclarar esse caso, a própria Zilda contatou, em 12 de outubro de 1999, a BCP (companhia de seu celular) pelo telefone (SP) 5509.6955, solicitando a investigação dos seus próprios telefonemas ocorridos em 10 de setembro de 1999. Foi informada pela supervisora, Eunice, que a quebra de sigilo telefônico implica uma medida judicial, só fornecida mediante a abertura de inquérito policial. No entanto, recebeu a explicação de que, caso o telefone estivesse ligado, as chamadas não teriam sido gravadas, e se estivesse desligado (era esse o caso), qualquer ação no sentido de ouvir a mensagem gravada a apagaria.

Não importa, o fato é que fomos e iremos sempre em busca da verdade.

* * *

Entendemos que, com esses poucos exemplos, demos uma noção do trabalho conjunto que a ANT desenvolve. A ANT (Associação Nacional de Transcomunicadores) não tem fins lucrativos e seus objetivos principais são:

- desenvolvimento da pesquisa em Transcomunicação Instrumental (sobretudo procurando envolver pessoas de ciência para análise das ocorrências, e desenvolver novas tecnologias e aprimorar as já existentes);
- orientar aos interessados para que venham a obter seus próprios contatos;
- gerar publicações para atualização dos seus associados etc.;
- manter elos fortes com outros pesquisadores do exterior para o intercâmbio e divulgação de experiências etc.;
- sobretudo, apoiar o projeto GAIT-IONS que objetiva a comprovação, em laboratório, por cientistas, da sobrevivência após a morte e a conseqüente comunicabilidade interplanos.

4

Fazendo a história

Os pioneiros, hoje

"A matemática tem sido notoriamente malsucedida para explicar as formas biológicas."

RUPERT SHELDRAKE

EM CONVERSA COM OS PIONEIROS

Em nosso livro *Transcomunicação Instrumental, contatos com o Além por vias técnicas* (Editora FE, 1996), tivemos a oportunidade de falar dos antecedentes e dos pioneiros da TCI no Brasil. Falamos de Landell de Moura, o inventor do rádio; de Augusto Cambraia e seu telégrafo vocativo (1909); dos telefonemas incríveis de Oscar D'Argonel (1917); ainda de Coelho Neto, Próspero Lapagese, Cornélio Pires, George Magyari etc.

A pesquisa histórica lá apresentada parava nos anos 70. Nesta oportunidade, buscaremos atualizar as informações com a história recente, ou seja, de 1970 para cá, abordando o pensamento e a vivência dos pioneiros vivos, parte integrante da história da transcomunicação. Iniciamos falando daqueles que abriram os caminhos da pesquisa, em nosso país.

DO BRASIL

1 - UM EXEMPLO DE PERSISTÊNCIA

Falar do trabalho desenvolvido pelo transcomunicador Mário Amaral Machado, licenciado em eletrônica, não é muito difícil. Com vasto acervo de

Mário Amaral Machado
(pioneiro)

contatos, talvez seja um dos maiores exemplos de persistência e dedicação, pois alguns outros que iniciaram naquele mesmo período ficaram pelo caminho. Mário não. Há aproximadamente 27 anos, ele se dedica à pesquisa do fenômeno, que hoje chamamos de Transcomunicação Instrumental, mas que naqueles tempos iniciais ainda era conhecido como EVP — Electronic Voice Phenomenum.

Casado com uma médica, a doutora Glória, a Glorinha, Mário sempre foi um exemplo de discrição, embora sempre disposto a partilhar seus conhecimentos.

Conheci o Mário em visita ao seu laboratório, em sua casa, nos morros do Alto da Boa Vista, um verdadeiro oásis verde e fresco na capital carioca.

Corria o ano de 90 ou 91 quando tive a oportunidade de gravar com ele, e presenciar sua sistemática de trabalho. Mas, para resumir 27 anos de trabalho, ninguém melhor do que o próprio Mário para nos contar.

Sonia: Quando e por que se interessou pela TCI?
Mário: Desde 1972, quando da publicação do livro de Jürgenson; mas já nesse ano eu passava por uma experiência marcante de comunicação de espíritos pelo telefone. Eu pertencia a um dos melhores grupos de materialização de espíritos no Rio de Janeiro, anexo ao Educandário Social Lar de Frei Luiz. Aí, de um dia para outro, e sem nenhum aviso prévio, os espíritos que trabalhavam na casa passaram a se comunicar pelo telefone com o doutor Luiz da Rocha Lima, fundador e diretor da referida instituição. Fui alvo de alguns desses telefonemas em minha residência à noite. Os espíritos não deram explicações, apenas começaram a falar pelo telefone. Daí vem o quando e o porquê de minha iniciação no assunto. Na época, 1972, eu residia num cruzamento das ruas Maxwell com Pereira Nunes, onde havia um sinal de trânsito. Os carros que ali chegavam eram obrigados a parar, se o farol estivesse fechado, e, enquanto aguardavam, muitos ficavam acelerando e desacelerando. Favorecido por esse ruído extra, logo nas minhas primeiras tentativas obtive curiosos resultados, pois a voz paranormal parecia seguir o ritmo das acelerações.

Sonia: Saberia explicar o porquê disso?
Mário: O motor de um automóvel é uma fonte emissora de ruídos e de campos eletromagnéticos, principalmente quando acelera e desacelera. A bobina de ignição, de alguns milhares de volts, determina a descarga de correntes elétricas para o efeito de explosão no interior dos cilindros. Ora, isso se propaga no espaço e atinge equipamentos eletroeletrônicos que estejam em seu raio de ação. E se o gravador estiver acionado, os comunicantes podem valer-se desses campos eletromagnéticos. É como se fossem portadores de energia, prontos para serem modulados.

Sonia: Como era a reação das pessoas na época, com relação ao seu trabalho?
Mário: Os telefonemas recebidos e registrados em gravador de som acoplado ao aparelho telefônico ficavam restritos ao grupo. O doutor Rocha Lima receava reações negativas, tal o inusitado do fenômeno. Limitei-me a falar com alguns amigos mais íntimos sobre a novidade, mas recebia em troca risotas e gracejos, como se estivesse inventando a maior mentira. Só o tempo se encarregou de mudar o comportamento das pessoas.

Sonia: Qual é a importância da sua esposa, Glorinha, no seu trabalho?
Mário: Eu tive a felicidade de contar com uma companheira com os mesmos ideais alimentados por mim. Em nosso laboratório, instalado na biblioteca de nossa casa, somos uma dupla constante, sem dar muita bola para programas de TV se, por acaso, coincidem com o nosso horário de experimentos (sessões diárias, exceto aos domingos e feriados). Como médica, Gloria tem um interesse especial pela parte de curas e tratamentos, cujas informações estão começando a chegar. Todos os apoios, porém, são bem-vindos, não apenas o da esposa e familiares. A tarefa de um experimentador de TCI é árdua, e a colaboração de pessoas sérias e responsáveis, seja de ordem técnica ou moral, é sempre extremamente bem-vinda e gratificante.

Sonia: Nesses 27 anos de experimentador, como evoluiu a reação das pessoas com relação ao assunto?
Mário: No início, a reação não era nada boa, mas o comportamento mudou bastante. Aumentava o número de pessoas que passavam de um ceticismo completo para um estado de curiosidade. Uma maior divulgação do livro de Jürgenson e as notícias que começavam a chegar do exterior, e as publicações por aqui, notadamente as do doutor Hernani Guimarães Andrade e, posteriormente, as suas, mudou por completo o panorama, e hoje, se ainda restam céticos, estes pertencem predominantemente a seitas dogmáticas que não estão interessadas em nenhum progresso fora de seus pontos de vista. Veja, então, Sonia, que a coisa mudou da água para o vinho. A própria Igreja Romana, sempre tão avessa à comunicação com os mortos (e outros seres que, provavelmente, não pertencem à linha evolutiva terrestre), assume papel saliente de pesquisa e interesse pelo assunto.

Sonia: O que significa para você a TCI na sua vida pessoal?
Mário: A TCI muda os nossos hábitos e nos torna mais metódicos e disciplinados. A vida social se restringe, sem inibir os comportamentos de fraternidade que devemos às demais pessoas. Em muitos casos, a TCI alarga o círculo de nossas amizades e permite que ajudemos mais e sejamos ajudados.

Sonia: No seu ponto de vista, qual o significado da TCI para a nossa humanidade?
Mário: A TCI representa um golpe de morte definitivo no grosseiro materialismo que tanto infelicita o nosso belo planeta. Trazendo a ciência em nome de um novo espiritualismo, as pessoas voltaram a ter esperanças, e a fé, com características mais firmes, se reimplanta em todos os corações. Se a terra, que é o nosso grande lar, viu tantas civilizações se levantarem para, em seguida, tombarem, isso se deve ao falso progresso de corte nitidamente mecanicista dado ao seu desenvolvimento, num círculo vicioso de ascensões e decadências que parece nunca mais acabar.

Acredito que com o advento da TCI, que confirma as verdades das melhores escolas espiritualistas, assistiremos em breve à criação de uma nova Civilização (com C maiúsculo), à qual povos e governos se renderão consciente e alegremente.

Sonia: Mário, conte-nos alguns casos vivenciados por você que, de alguma forma, lhe chamaram a atenção.
Mário: Claro que seriam muitos, mais tem alguns bem interessantes. Vou narrar três deles:

1. Morto pede missa

R.O., nosso sobrinho, engenheiro eletrônico, freqüenta esporadicamente nosso laboratório. Ele se interessa pelo assunto, mas falta-lhe tempo para dedicar-se. Numa de suas visitas, fizemos como de costume algumas gravações. No momento da escuta, R.O. ouviu uma voz que lhe parecia familiar. Em gravações subseqüentes, pediu à voz que se identificasse melhor. Surpreso, ouviu:

É teu pai, Nelson, respondeu ela. E, a seguir, a voz acrescentou: *Como está a Lourdes?*

Nota: Lourdes, irmã de Gloria, é a viúva de Nelson.

R.O., um pouco emocionado, disse que a mãe estava bem e perguntou o que o pai desejava.

Missa ... uma missa, respondeu Nelson, na gravação.

Nota: Nelson era católico, um católico formal, mas católico. A morte não tem o poder de mudar a crença das pessoas. Rogério encomendou a missa, a qual foi rezada, dias depois, na Igreja de Santa Terezinha, na Rua Mariz de Barros, na Tijuca.

Por uma questão de respeito à vontade do falecido, fomos todos à missa.

2. Um aviso

Recebi em 15 de setembro de 1986 uma gravação muito clara que advertia: *Cuidado com os documentos ...*

No dia seguinte, fomos de táxi à cidade tratar de alguns assuntos.

Passamos por várias ruas, onde não faltavam trombadinhas. Entramos numa loja, fizemos uma compra e íamos pagar em cheque. Gloria foi ao caixa. Abriu a bolsa e deu por falta da carteira com os documentos.

Voltamos para casa e aí tivemos uma notícia feliz. O motorista avisou que achara uma carteira, com o nome e endereço nossos, no chão do banco traseiro onde havíamos sentado. Imaginem se tivesse entrado outro passageiro!

Como lição, colhemos o seguinte: temos de dar mais atenção às "vozes".

3. Jovem desaparecido se comunica

Aarão, um engenheiro civil que freqüentemente me visitava no instituto, mostrou interesse pelas "vozes", mas era, fundamentalmente, um cético. Eu temia que ele apenas desejasse confirmar as suas dúvidas, mas aquiesci em atendê-lo.

Naquela tarde de sábado (14/06/97), depois de algumas gravações seguidas de escutas, houve uma "voz" que despertou o interesse da esposa, dona Lourdes, que o acompanhara.

"Quem está falando?", perguntou dona Lourdes.

"*Sou eu...*, respondeu a voz.

"Eu quem?", insistiu dona Lourdes.

Eu, Lou ... Paulo ...

Dona Lourdes, ao ouvir essa resposta, ficou extremamente emocionada e quase desfaleceu. Perguntamos o porquê dessa reação, e dona Lourdes, depois de refeita, contou a seguinte história: Paulo era um sobrinho muito querido da família, ligado especialmente a ela. Desaparecera fazia algum tempo, sem que houvesse uma única notícia a respeito do seu paradeiro.

Perguntamos a dona Lourdes como o havia reconhecido. Disse ela: "Só ele me chamava de Lou, e o timbre de voz era o dele!"

Agora, dona Lourdes tinha uma certeza. Paulo estava morto!

Sonia: Para finalizar, que conselhos daria para quem deseja se iniciar em TCI?
Mário: Sonia, se me fosse permitido dar algum conselho aos que começam, eu diria:

1 - Associe-se à ANT. Ela forma um grupo de pessoas interessadas no assunto com as quais você pode trocar idéias e experiências. Esse intercâmbio entre pessoas, com apoio de uma organização, é fundamental para o experimentador;
2 - Leia os bons livros que já estão à disposição de todos os estudiosos no Brasil, de autores nacionais ou estrangeiros;
3 - Se você, além de um estudioso do assunto, deseja tornar-se um transcomunicador, monte um pequeno laboratório em sua casa que pode começar simplesmente por um gravador de som e por um rádio a válvulas (antigo) ou a transistores (moderno). A literatura que você adquirir vai ensiná-lo a trabalhar com esses aparelhos com riqueza de detalhes;
4 - Não tenha a pretensão de ser um transcomunicador bem-sucedido da noite para o dia. Em suas sessões iniciais, procure fazer contato mental com os interlocutores do Além. Faça amigos do outro lado. Os resultados virão quando você menos esperar.

Para encerrar, vamos transcrever um pequeno trecho de artigo publicado na revista *Incrível*, da Editora Bloch, com o título "Linha direta com o Além".

> A equipe de reportagem havia visitado Mário e, na presença dos visitantes, ele tentou contatos. Logo de início, uma voz sussurrou: *É o repórter da revista... o Roberto. O Beto.*
> A equipe ficou estarrecida. De fato, um colega de nome Roberto era conhecido do grupo.
> Depois de várias outras ocorrências, a repórter colheu as palavras finais de Mário, que transcrevemos:
> "Se por esse método conseguirmos comprovar ao homem que existem outras dimensões espirituais e uma outra escala de valores, isso poderá levá-lo a mudar seu comportamento ético na Terra. O mundo espiritual, com suas leis mais avançadas, será apresentado à humanidade como algo real, ajudando as próprias religiões a se adaptarem aos novos tempos.
> Mas a TCI nada tem de religioso. Ela pode apenas fornecer a todas as religiões a prova científica da existência da alma. O espiritismo, talvez, seja a corrente mais beneficiada." (...)

2. AS PRIMEIRAS IMAGENS NO BRASIL

Max Beresowiski
Pioneirismo em imagens

Em capítulo anterior, citamos que recebemos, em 1998, as primeiras imagens. As nossas. Sim, porque muitos anos antes, um médico psiquiatra e respeitado hipnólogo já fazia as primeiras tentativas bem-sucedidas de recepção de imagens no nosso país.

Trata-se do pesquisador doutor Max Beresowiski. Estivemos na sua residência para apreciar pessoalmente um pouco da experiência desse transcomunicador que é, acima de tudo, um pioneiro. Em suas palavras:

Sonia: Quando tomou conhecimento da transcomunicação pela primeira vez?
Max: Foi através de pessoas que vieram a mim e falaram da comunicação com os mortos do livro do Jürgenson. Depois, eu logo comecei a testar isso de várias maneiras, usando essas técnicas todas que se empregam aí de ruído branco, de rádio, de microfone. Então, fui evoluindo e consegui uma boa quantidade de respostas, mas sempre com aquelas características de respostas curtas e destituídas, às vezes, de sentido. Risos, vozes, choro — isso eu recebia bastante. A última que eu tive foi interessante, porque eu tenho um gravador que é *vox control*, quer dizer, você fala e ele liga; se você parar, ele desliga. Então, eu deixo, às vezes, gravando à noite, para saber como é que eu durmo, porque eu falo bastante dormindo. A última experiência foi assim: uma voz noturna, mas muito nítida, no gravador. Uma voz feminina, gravou lá pela madrugada. Com voz muito alta...

Sonia: E disse o quê?
Max (rindo): "Risdielô."

Sonia: O que é isso?
Max: E eu sei lá? Eu também não sei, mas era uma voz feminina, era uma coisa assim, não deu para entender.

Sonia: No início, você se lembra como começou a trabalhar? No livro do Jürgenson você pôde pegar o modelo dele ou você logo começou com um modelo seu? Como é que foi esse seu início?
Max: Olha, eu comecei, provavelmente, com muitas coisas. Inclusive através de rádio, no intervalo das estações...

Sonia: Você usava gravador de rolo ou k-7...?
Max: Usava um gravador pequeno de rolo, portátil. Foi lá que eu comecei. Depois comecei a usar o K-7, que era bem antigo já. Tenho um de 1970.

Sonia: Você se lembra qual foi a primeira coisa que ouviu?
Max: Olha, o que me surpreendia era, realmente, uma diferenciação de certos ruídos em relação ao ruído ambiente. Por exemplo, se ouvia algumas pessoas conversando. Muitas gravações minhas foram acidentais, quer dizer, foram espontâneas e não preparadas. Então se ouvia risada, choro, um gemido, coisas assim. E muita conversa entre eles do lado de Lá.

Sonia: Nessa fase dos anos 70, a transcomunicação... ela existia, assim, de fato ou era tão esporádica e tão isolada que você talvez nem tenha conhecido outras pessoas.
Max: No começo, foi realmente uma descoberta acidental de Jürgenson. Depois, ele transmitiu essa informação para outras pessoas e foi paulatinamente crescendo o número de pessoas que estavam tentando. Não chegou a haver, assim, uma explosão de interesse.

Sonia: E aqui no Brasil?
Max: Ouvi falar do Mário, do Rio, do Magyari, da Hilda Hilst, de quem ouvi muitas gravações, e tenho até cópia de registros dela. Mas tinha mais alguns, além de nós.

Sonia: As pessoas davam importância para o assunto ou ninguém queria saber?
Max: As pessoas ficavam... sabe quando uma pessoa que não entende abre os olhos e faz assim com a cabeça? Mais ou menos, não dá para explicar. Ela só fica parada. Não dá resposta, não vibra. Porque para uma pessoa ter interesse em um determinado tipo de assunto, ela precisa ter previamente algum parâmetro. Por isso que as coisas que são extraordinariamente importantes, como certos avanços tecnológicos superavançados, não têm a repercussão devida. A astronáutica, por exemplo, vai até Júpiter e manda a fotografia do satélite de Júpiter, tudo isso não causa nenhum impacto. As pessoas não estão nem aí. Mas se ligam no Sílvio Santos! Aí tem gente, muita gente, interessada!

Sonia: É verdade. Lamentável.
Max: É falta de preparo, de interesse. Não há educação, não têm um sentido de curiosidade, de descobrir, de ver, de fazer. Não. Coisas às vezes inatas, como é no meu caso. Desde cedo eu já olhava muito o céu, imaginando, naquele tempo em que era proibido pensar em civilização extraterrestre, eu já pensava muito, e fazia, às vezes, até — bem antes dos astronautas, bem antes do Gagarin — eu arranjava, com meus 8 anos, 9 anos, arranjava um caixote e dizia pros moleques que eu ia pra Lua, e eles, então, entravam lá dentro dele comigo. Já pensava em contatar outros mundos, outras dimensões, os extraterrestres.

Sonia: Bem, você iniciou seus experimentos de transcontatos com áudio, mas logo direcionou-os para imagens....
Max: Sim, foi assim. Aquele fenômeno do Ted Sirius, aquele americano que tinha a faculdade de impressionar filmes de Polaroid com o pensamento, é uma coisa assim inquestionável, já que ele foi examinado e multianalisado por gente muito importante — técnicos de fotografia, cientistas, médicos, psiquiatras e ninguém conseguiu revelar nenhum tipo de farsa nele. Inclusive ele fazia esse tipo de experiência com uma câmera na mão de uma outra pessoa. Isso me interessou bastante e eu comecei a imaginar: "Será que só mesmo ele, unicamente, será que as outras pes-

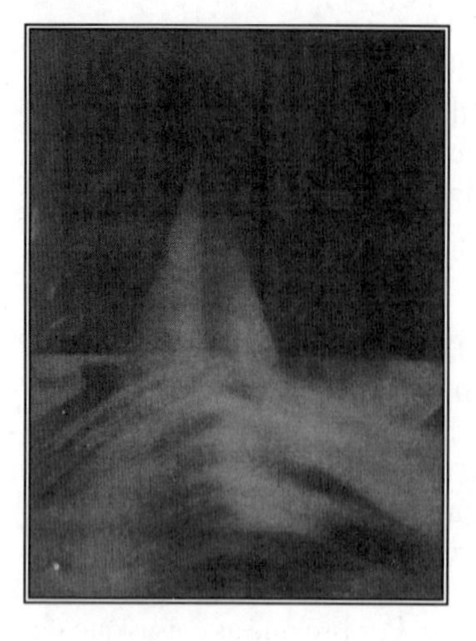

soas não têm também essa capacidade?" Comecei a imaginar isso e a usar a câmera Polaroid. E inventei o meu jeito. Comecei a fotografar superfícies rugosas, paredes por exemplo, dando um acerto entre o tempo de exposição e a luminosidade, para que não ficasse muito iluminado, nem pouco, e, então, eu encontrei o jeito certo. Fiz milhares de fotografias Polaroid. Depois, então, eu imaginei que, fazendo uma superfície mais rugosa, ou seja, com mais "ruído"... poderia dar mais certo. O que imaginei na época era uma superfície que fosse mais rugosa e mais heterogênea, o que significaria que teria mais ruído. Então, eu experimentei de tudo. Usei tecidos, usei papéis, depois eu resolvi fazer um quadro com pontos verdes, vermelhos e azuis, pontinhos juntos. Foi uma loucura, não deu para fazer aquilo, uma coisa impossível. Aí eu imaginei que se eu usasse uma tela de televisão, que já tem os pontos, eu poderia obter o mesmo resultado. Imaginei exatamente assim — um canal livre em que você tem os grãos todos lá, que podiam ser modulados de alguma forma.

Sonia: Você seria um dos primeiros a chegar a essa descoberta com o fim de obter imagens do Além?
Max: Provavelmente. Isso ocorreu no início dos anos 80.

Sonia: E daí você passou da máquina fotográfica Polaroid para a câmera de vídeo?
Max: Aí aconteceu o que eu imaginava: "Se eu colocar diante dos pontinhos ruidosos da TV uma filmadora e colocar na frente um determinado tipo de filtro?" Quero dizer, eu imaginei uma rede bem fina, de cobre. Sinceramente eu não sei por que, mas eu imaginava que isso ajudaria. Acabei conseguindo, com o meu mecânico, dessas redes usadas em filtro de gasolina. Mas ainda eu não tinha câmera. Só um pouco depois que um paciente meu ofereceu uma, eu parti para os testes. Filmei sem nenhuma preocupação, sem imaginar absolutamente nada. Quando fui ver *frame* por *frame*, fiquei espantadíssimo. Tinha aquelas imagens todas que você viu. Muitas imagens!!!

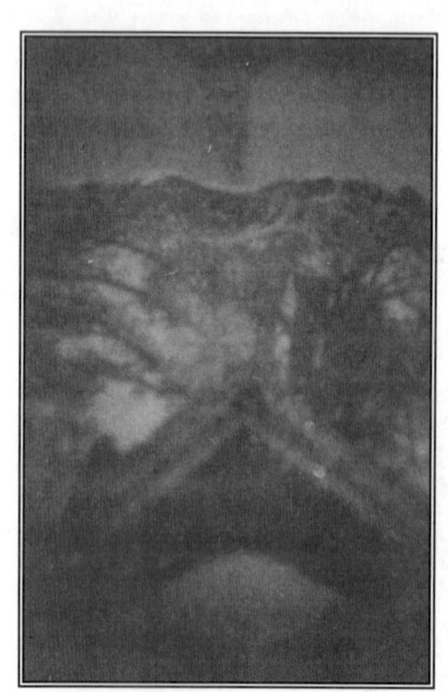

Sonia: Isso era mais ou menos em que época? Já estaríamos nos anos 80?
Max: Por aí. Foi quando eu fiz um filme — associando os dois fenômenos conjugados: do Ted Sirius, ou a psicofotografia, e a transcomunicação, eu associei tudo num mecanismo só.

Sonia: De que forma você imaginava que entravam essas imagens? Você achava que vinham de onde? Eram seus parceiros ou era uma coisa aleatória? Você não imaginava que tinha parceiros no lado de Lá?

Max: Eu não imaginava os parceiros porque nas fotos não apareciam imagens de pessoas, figuras humanas. Apareciam muitas formas geométricas, formas de astronaves.

Sonia: Não lhe ocorria que isso seria uma emissão...? De que ou de quem?
Max: Eu achei que era um fenômeno absolutamente novo então, mas que sempre existiu, independentemente da pessoa que estava fazendo e, provavelmente, isso ocorria independentemente do indivíduo estar perto ou não, quer dizer, imaginava várias hipóteses. Uma das hipóteses é que o meu inconsciente estava transmitindo coisas daquela maneira. Eu pensava em muitas possibilidades.

Sonia: Você não imaginava, então, que fosse uma emissão de outra dimensão?
Max: Eu não achava que fossem espíritos, mas que podia ser uma transmissão de personagens de uma outra dimensão, de um outro mundo paralelo, isso eu imaginei bastante. Então havia uma transmissão por parte deles, desses habitantes dos mundos paralelos, uma transmissão contínua, no sentido de propiciar que alguém, um dia, captasse essa coisa, uma mensagem, como a gente faz às vezes.

Sonia: Então as fotos, propriamente, você obteve as primeiras imagens quando?
Max: Foi por volta do aparecimento da Polaroid, não sei exatamente, mas em torno de 1972, 1971 mais ou menos.

Sonia: Conte-me uma ou duas experiências assim dentro da área das imagens ou de captações em geral, alguma coisa que o impressionou.
Max: O que me impressionou bastante, primeiro, cada *frame* — são 36 *frames* por segundo. Cada *frame* continha exclusivamente uma imagem; não aparecia nada relativo em mais imagens em *frames* próximas. Ou seja, a emissão da imagem paranormal vem única, num *frame* exclusivo. Sem nada antes ou depois que pareça a formação daquela imagem.

Sonia: É, esse fenômeno também eu presenciei nos meus experimentos e é difícil de explicar.
Max: Outra coisa que eu achei espantosa foi o seguinte: a cada quantidade "x" de *frames*, por exemplo, a cada doze ou dezesseis ou 32, e a imagem se repetia.

Sonia: Era como se ela tivesse sendo emitida para realmente chegar até você?
Max: É, realmente parecia sim uma emissão realmente consciente, vamos dizer, existia uma consciência. Porque não existe tecnicamente nada que faça isso.

Sonia: Bem curioso. E me diga, na sua opinião, que benefício a transcomunicação poderia trazer para a humanidade?
Max: Eu acho que uma coisa fundamental é que mude um pouco a visão dos valores da essência da vida, sabendo que existe muito mais além daquilo que os nossos sentidos podem captar. Isso pode trazer informações que mudem o modo de pensar, os interesses, os valores. Eu acho que é fundamental para mudar a humanidade. É a única coisa.

Sonia: Bem, para encerrar, que mensagem você daria para o pessoal que está despertando agora para a transcomunicação?

Max: Olha, que saibam "separar o joio do trigo", não só o "joio do trigo" externo, mas o interno também. Segundo, a natureza é muito ciosa dos seus segredos. Ela não solta de maneira fácil, de mão beijada, de maneira alguma. Ela pode te dar um indício e, às vezes, te dá desinformação, e as pessoas podem se iludir e se decepcionar. Eu tenho, por exemplo, o caso de uma senhora que me telefonou de madrugada, que estava captando uma voz do Egito. Ela me disse "vem aqui na minha casa". Ela morava na Pompéia. Fui lá com sono e tudo, cheguei lá era só um "iugudu, iugudu", vozes assim. Não se entendia patavina. Ela achava que era um fantástico fenômeno. Olhei bem e disse: "Me dá licença um pouquinho, essa fita está dobrada!" Foi só desdobrar e acabaram-se as vozes miraculosas.

Sonia: É... de fato, muitas vozes que parecem "invertidas", não o são. Geralmente ocorreu um amassadinho na fita ou dobra, e, óbvio, parece ser língua estrangeira... e a pessoa fica fascinada, achando que é uma mensagem em russo, aramaico... qualquer coisa.
Max: E o outro, então, foi mais triste ainda, porque a mãe tinha perdido um filho com leucemia e dizia que tinha captado o som da flauta do menino e tinha captado a batida do coração dele. Isso ela ficou alimentando até quando eu fui lá. Quando eu fui, eu vi que aquele ruído que tinha um som, era o tom do *pager*, do *bip* que ficava na estação mais ou menos próxima — então o gravador pega isso às vezes. E a batida do coração eram dobrinhas da fita. Ou seja, quem for iniciar necessita de atenção. Investigar com cautela.

Sonia: Muita atenção para tudo, não é?
Max: Muita, muita atenção. Não se deixe iludir. Ser humilde, isso é fundamental, não querer demonstrar imediatamente aquilo que faz sem fazer uma experiência, que um pouco de espírito científico é sempre bom, um pouco de ceticismo também. E outra coisa: que não vão achar que todo mundo do outro lado é bonzinho. Tem muita coisa perturbando como os micróbios que nos cercam. Existem bilhões de micróbios que nos cercam. Muitos são saprófitos, outros são benéficos, mas tem muita coisa que é patológica também. Nós estamos cercados de uma atmosfera muito rica de estímulos. E nós precisamos selecionar isso, estar prontos para rechaçar qualquer tipo de intromissão indevida. Alerta, sempre!

3 – A OUSADIA DE UMA MULHER

Hilda Hilst
Pioneira no Brasil

A pesquisa na busca para resgatar a história da TCI colocou no nosso caminho a oportunidade de conhecer uma pessoa excepcional. Culta, irreverente, polêmica. Se essas palavras servem para definir a escritora Hilda Hilst, não estaríamos falando dela globalmente. Mais que isso; Hilda é uma das pessoas mais humanas que conhecemos. Sua paixão pela natureza sempre foi fonte de inspiração para essa autora de mais de três dezenas de livros. Um detalhe que parece ínfimo, mas que aponta para a sua sensibilidade, é o fato de recolher cães abandonados. Chegou a ter algumas dezenas, cuidando deles com extremo carinho, próprio de quem reconhece neles nossos irmãos menores.

Falar da Hilda é também falar de uma amiga querida e admirável. Morando ainda na chácara Morada do Sol, em Campinas, recebeu e concedeu esta entrevista ao nosso associado da ANT, o engenheiro Carlos Cerqueira, possibilitando passar aos leitores um pouco de sua história como pioneira da transcomunicação.

CONVERSANDO...

Carlos Cerqueira: Conte-nos sobre como, quando e por que se interessou pela captação de vozes.

Hilda Hilst: A vida toda sempre me preocupei com a "morte"; desde a adolescência. Eu achava isso absurdo. Achava que não podia ser só isso de *nascer, viver e morrer* assim. Até um dia, eu estava com a Lígia Fagundes Teles, no Rio, onde ambas lançaríamos livros. Ao lado dela, li no jornal O *Globo* que um sueco, Friedrich Jürgenson, estava fazendo "gravações de vozes" e que tinha recebido umas cinqüenta de desconhecidos e umas trinta vozes de pessoas conhecidas, amigas dele. Dizia no artigo que um desses amigos falecidos gravou o seguinte:

"Friedrich, que maravilhosa sensação de liberdade." Essa foi a primeira vez que ele identificou uma voz como sendo de um amigo falecido. Pouco depois, descobriu que colocando o gravador junto com um rádio sintonizado entre duas estações conseguia contatos com mais facilidade e, também, que as melhores condições para se fazer as captações seriam a Lua crescente, a Lua cheia e o céu claro de madrugada, ou entre 8 e 11 da noite. Ele não aconselhava outros horários porque havia muitas interferências. Aí as "vozes" começaram a falar com ele, que era poliglota, em várias línguas. Por exemplo: se eles quisessem falar "Eu te amo", diriam "*Ich* (= "eu" em alemão), *aime* (que é "amo" em francês), *you* (que é "você" em inglês). Isto para despertar a atenção, pois, do contrário, poderia parecer simples emissão de locução de rádio — já uma frase composta por várias línguas, jamais seria emitida por um programa de rádio comum. Aí, eu li o livro dele, que em alemão se chamava *Radiocontato com os mortos* (mas que no Brasil foi lançado com o título meio maroto de *Telefone para o Além*. Naquele mesmo dia do lançamento do meu livro eu disse à Lígia Fagundes Teles: "Lígia, eu vou fazer esse negócio." De volta à chácara, em Campinas, comecei a fazer experimentos; isso foi, se não me engano, em 1973. A primeira palavra que captei ocorreu no meio de uma música: a música francesa dizia "*Je t'aime...*" e, de repente, entrou como que um sussurro claro dizendo "*Hilda*". Noutra oportunidade, num experimento, combinei com meu sobrinho para que ele conversasse com a avó falecida, minha mãe, como se ela estivesse viva, e assim fizemos. Gravamos uns cinco minutos. Quando fomos ouvir, no momento em que meu sobrinho disse "Eu espero que a senhora esteja feliz" (daí ele fez uma breve pausa) "...e continue zelando por nós" .... justamente na pausa apareceu a voz de mamãe dizendo um claro e sonoro "*Sim*". Era a voz dela. Fiquei entusiasmadíssima porque foi muito nítido. Noutra vez, captei voz com sotaque alemão: "*Agora tem callllma, Hillda.*" Daí, para todos os meus amigos que vinham me visitar eu punha a gravação e pedia: "Me ajudem, por favor. Eu não vou te dizer o que é. Vamos ouvir

duas palavras e identificar" e repetia aquilo várias vezes. Foi assim que fui confirmando que eram captações verdadeiras e não coisa da minha cabeça.

Carlos Cerqueira: Você sempre se interessou por Física e Matemática, tinha amigos dessa área, e parece que tentou envolvê-los...
Hilda Hilst: Sim, é verdade. Cheguei a propor para a Unicamp, para o César Lates, para o Newton Bernardes... um estudo mais rigoroso do fenômeno. Um dia o César Lates me levou para o Departamento de Física... e como eles são cientistas, um deles falou assim: "Ah! eu tenho sempre um pé atrás para estas coisas..." e eu falei: "César, muito obrigada, você me trouxe a um Departamento de Física, onde pensei encontrar pesquisadores... para ouvir a mesma coisa que a minha empregada me fala, então, até logo." O Newton Bernardes brincava comigo perguntando: "Será que não tem um negrão aí na árvore escondido, e entra com essas vozes?" Isso tudo para contar que na época eu não tive auxílio de ninguém. Depois de uns quatro anos trabalhando nessa pesquisa, e não obtendo sequer consideração por parte de ninguém, decidi que era momento de me decidir entre esse estudo das vozes ou a literatura. E optei pela literatura.

Carlos Cerqueira: Conte-nos alguma caso bem *sui-generis*...
Hilda Hilst: Ocorreu algo muito curioso sim. Numa de minhas captações, as "vozes" gravaram e eu tomei isso como uma promessa. Ou seja, eu viria a vivenciar contato por telefone. E isso se cumpriu. Certa vez, eu estava em casa de meu amigo Mara Fuentes, que é escritor também, e o filhinho dele, que então tinha uns 8 anos na época, atendeu o telefone e falou: "Papai, é para a Hilda, uma moça chamada Mary Duda." Arregalei os olhos e perguntei: "Não, não é Mary Dutra?" e ele falou: "Isso mesmo" e falei "Mas a Mary Dutra morreu..." Foi esquisitíssimo porque o Mara Fuentes também a conhecia. Em outra oportunidade, aqui em casa, de novo a empregada falou "Uma senhora... dona Mary Dutra, está no telefone", eu vim correndo e só tinha o sinal de ocupado.

Carlos Cerqueira: Está ciente da evolução da TCI no Brasil e no mundo?
Hilda Hilst: Fico absolutamente fascinada! Então a promessa deles de usarem a rede de telefonia se cumpriu mesmo!!! Eles me disseram isso há quase 25 anos! Como eu gostaria de receber um telefonema do meu amigo escritor Caio Fernando Abreu! Quem sabe?

Carlos Cerqueira: A chácara ainda é a "Casa do Sol"?
Hilda Hilst: Sim, há trinta anos. E olha que aqui já ocorreram coisas "fenomenosas". Certa vez, cheguei a desgravar um contato por achar que não podia ser verdade. Depois me arrependi. Fizeram uma música que contava a história de uma casa que se chamava Casa do Sol.

Carlos Cerqueira: Seus experimentos a auxiliaram a ter certeza de que a vida continua depois da morte?
Hilda Hilst: Eu tinha certeza de que tudo não terminava. Além disso, ocorreram muitas materializações aqui em casa. Pessoas que apareciam como se fossem reais, tanto que eu chegava a me levantar para cumprimentá-las, e não conhecia essas pessoas, eu ficava impressionadíssima. Eram pessoas que entravam de repente, eu olhava e acha-

va que era uma pessoa real. Teve um caso que foi fantástico: apareceu às 11 horas da noite, e uns amigos meus estavam aqui. O espírito abriu a porta, entrou, e estava muito bem vestido, como se fosse um embaixador, muito alinhado, olhou para mim e sem falar palavra, 'ele disse' "*Enfim, cheguei!*". Esse local em que moro é privilegiado. Isso tudo me deu muita certeza, mas eu tenho muito medo da hora da morte, da agonia, da doença, eu tenho pânico dessa hora da pessoa passar mesmo para o outro plano.

Carlos Cerqueira: Você já teve alguma experiência extracorpórea?
Hilda Hilst: Eu tive muitos desdobramentos. Certa vez, desdobrei, e consegui perguntar para uma senhora desconhecida: "Há quanto tempo que a senhora está no outro plano?" e a pessoa me disse: "Contando no seu plano da Terra, seriam quarenta anos." Tive também um desdobramento na casa de uma amiga e a cachorrinha me viu desdobrada e começou a latir, mas ela mesma não acordava; encontrei também a minha mãe no lado de Lá, numa clínica, mas não pude falar com ela, só vê-la.

Carlos Cerqueira: Você teve amizade com o famoso e respeitado físico Mário Schemberg. Ele era espiritualista, não? Vocês conversavam sobre seus experimentos de TCI? O que ele pensava?
Hilda Hilst: O Mário, ele acreditava demais em tudo isso, tanto é que eu mostrava as fitas, etc. Ele era uma pessoa adorável, maravilhosa, então ele me dizia "Hilda, eu tenho certeza que numa outra vida nós nos conhecemos..." Só que ele dizia: "Mas você nunca fale isso na universidade, porque eu vou sempre desmentir..." Ele referia ao fato de termos trabalhado no mesmo local, na universidade, ele foi contratado e eu também. Daí tivemos que fazer uma apresentação. Enquanto eu falava sobre a imortalidade da alma, um físico começou a rir com desdém enquanto coçava a virilha. Aí ele me disse jocoso: "A senhora acredita mesmo na imortalidade da alma?" Me abstenho de dizer o que disse a ele na frente de todos, por respeito à nossa entrevista. Todos riram muito. Mas, quanto ao Mário Schemberg, eu nunca falei, na universidade, que ele era espiritualista nem nada, porque ele dizia: "Eu não posso, eu sou físico, e eu nunca vou arranjar um emprego se souberem disso..." Eu senti muito a morte dele, a falta dele, e queria muito que um dia ele falasse comigo por equipamentos.

Carlos Cerqueira: Você disse certa vez que "no futuro, o místico e o cientista vão se unir para desvendar uma outra vida". Pelo avanço da TCI, hoje, será que o futuro estaria chegando?
Hilda Hilst: Ah, disso eu tenho certeza! Eu também falava para o Mário: "Será que os neutrinos não têm tudo a ver com a alma? Porque o neutrino é uma partícula que não tem peso, massa, carga, ele atravessa os corpos opacos, ninguém sabe direito de onde ele vem, se é da periferia das galáxias, etc. Será que a alma não é feita de neutrinos?" E ele dizia: "É capaz, né, Hilda, é capaz..." E como ele foi um homem tão ligado à física, era gostoso conversar com ele, porque ele não tinha a pose dos físicos. Aliás, todos os grandes físicos nunca falam que essas coisas são bobagens. Sempre sonhei com a união da física e da metafísica e achava que nas universidades o pessoal de ciências exatas devia aceitar esse outro lado. Eu tenho impressão que está chegando num resultado muito próximo disso tudo agora.

Carlos Cerqueira: Numa entrevista sua, você cita pessoas famosas com quem tinha amizade, como Guimarães Rosa, Jô Soares, entre outras. Quem dessas estrelas tomaram conhecimento de seus experimentos? E o que elas falavam?
Hilda Hilst: Não, o Guimarães morreu antes disso; já o Jô, certa vez, veio aqui, há muitos anos, logo que eu mudei para cá, ele veio com a Teresa Austregésilo, que era mulher dele. Foi ele que me trouxe pela primeira vez o livro *O Despertar dos Mágicos*, onde todas essas coisas são questionadas. Mas, eu acho que o Jô tinha interesse sim, em tudo isso.

Carlos Cerqueira: Como você lidou com o assunto na época? Procurou divulgar?
Hilda Hilst: Procurei sim, porque o próprio Jürgenson dizia "Se você tiver algum sucesso nesta experimentação, fale, ainda que o considerem louco." Aí eu abri o bocão mesmo. Aí um amigo meu, o cineasta Walter Hugo Cury, fez um filme onde usou a temática das captações como pano de fundo. Chamou-se *As filhas do fogo*. Tempos depois o programa *Fantástico* veio aqui e chegaram a pôr no ar minhas captações.

Carlos Cerqueira: Você tem alguma religião?
Hilda Hilst: Gosto de várias. Hoje, com 67 anos, procuro fazer da minha vida um ato de fé.

Essa pioneira poderia ter seguido avante não fosse pelo descaso daqueles que a cercavam. Talvez não fosse o momento. Seja como for, vivemos hoje uma fase em que, diferentemente da sua época, a transcomunicação vem vencendo preconceitos e trilhando firme na evolução do intercâmbio com o Além.

Nota: Na oportunidade dessa entrevista, Hilda, gentilmente, cedeu uma cópia de contatos seus dos anos 70. Um chamou a nossa atenção em especial. Uma voz masculina disse:
"Vamos nos estabelecer no mundo por rede telefônica (...) Hilda (...) Hei de vos avisar. Vamos lá!"
Essa promessa positiva e alviçareira vem se cumprindo.

5

As vozes: um consolo

"A comunicação com inteligências do pós-vida é a maior descoberta da história da humanidade."

Doutor Victor Zammit

Pelo que explanamos até aqui, o leitor pode notar que a força da transcomunicação está cristalizada basicamente em dois tópicos: o consolo e a possibilidade de comprovação científica.

Enquanto talvez só uns 20% de nossos associados nos procuraram motivados pelo caráter científico do fenômeno, é notório que grande parte o faz por causa da perda de um ser muito querido. Muitos já eram espíritas. Outros buscam na TCI alguma certeza de que seu ser amado vive do outro lado e que um dia irá reencontrá-lo, independentemente de sua fé religiosa.

Exatamente pelo fato de que, talvez, nosso leitor esteja lendo este livro porque perdeu alguém é que dedicamos este capítulo à abordagem da experiência de alguns colegas da ANT que buscaram e encontraram o consolo por obter notícias de seus falecidos, ou até mesmo por já ouvi-los em seus próprios aparelhos. São depoimentos comoventes que falam da trajetória enfrentada por esses colegas que, depois de muita luta, hoje estão convencidos de que a morte não existe. Vamos ouvi-los:

1 - A ESPOSA VIVE

(Depoimento do engenheiro Bernard Forletta)

Bernard Forletta

De todas as provas às quais somos submetidos, e que devemos suportar durante nossa estada neste orbe, a perda de um ente próximo, querido e amado, seja ele filho, esposa ou amigo, com certeza representa a mais penosa, a mais difícil e, provavelmente, a mais inconsolável, porque nos dá a verdadeira sensação de aniquilação, uma dor irreparável, porque essa pessoa será sempre insubstituível no nosso coração. A sensação de vazio, de impossível, de fim de tudo, torna esses instantes indescritíveis, sem palavras para expressá-la.

Este meu relato busca levar um entendimento mais profundo da minha vivência e do meu despertamento para a espiritualidade, sentimento esse do qual somos tão carentes, porque forçosamente levarão o leitor a refletir alguns instantes. Muitos até pensam na morte, querem saber mais, se há vida ou não depois da morte. Mas, no geral, pouco tempo nos sobra para nos dedicarmos; nesta vida agitada que enfrentamos, quase não nos resta folga para nos dedicarmos a qualquer outra coisa, a não ser ao estritamente necessário e, sobretudo, exclusivamente ao que consideramos de vital importância. Só conseguem deter, por alguns momentos, esta moenda uns poucos privilegiados, porque perceberam que o importante não está nesta vida material, e sim na verdadeira e eterna, aquela que não tem fim.

Um casamento eterno

Lourdinha:
a esposa falecida

Passados mais de trinta anos de convívio harmonioso, uma horrível doença veio molestar minha querida e amada Lourdinha. Sentindo, no decorrer do ano de 1988, alguma coisa estranha no seu comportamento, mas sem poder imaginar do que se tratava, pois nem os médicos consultados conseguiam determinar qualquer diagnóstico, passaram-se ainda quatro anos, no término dos quais veio o esclarecimento: minha esposa tinha o mal de Alzheimer.

A partir desse momento, me pareceu que o mundo desabava, pois soube ao mesmo tempo que não havia cura. Horror. O que fazer?

Um certo descontrole acabou tomando conta de mim nos primeiros tempos, mas consegui superá-lo, pois havia necessidade de enfrentar um outro modo de vida e, sobretudo, eu teria de tomar conta de minha querida esposa, que já não tinha mais equilíbrio emocional, começando a ficar alheia ao convívio e às pessoas.

Passaram-se mais alguns anos, o estado dela continuava a se agravar, e todas as tentativas resultavam na mesma resposta: não tem cura.

Soube então que existia um medicamento que retardava a progressão da doença; para tanto, eu deveria levar minha esposa para fora do Brasil.

Não hesitei. Meu amor por ela valia mais do que todos os meus bens. Desfiz-me de tudo e parti para a França. Infelizmente, ao chegar lá, os médicos acharam que era muito tarde para iniciar o tratamento. Só me restava o sofrimento e um terrível sentimento de amargor ao ver o estado em que ela ia ficando. Nessa época, ela já não falava mais.

Por momentos, a tristeza e o desânimo parecia tomar conta de mim, mas sempre consegui esconder dela esses momentos de abatimento; mas a profunda tristeza e dor não mais me abandonava. Conscientemente, eu sabia que aos poucos ela se ia, mas quanto tempo ainda ela deveria sofrer nesse estado horrível? Pois, mesmo que na aparência parecesse não saber o que lhe acontecia, no fundo eu sentia que ela entendia, mas não podia se fazer entender. Só passando pelo que ela passou é que se poderia avaliar o sofrimento que ela devia sentir. Com certeza, não um sofrimento físico, mas um muito maior. Um neurologista chegou um dia a me dar a sua opinião, que confirmava o meu pressentimento.

Passaram-se assim mais alguns anos até que uma forte gripe, dificilmente tratada devido ao enorme enfraquecimento físico, devia levar minha querida Lourdinha.

Dois dias antes, parecendo estar bem melhor, de repente ela me olhou e sorriu, coisa que não acontecia há muito tempo; parecia que queria me agradecer. A realidade era bem diferente. Nunca esquecerei aquele sorriso, pois ele marcou minha memória com uma imensa alegria para o resto de minha vida. Foi num fim de tarde, antes do pôr-do-sol. Abracei-a e chorei de alegria. Foi por pouco tempo, pois, mais ao entardecer, ao dar-lhe o jantar, ela teve um mal-estar e, pouco depois, de repente, entrou em coma profundo. O médico, chamado às pressas, diagnosticou derrame cerebral. No seu estado de saúde, não havia o que fazer, qualquer tentativa não teria resultado satisfatório. As últimas horas tinham chegado. Quanto tempo ela ainda sofreria tentando resistir a permanecer nesta vida? Eu permanecia praticamente o tempo todo ao seu lado, com aquele tremendo amargor no peito, olhando permanentemente para ela, me aproximando, vez ou outra, a fim de me certificar que a vida ainda estava presente. Foram horas de uma agonia sem fim, término de vários anos de sofrimento. No decorrer das horas de vigília, quarenta anos de nossas vidas desfilavam em minha mente, como uma fita de vídeo, relembrando aqueles inesquecíveis momentos felizes que tivemos em nossas vidas.

Passadas 48 horas, no entardecer do segundo dia, eu estava sentado ao seu lado quando, de repente, senti uma contração no seu peito e, imediatamente a seguir, um forte suspiro e um esvaziamento do peito com um ruído incomum. Precipitei-me junto dela, abraçando-a fortemente, mas a vida que tinha animado aquele corpo não estava mais presente, deixando aquele corpo inânime.

Aquela, a quem muito amei por mais de quarenta anos, partia para a vida eterna. Fiquei abraçado a ela ainda algum tempo, sem saber mais o que fazer, minha cabeça parecia perdida no espaço, entre soluços e palavras, chamando por ela.

Passou-se não sei quanto tempo até eu voltar à realidade e poder alcançar o telefone para chamar a minha filha.

Nos dias seguintes, mal suportando a imensa dor que me dominava, consegui, com alguma dificuldade, tratar das providências obrigatórias.

No prosseguir dos dias, como se nada tivesse acontecido, a vida continuava para o mundo, mas, para mim, não seria mais a mesma.

Cinco dias depois do desencarne de minha Lourdinha, senti, de repente, uma forte necessidade de procurar contato com o Espiritismo, que já conhecia, mas nunca havia tido maior proximidade. Ela, minha esposa, sim, tinha freqüentado um centro espírita em São Paulo anos atrás. Não consegui, pois onde me encontrava, na França, não havia centro nenhum, mas consegui encontrar literatura relacionada com o assunto, de excelente nível, o que me possibilitou, durante um ano, a introdução na matéria e a aquisição de um profundo conhecimento da espiritualidade.

Um ano após a partida da minha querida Lourdinha, resolvi retornar ao Brasil, pois foi nesta terra que convivi com minha amada durante tantos anos. Logo após minha chegada, procurei entrar em contato com centros espíritas. Não encontrei o que esperava, pois o conhecimento adquirido durante um ano de estudos no assunto me colocava em posição avançada, sobretudo muito mais arrojada do que eu estava encontrando. Assim mesmo não desisti, e foi lendo um jornal espírita que tomei conhecimento da ANT — Associação Nacional de Transcomunicadores. No final do artigo que li pela primeira vez sobre a TCI, informavam que a ANT precisava de selos para fazer frente à enorme quantidade de correspondência. A linha de trabalho da pesquisa logo me interessou e decidi fazer contato para ajudar com os selos. Tão logo tomei conhecimento mais profundamente do que ocorria no Brasil na área desse fenômeno, senti que a TCI era a vanguarda do espiritismo moderno. Apesar de não ter conseguido montar minha própria estação de contatos, já obtive notícias da minha Lourdinha. Não foi muito, mas o suficiente para me alegrar o coração, sentindo que ela, na verdade, não morreu: está viva!

Esses contatos transformaram minha maneira de encarar a vida, minhas atitudes, a maneira de compreender as pessoas, enfim, houve uma grande transformação no meu modo de agir em relação às pessoas com quem tenho de conviver e me entender, evitando o confronto, o mal-entendido, tentando compreender meu interlocutor, tentando me colocar ao nível de compreensão dele. Atitudes que pouco ou nada eram levadas em consideração anteriormente. Acho que toda essa minha mudança interior tem a ver com a minha Lourdinha, porque o decorrer de apenas dois anos não é tempo suficiente para assimilar a compreensão da espiritualidade, assim como as conseqüências decorrentes desse entendimento.

Esses contatos me reconfortaram e muito. Não tiraram a minha saudade, não, mas a esperança voltou! Quando terminar o tempo que me foi alocado para cumprir minha missão nesta nave estelar, retornarei àquele outro mundo, onde espero reencontrar minha querida e amada Lourdinha.

2 - *"NOSSOS FILHOS SÓ MORREM QUANDO SÃO ESQUECIDOS"*

(Depoimento da transcomunicadora paulista Norma Casasco)

Quando Sonia me pediu que narrasse minha história, pensei que não conseguiria, embora tudo pareça gravado em minha mente. Parece que foi ontem. Fecho os meus olhos e vejo todos os tristes acontecimentos, como se fosse um filme. É doloroso e difícil a separação física de dois filhos. Mas pensei nos pais que viveram e vivem a mesma situação e que, com o meu relato, poderia transmitir a minha certeza, de que nossos filhos mortos "vivem", pois eles só morrem quando são esquecidos.

Transcomunicadora Norma, que já recebe há tempos contatos de seus dois filhos falecidos.

Quando Kikinho (Jorge Rinaldo de Sousa Casasco) tinha 2 anos de idade, adoeceu, ficou muito mal, desenganado pelos médicos que o assistiam na Santa Casa de Santos.

Foram noites e dias de angústia e sofrimento. Certa noite, um médico veio nos dar a notícia: o Kikinho só se salvaria por um milagre. Eu não podia aceitar. Bati meus joelhos no chão, orei muito e, em prantos, desesperada, pedi a Jesus, a Maria Santíssima pela vida de meu filho. Ao meu lado estava minha mãe. Oramos juntas.

Ao amanhecer, meu filho saiu da crise e, aos poucos, foi melhorando. Foi realmente um milagre, como afirmaram os médicos. À noite, recebi a visita de uma senhora que era freira na Santa Casa. Ela morava no mesmo andar onde meu filho estava internado. Naquele momento estávamos em três pessoas, que testemunharam a seguinte afirmação da freira:

"Eu vim conhecer o seu menininho, que agora está melhor. Mas, vou lhe dizer, esta é a segunda vez que você suplica pela vida de seu filho, e Jesus, vendo seu coração sangrar de dor, concedeu-lhe alguns anos mais; porém, se o menino chegar aos 7, dos 11 anos não passará. Ele irá embora tão de repente, que você não vai ter tempo de pedir por sua vida."

Eu, mamãe e minha tia ficamos perplexas. Como aquela senhora sabia do meu passado? Depois ficamos sabendo que ela era paranormal e uma excelente médium vidente e, por causa de sua mediunidade, fora excluída de sua família. Que poder teria aquela senhora para antecipar esses acontecimentos? Sempre tivemos muito cuidado com nossos filhos, eles eram amados e paparicados e, como mãe superprotetora, sempre achei que cuidados nunca são demais. Com o tempo, todos esquecemos aquele fato. Só viríamos a lembrar anos depois.

Praia de Peruíbe, domingo, 6/10/68, 12 horas

Meus filhos juntos, meu marido Jorge e meu cunhado. Repentinamente, Kikinho beijou a mão do pai pedindo-lhe a bênção. E com sua mãozinha passou a mão do Jorge sobre a sua cabeça, abraçando-o e beijando-o, numa atitude totalmente incomum. Veio, e fez o mesmo comigo.

Nós estranhamos o seu comportamento, pois nunca ensinamos nossos filhos a pedirem a bênção. Então falei: "Meu filho, hoje você viu passarinho verde?" Ele sorriu. Beijou o irmão, Robinson, e abraçou meu cunhado. Parecia se despedir.

Ficamos alguns segundos na praia arrumando nossas coisas para pegarmos o carro que estava perto. Kikinho, estranhamente, estava hiperfeliz, desde a manhã seus olhinhos castanhos brilhavam diferente, pareciam duas estrelas.

Aí, uns pescadores jogaram suas redes com peixes e caranguejos e ao voltar nossos olhos para trás, onde deveria estar o Kikinho, não o encontramos mais. Foi aquela loucura de procurá-lo. Polícia, pessoas, Corpo de Bombeiros, tudo que era possível fazer foi feito. Foi como se algo invisível tivesse tragado, arrancado nosso filho do nosso lado. Finalmente, Kikinho foi encontrado no rio Peruíbe, já sem vida.

Dias, meses, anos de sofrimento, desespero, culpa por não ter visto meu filho se afastar. Fui de médico em médico fazendo mil tratamentos e nada adiantava. Eu, meu marido e Robinson suportamos essa dor por muitos anos.

Quatro meses depois, encontrei meu filho Kikinho por desdobramento. Estávamos em um imenso jardim com muitas flores. Kikinho estava radiante. Contava que freqüentava uma escola com outras crianças e muitas tias. Dizia-me: "*Mamãe, sou feliz, sou feliz*", e dava cambalhotas. Ainda nesse encontro, ao acordar, escutava a sua voz: "*Mamãe, sou feliz!*"

Não consegui abraçar, tocar em meu filho, mas estávamos próximos, tinha uma linha divisória invisível entre nós que eu não podia transpor.

Tempos depois, a felicidade de ouvi-lo fez reviver meu coração de mãe. Ao chegar em casa, encontrei na secretária eletrônica a seguinte mensagem, com sua voz: "*Mamãe, mamãe, é Jorge Rinaldo, que pena!... mamãe saiu!*"

Foi emocionante. Sua voz calma, serena, bonita, falando devagar. Voz de quem está em paz. A vida foi passando, agora tendo ao meu lado meus outros dois filhos: o Robinson e a Patricia.

Quarta-feira — 4/06/86

Robinson tinha já seus 22 anos. Esteve conosco até certa hora e saiu. Estava bem, alegre, brincou muito conosco, me fazendo rir. Em um momento, ficou sério e disse que havia feito uma grande limpeza em seus armários e avisou a vovó que tudo o que estava em uma caixa era para ser doado, pois não iria mais precisar. Foi nessa quarta-feira a última vez que vi meu filho.

Ele estava com provas na PUC, onde cursava Direito. Também conversou com a vovó, para que não o esperasse para jantar. Foi com beijos e mil brincadeiras a sua despedida naquela noite.

Quinta-feira — 5/06/86 23h40

E novamente tivemos que enfrentar a dor indescritível de ver um filho partir. Robinson estava voltando da PUC, um motorista não respeitou o sinal e jogou seu carro bem do lado esquerdo do de Robinson.

Aí termina a vida dele e recomeça a nossa morte. Fiquei tresloucada de dor. Dormia dia e noite sob a ação de medicamentos.

Meu marido, a quem Deus me presenteou nesta vida, esteve sempre me amparando, e a quem me agarrava, como se fosse meu salva-vidas. Ele ia chorar escondido em seu escritório. Seus amigos iam até lá para confortá-lo. Quando voltava para casa, já vinha com forças para ajudar-me, mas, muitas vezes, chorávamos abraçados.

Certo dia, olhei-me no espelho pela primeira vez, depois de muito tempo, e não me reconheci, estava com o rosto totalmente deformado de tanto chorar. Era uma outra pessoa.

O segundo fenômeno

Num sábado à tarde, eram 15 horas, já fazia um mês e treze dias que ele tinha partido, e eu estava lendo um livro de Chico Xavier. De repente, na TV em cores em minha frente, que estava desligada, vi a tela tremer, clarear, aparecerem chuviscos e, finalmente, apareceu em toda a tela o rosto de meu filho Robinson, sorrindo. Seus dentes brilhavam e seu sorriso era maravilhoso. Sua imagem apareceu em preto e branco. Dei um grito, chamando: "Meu filho, Robinson, Robinson!"

A emoção foi tão grande que não tinha palavras e, mentalmente, pela primeira vez, agradeci a Deus, pois até então eu era só revolta.

Mais tarde, em 1989, conversando com Chico Xavier, ele confirmou a ocorrência. Disse-me: "Dona Norma, o seu sofrimento era imenso e o Robinson veio lhe mostrar que está bem. É um espírito de luz."

Fui em busca de vários centros espíritas, mas as psicografias não preenchiam o que queríamos. Muitas deixam dúvidas quanto à autenticidade... enfim, não era bem o que buscávamos. Acabei acalmando. Sentia que algo muito forte estava para acontecer.

Finalmente conheci a Transcomunicação Instrumental e procurei por uma experimentadora, a doutora Beatriz Carvalho Pereira, que, muito gentil, tentou contato com meus filhos. Passaram-se duas semanas e a doutora Beatriz me telefonou dizendo que meus filhos tinham respondido. Fui até a sua casa e ouvi, com dificuldade de entendimento.

Sugeriu-me que iniciasse meus próprios experimentos. No mês seguinte, conheci Sonia Rinaldi e, orientada por ela, li tudo o que havia sobre o assunto e entrei para a ANT, em 1992.

Passei a ouvir meus filhos...

Logo no primeiro experimento recebi contatos de meus queridos filhos. Mais tarde, Robinson gravou diversas vezes na secretária eletrônica, deixando recados totalmente inesperados. Passei depois a ouvir contatos diretos, pelo alto-falante do rádio, e sempre reconheço as vozes de meus filhos dentre outras que também se comunicam comigo.

O meu renascimento para a vida veio depois de ter conhecido essa pesquisa.

Para os pais que como eu hoje têm os seus filhos do lado de Lá, digo:

"Tenham paciência. Pode ser rápido, pode demorar. Mas um dia a mágica da sintonia do amor funcionará e você poderá ouvir, por si, que seus pequenos vivem. E viveremos para sempre, pois alguém só morre se for esquecido."

3 - IRMÃO DE MUITAS VIDAS

(Depoimento de Rosemeire Cassiano)

O dia 14 de novembro de 1984 foi como um pesadelo. Estava grávida de quatro meses, e já havia passado por um aborto espontâneo. Estava de repouso, pois novamente corria o risco de perder o bebê.

Meu marido, não tendo encontrado outra forma de me dar a notícia, inventou que se encontrava doente e pediu-me para acompanhá-lo até o médico. No consultório, descobri que o motivo era outro. Foi o começo de um desespero que viria a durar muito tempo.

O médico iniciou assim: "Você tem que ser forte." Ao que demonstrei inquietação, ele prosseguiu: "Seu irmão foi à praia no domingo e... morreu afogado. O corpo foi encontrado hoje."

Meu Deus. Eu não conseguia acreditar. Não podia ser verdade. Era brincadeira, e de muito mal gosto. Não era possível. Estavam todos loucos. Aquilo não estava acontecendo comigo.

Por um momento, me veio a lembrança que parece que as coisas ruins só acontecem com os outros.

Acabei tendo que ser sedada, em especial devido ao meu estado e o do bebê, pois a ligação que sempre tive com o Beto, meu irmão, era algo incomum. Provavelmente, resultado de profunda união em outras vidas, pois nosso dia-a-dia era de extremo afeto e amizade.

Assim, foi com o auxílio de calmantes que procurei enfrentar a realidade. Triste e dura para um coração que não sabia dizer adeus.

Como foi difícil o momento de ficar frente ao seu corpo ali inerte. Tão jovem, 19 anos, tantos sonhos esperados, e tudo acabado. Pensei que fosse desfalecer. Me mantive forte, pois tinha alguém ali dentro do meu ventre que necessitava de mim, e que eu já amava muito. E foi por ela, a minha filha, que me segurei, e a ela me agarrei como um consolo naqueles dias de imensa dor.

Descobri, naquele momento, que o pesadelo horrível era realidade. Eu teria que seguir a minha vida sem o meu irmão querido, que, por dezenove anos da minha vida, seguiu ao meu lado. Não consigo expressar com palavras a dor que eu sentia, tão grande ela era, e, no momento do sepultamento, um pedaço de mim foi enterrado junto.

Meus dias assim seguiram, cheios de sofrimento, lembrava dele a todo momento e me desesperava. Imaginava o sofrimento dele se afogando. Me perguntava: "Por que eu não estava junto com ele, assim poderia tê-lo salvo, pois eu sabia nadar e ele não." Um sentimento profundo de culpa.

Após quatro meses do seu desencarne, minha cunhada resolveu me levar a um centro espírita para que eu tivesse algum conforto. Lá uma entidade disse-me as seguintes palavras: "Filha, teu irmão morreu de uma forma muito brusca. Está em tratamento profundo e não pode te dar uma mensagem."

Chorei copiosamente, e é nesta casa de curas espirituais que me recebeu a partir daquele dia onde cumpro até hoje a minha missão. Aprendi e aprendo lá.

Quatro anos depois, consegui a primeira mensagem do meu irmão, no Centro Espírita Seara Bendita. Ele estava bem e recuperado. Era um socorrista do espaço. Que bom! E eu? Encarnada e limitada pela matéria, dentro do meu egoísmo, ainda o queria aqui, junto. Cresci com isso. Saber que ele vivia, já me confortava. Mas jamais o esqueci. A dor maior passou, a dor do desespero, mas ficou a saudade imensa. A cicatriz ainda dói muito.

Um dia, assistindo à televisão junto com meu marido, vi uma entrevista com Sonia Rinaldi, na qual dizia que conversava com os espíritos por aparelhos e que qualquer pessoa poderia fazer o mesmo. Fiquei atordoada e maravilhada ao mesmo tempo. Era a minha chance, eu tinha que descobrir mais.

Tempos depois, visitando uma tia, esta falou-me da transcomunicação, e associei que era justamente o que tanto me fascinou. Fiquei tão feliz!

Comprei o segundo livro da Sonia e devorei cada página num só dia. No livro havia um convite para quem quisesse se associar à ANT, e, de imediato, me inscrevi.

Comecei a fazer meus contatos via EVP, conforme as instruções do livro, mas sem obter muito sucesso. Mas eu persistia, e o mais importante é que eu tinha certeza que o meu irmão iria colaborar e viria falar comigo.

Para a minha sorte, decidi participar da reunião da ANT, também para conhecer mais pessoas interessadas em tão fascinante assunto. Quase todos tinham perdido alguém e, como eu, estavam ali em busca de um conforto, de uma mensagem. Adquiri ali a fita de ruídos que denominamos "ruído de bolha humana" e, naquele mesmo dia, tentei fazer contato utilizando-a em casa.

Como foi grande a minha surpresa quando, muito clara, uma voz falou:

"*São muitas vozes!*"

Era a voz do meu Beto, meu querido irmão! Ele havia respondido à minha pergunta, se ele poderia falar comigo. Era ele, era a voz dele. Fiquei maravilhada. Na segunda tentativa de contato, ele, o meu irmão querido, deixava o seu nome gravado, dizendo-me:

"*É Beto, aqui quem fala é o Beto, te amo, amo, amo!*"

Meu Deus, que bênção! Ele estava ali, vivo. E eu podia ouvir novamente a sua voz.

Criei uma rotina de experimentação, e ele está sempre presente. Depois de tanta busca, eu o reencontrei de fato. Melhor: não só ele entra na minha estação, mas também parentes e amigos já desencarnados, que se identificam, ou parentes de outros colegas associados. Meu irmão Beto não é mais "saudade", mas um companheiro de trabalho. Eu e ele, hoje unidos, seguimos na missão de aprimorar nossos contatos, fortalecer a TCI e dizer a todos que: os mortos vivem.

4 - MINHA PAIXÃO, MINHA VIDA

(Depoimento de José Carlos Garbine)

José Carlos Garbine

Conheci Vera e logo me apaixonei. Casei-me no dia 6 de dezembro, vinte anos atrás. Muita festa, muita alegria para ouvir o padre, que dentre outras coisas disse: "Até que a morte os separe." Naquele momento, soaram-me palavras vazias. Coisas de praxe. Os anos começaram a passar, e aquele sentimento de amor só se solidificava a cada dia. Éramos tudo: amigos, cúmplices e eternos apaixonados.

Certo dia, quando voltávamos de uma viagem, ouvimos no rádio uma reportagem que falava em transcomunicação, e como minha área profissional é uma área técnica, interessei-me, achando que se tratasse de algo relacionado com a Embratel, ou algo parecido.

Mas, no decorrer da reportagem, chamei a Vera para ouvir junto comigo, e nesse momento o entrevistado explicou que se tratava da comunicação, via equipamentos eletrônicos, com o outro lado da vida, melhor dizendo, com os mortos.

Isso nos interessou, porque nós sempre trocávamos idéias a respeito desse assunto. E era algo que trazia comigo desde criança, pois eu nunca acreditei na morte.

Tão logo soubemos do I Congresso Internacional de TCI, que se realizaria em São Paulo, decidimos participar. Dias depois, Vera me deu a notícia:

"Fui ao médico e tenho algo no seio. Preciso fazer alguns exames mais profundos porque os médicos ainda não conseguem detectar o problema."

Fiquei muito apreensivo.

A essas alturas, passei a acompanhar a Vera em todos os lugares. Estávamos preocupados, porém juntos, como sempre. Iniciamos o tratamento por seis meses, ao fim dos quais o médico optou por cirurgia. Foi necessário a retirada total do seio, e isso agravava minha preocupação. Quando pude vê-la, ainda na UTI, nada a mudara. Abri a porta devagar, quando ouvi uma gargalhada e ela disse: "Entre, seu bobo, estou bem, estou ótima!"

Ela era assim mesmo. Positiva. Animada. Forte. E ficou bem por dois anos. Foi quando sentiu algo nas costas. Era uma metástase na vértebra. E novamente a quimioterapia, radioterapia, tudo. Eu não abandonava a Vera um minuto que fosse.

Ela passava por tudo aquilo, esforçando-se por sorrir. Outros dois anos bem.

Por fim, a piora. Mas não se queixou uma única vez. Deixou de andar. Não mais conseguia. Ao cabo de mais algumas semanas, e não mais se movia no leito. E eu a beijava a cada minuto, e a cada minuto eu reafirmava o meu amor por ela. Até que, no segundo mês, não agüentando mais as dores, os médicos começaram a sedá-la.

Entrou numa pré-coma, e eu continuava a beijá-la, continuando a dizer em seu ouvido o quanto eu a amava e que eu não a abandonaria, e que se outra vida existisse, a reencontraria.

Por fim, minha Vera partiu. Não fui vê-la. Eu não podia.

Era o mês de setembro, mês em que ocorreria o II Congresso de Transcomunicação a que tanto Vera sonhou em ir. Ela não pôde ir. Partiu antes. Mas eu fui. Arrasado, mas fui. Por ela.

Lá comprei o livro da Sonia Rinaldi e, rapidamente, o li umas três vezes. Era o que mantinha a chama acesa. Uma pequena esperança.

Comecei meus próprios experimentos e, com eles, comecei a reviver.

No dia 6 de dezembro, dia do nosso aniversário, era também o dia de uma reunião da ANT. Fui. Parece que guiado pela Vera. Conheci novos amigos, e foi através de um deles, o engenheiro Valdir Cunha e sua aparelhagem, que pela primeira vez eu soube que Vera já estava bem de novo.

No primeiro contato obtido pelo colega Valdir, ela disse: "*Está muito apaixonado*" e "*Meu marido muito bom, onde ele está?*"

Por fim, obtive eu mesmo os contatos com minha amada. Numa gravação eu disse: "Vera, eu te amo", ela respondeu: "*Eu também te amo muito.*"

Foi assim que tive a certeza de que a morte não existe. Hoje vivo cada dia alimentado por uma esperança. Um dia, reencontrarei minha Vera.

5 – UMA LUZ PARA QUEM PROCURA

(Depoimento de Amanda Valério)

Amanda, a incansável irmã em busca de notícias do Júnior.

O dia 21 de julho de 1979 foi um dia muito especial: meu tão esperado irmãozinho nascia para alegrar nossos corações.

José Adilson Valério Júnior era esse irmão maravilhoso. Crescemos praticamente "grudados", um sempre perto do outro; se não estávamos juntos, sentíamos falta. Ele foi o meu companheiro durante todos os anos que a vida nos concedeu juntos. Era meu confidente e melhor amigo. Júnior era amável, sensível e atencioso.

Felizmente o tivemos conosco durante dezessete anos. Veio a nos deixar, mas não sem antes darnos lições de coragem e galhardia, através de palavras e ações.

Aos 15 anos, foi diagnosticado um linfoma de Hodking, um câncer que era maligno, porém com grandes chances de cura. Todos em casa ficamos muito assustados, ele também, mas disposto a iniciar um tratamento sofrido e doloroso sempre com a confiança em Deus.

Foi um ano de quimioterapia, radioterapia, mas ele não desanimava nem se abatia.

Por fim, venceu a doença com fé, força e coragem.

Dois anos se passaram. Júnior estava ótimo, bonito, forte, e alegre como sempre foi. Até que começou a ficar um tanto debilitado.

A doença havia voltado.

Júnior não acreditou. Nem nós.

Logo reunimos forças para repetir tudo de novo. Júnior, nesse período, tornara-se ainda mais sensível, e gostava muito de ler a Bíblia, sobretudo o Salmo 15, onde diz que Deus não nos abandona na habitação dos mortos.

Meu irmão previa o que enfrentaria, mas nunca se revoltou. Enfrentou com determinação o tratamento, mas a doença já havia avançado muito.

No dia 4 de junho 1997, deixou-nos.

Nem sei descrever o sentimento que me tomou. Apesar de sabermos de tudo, é como se sempre existisse uma esperança de que não ocorreria. Algo mágico o salvaria. Ele se foi e arrastou consigo esse fio de esperança que nos alimentava.

A casa ficou vazia sem aquele sorriso, sem suas brincadeiras de adolescente.

Foi quando uma luz iluminou essa fase escura que eu e meus pais enfrentávamos. Minha prima, Aneide Valério, que já era associada da TCI e fazia regularmente experimentos de contatos com os falecidos, nos falou de seu trabalho e as possibilidades de falar com os que partiram.

Gentilmente, enviou-nos uma revista da ANT e reencontrei ali a esperança de ouvir meu irmão querido. Segui a orientação de minha prima e filiei-me à ANT também.

Sem que pudesse sequer imaginar, no dia 27 de abril de 1998, à noite, recebi um telefonema da Sonia, informando que recebera um recado para uma Amanda. Suspeitava que fosse eu.

Falou cada frase que gravara naquela tarde e eu, feliz, reconheci; sim, era de Júnior. E mais: naquela mesma tarde, justamente próximo da hora que Sonia iria gravar, eu, em minha casa, fui invadida por imensa saudade e chorei muito. Lembrei-me do seu sofrimento, enquanto as lágrimas cobriam meu rosto. Bem próximo daquele horário, o Júnior mandava dizer através do comunicante Arturzinho que "ele estava novo". Era a resposta perfeita para aplacar a minha dor.

Mais ainda me interessei pelo fenômenos das vozes. Logo que foi marcada outra reunião da ANT, fui uma das primeiras a chegar. Quando tive a oportunidade de dirigir-me ao Júnior, enviei-lhe meu carinho e um beijo saudoso.

Para minha surpresa, não só respondeu-me naquele momento, como ainda por outras dezessete vezes enviou-me recadinhos fraternos. Disse ao longo da gravação que enviava-me abraços, que me amava, sempre identificando-se como "o irmão da Amanda", ou "Júnior" ou "Ju".

Iniciei meus próprios experimentos contando com a colega Rose, mais experiente que eu, para me orientar. Logo a Rose passou a receber contatos do Ju em sua estação, e nossa amizade só solidificou. Para mim, a TCI foi uma luz que chegou irradiando meu amargurado coração.

6 – REENCONTRO COM O FILHO

(Depoimento de Yolanda Póvoa de Souza)

Cacau, o jovem falecido que já se comunica com a mãe.

Eu, assim como muitos, conheci a Transcomunicação Instrumental em momento de dor. Mas, antes de chegar a ela propriamente, vivi uma experiência única. Havia ocorrido de forma súbita. O falecimento da minha irmã Célia, vitima de um AVC aos 36 anos de idade, em 1979, desnorteou a família.

Para minha surpresa, pois jamais havia ouvido falar da possibilidade de os mortos nos contatarem, muito menos por telefone, vivenciei exatamente isso. Minha irmã Célia, com sua voz tal e qual, claríssima, telefonou-me certa noite para dizer: *"Landa, eu não quero morrer!"*

Tomamos enorme susto, pois tal fenômeno nos era ainda desconhecido, embora tenha sido criada em família espírita.

Apesar da voz ser a de Célia, e o conteúdo se relacionar a ela, era difícil arranjar uma explicação. Só nos demos conta de que realmente foi um contato real, vindo do mundo dos mortos, quando soube que minha irmã mais nova, Denise, recebeu exatamente o mesmo telefonema, quase na mesma hora. Denise ligou-me atônita, tal como eu estava. Poderia ser mesmo a Célia para nos provar, de maneira insofismável, a sobrevivência da alma?

Nosso pai ficou muito zangado conosco, por não termos conseguido manter o equilíbrio necessário para consolá-la, e não darmos naquele instante solene o aconchego que ela pedia e merecia, pois sempre era ela quem nos consolava nos momentos difíceis da vida.

Esquecemos o assunto e nunca ouvimos mais falar de contatos de falecidos por aparelhos. Quinze anos se passaram e, novamente, uma terrível provação.

Um acidente terrível de atropelamento colocaria em coma, por quatorze dias, o nosso filho Cláudio, a quem carinhosamente sempre chamamos de Cacau.

Eu e meu marido, perplexos e vazios, só pudemos assistir sua partida, lentamente, como uma areia que nos escapa pelos dedos.

Nossa filha Marise soube da TCI e falou-me a respeito. Ela insistiu para que eu procurasse ajuda através de Sonia Rinaldi. Num misto de desalento e desesperança, foi o que fiz. Sonia, muito atarefada, indicou-me a associada Norma Casasco para me orientar. Não demorou para que meu Cacau passasse a fazer contatos com a Norma.

Nos primeiros experimentos, ficou patente o desejo do espírito de nosso amado filho em dar provas de sua identidade. Foi assim que ouvi de novo a voz de Cacau.

Uma das captações que mais nos impressionou e emocionou foi quando ele, muito inseguro ainda, tentando ser ouvido do lado de Cá, falou com voz trêmula: "*Dona Norma, minha voz não sai!*" E sua voz estava perfeitamente clara e audível nas caixas de som da Norma.

Ansiosa, passei eu mesma a buscar contatos. Não tardamos a ouvi-lo chamando-me de mãe, do jeitinho que costumava fazer. Na primeira frase que registrei por mim mesma, ele dizia: "*Mãe, você estava certa!*"

Essa resposta vinha motivada pelo seguinte: no seu local de trabalho, pessoas evangélicas tentavam influenciá-lo, e conversávamos muito a respeito de minhas convicções, que já era espírita. Mal sabia eu que estava preparando meu filho amado para o seu retorno ao Mundo Maior. Espantado com minha fé, e tendo ele ainda dúvidas, brincava com ele e dizia que quando eu desencarnasse voltaria para lhe confirmar. Infelizmente, foi ele quem o fez.

Cláudio sempre fez questão de se identificar. Um outro exemplo foi a gravação: "*Mãe, a letra E.*"

Esta foi também uma maneira de Cláudio tornar patente sua presença através da voz do rádio, pois me lembrei que ele tinha em nossa casa uma máquina portátil que lhe dava um trabalhão, porque a letra "e" não imprimia. E ele sempre reclamava disso, quando tinha que preparar um trabalho da faculdade ou um documento.

Temos em nossa casa muitos textos datilografados por ele, com a falha da letra "e".

Tenho recebido dezenas e dezenas de contatos. Muitas vezes são do Cacau, outras, de filhos de amigos que partiram prematuramente.

O importante da TCI é dar-nos meios concretos de documentar o que ouvimos. Tenho todos os meus registros devidamente ordenados e catalogados.

Hoje, os contatos já nos surpreendem menos. Em 1996, após a desencarnação de papai, certa manhã, quando mamãe retornou a sua casa, mal abrira a porta de entrada e o rádio, que era a pilha e bem velhinho, e desligado no mínimo há um mês, ligou-se sozinho e dele surgiu a voz de meu pai, clara e sonora, dizendo: "*Zilda, eu te amo!*"

Foi, com certeza, a declaração de amor mais linda e inusitada que a nossa família presenciou!

Com tudo que venho vivenciando, obtive a certeza que estamos no caminho correto. O fenômeno é real e já vem sendo documentado por centenas de pessoas em todo o mundo.

Como espírita, ganhei a convicção de que a TCI em nada desmerece o trabalho mediúnico, mas dá-lhe suporte, tornando-se mais uma ferramenta que os espíritos podem se utilizar para que a saudade de nossos queridos que se foram se torne mais amena. Eles mesmos nos contarão, de viva voz, como estão e vivem do outro lado da vida!

7. UM AMOR ETERNO

(Depoimento de Magaly Chiereguini (Itanhaém — SP)

Conheci o Beto certa manhã, na praia, e de imediato sentimos algo como se nos conhecêssemos há anos. Dois anos depois, estávamos morando juntos. Éramos muito felizes. Raramente discutíamos e, quando isso acontecia, fazer as "pazes" era uma delícia.

Tínhamos muitos planos, e eu suspeitava estar grávida. Parece que ainda sinto as mãos do Beto em minha barriga, e ele a beijando e dizendo, carinhosamente, o quanto a criança seria bem-vinda.

Mas a vida nos pregou uma peça. Eu nem sequer havia feito o teste para confirmar a gravidez quando uma verdadeira tempestade destruiu nossos sonhos.

Era sábado, o Beto havia ficado em casa, e eu fui tentar vender um imóvel (eu era corretora). Quando retornei, soube que havia sido levado para o hospital. Fui para lá, já em desespero, mas quando cheguei, ele já estava morto.

O Roberto sofria de epilepsia e havia ingerido excesso de medicamentos. Eu não podia acreditar que aquilo estivesse acontecendo.

A dor e o desespero foram tão grandes que, dez dias depois, eu perdi o bebê. Além disso tudo, a casa em que morávamos pertencia aos pais do Beto, e, por isso, precisei sair, e, para não ficar desabrigada, fui morar no fundo da casa de meus pais.

Sentia-me roubada, traída por Deus e pelo mundo. Aquela havia sido a primeira vez na vida que estava sendo realmente feliz, e durara tão pouco. Tudo o que desejava era morrer também. Em dez dias, emagreci 11 quilos. A revolta parecia que não teria fim.

Busquei alívio na doutrina espírita e, através de mensagens, obtive a certeza de que a ingestão dos comprimidos ocorrera durante uma crise epiléptica (e não fora suicídio, como pensaram alguns). Mas só quem "perdeu" alguém que ama sabe que nada basta. A gente sempre quer mais. Sentia muita saudade de seus abraços, de seus carinhos, de seu sorriso lindo, de ouvir sua voz...

Foi ao ver um artigo da Sonia Rinaldi que soube que estava formando um grupo de TCI. Sempre acreditei na possibilidade de entrarmos em contato com outras dimensões, através de outros meios, além dos mediúnicos. Percebi imediatamente que lá estava a oportunidade de ouvir novamente a voz do Beto.

Entrei em contato com a Sonia, e ela enviou-me as primeiras instruções. Além disso, comecei a ler vários livros sobre o assunto. Em novembro de 1992, sentindo-me devidamente preparada, iniciei os experimentos.

O que acho muito bom é que a TCI não tem nada de complicado. Através dela, qualquer pessoa pode conseguir contatar os entes queridos que mudaram de dimensão.

Podemos imaginar que eles estão viajando, e que falamos com eles ao telefone, enquanto aguardamos o momento de nos rever. Se eu tivesse alguma dúvida quanto a nossa imortalidade, com a TCI ela teria sido dissipada. Quatro meses após iniciar os experimentos, perguntando ao Beto se ele poderia comunicar-se comigo, recebi com sua voz, para mim inconfundível, a resposta: "*Hoje comunico.*"

Em 14 de março de 1993, ele deixou gravado: "*Magaly, sou eu, Roberto, lembra... três, seis, seu aniversário. Feliz aniversário.*" Realmente, no dia seguinte, eu estaria fazendo 36 anos.

Mas o melhor veio alguns meses depois, quando ele me disse: "*Vida, enquanto eu viver, eu amo você.*" "Vida" era a maneira carinhosa de nos tratarmos. Já está fazendo oito anos que o Beto desencarnou, e até hoje ele deixa recados como: "*Vida, o amor existe, principalmente o meu, por você*"; "*Te amo cada dia mais*". Muitas vezes, fala um rápido "*Te amo*", mas isto basta para que eu vibre de alegria.

A TCI é como um bálsamo, que alivia as nossas feridas, trazendo o consolo e a certeza de um futuro reencontro.

Até este ponto os leitores acompanharam depoimentos de pessoas que buscaram a transcomunicação como meio de aliviar a sua dor. Porém, existem outros amigos que procuram o fenômeno apenas pelo seu caráter científico. Aqui trazemos a palavra de um engenheiro amigo, que veio a nós por esse outro caminho:

8. Tecnologia para nosso aprimoramento

(Depoimento do engenheiro Valdir Cunha)

Eng. Valdir Cunha

Competente experimentador, Valdir, engenheiro em telecomunicações, tem construído aparelhos, estabelecido muitos contatos e, principalmente, é pessoa sempre disposta a auxiliar os que o buscam pelos seus conhecimentos técnicos. Aqui transcrevemos seu ponto de vista com relação ao fenômeno: "Como engenheiro, me intrigava, e intriga muito, de que forma pode ocorrer os contatos por aparelhos. Por isso comecei a pesquisar e experimentar e, assim, conhecer um pouco mais sobre o fenômeno. E passei a ter uma visão diferente de muitas coisas que envolvem ocorrências e fenômenos que estão além da fronteira do conhecimento humano. Comecei a dar espaço ao raciocínio que aceita possibilidades novas, deixando de lado a negação absurda de tudo que não é comprovado pela ciência. Comecei a enxergar a história da humanidade e ver que a ciência caminha, incessantemente, para novos horizontes.

Quantos conceitos se modificam ou passam a existir sob o peso inexorável dos fatos. A transcomunicação também é, por isso, um convite a que pesquisemos novas possibilidades científicas, novos conceitos do universo, do espaço-tempo, da própria filosofia, mas, acima de tudo, provemos de forma irrefutável a existência de vida após a morte.

Escolhi como tema para abordar aqui o "Campo de Contato". E vou expor como eu entendo este assunto, baseado em minhas experimentações:

Tudo no universo é vibração em freqüências mais sutis ou menos sutis. O nosso corpo físico é como se fosse uma sinfonia, com cada órgão somático dando a sua nota em determinado compasso. Assim, nos processos de cura, temos a cromoterapia, a musicoterapia etc.... cada um trabalha em um determinado padrão vibratório, abrangendo uma faixa do espectro de freqüência, e quando atinge o setor do corpo humano fora do compasso pode, através dos sistemas perceptivos como a visão, audição etc., atingir e reabilitar os órgãos doentes. Também na esfera do pensamento, temos vibrações em jogo. Vamos agora diferenciar então a "mediunidade" e o "campo de contato".

Na "mediunidade" somos "passivos", ou seja, o espírito comunicante age na epífise do médium, que funciona como se fosse uma antena receptora, recebendo a influência do pensamento do espírito ou o médium capta através da atmosfera "psi" características do outro mundo.

Já no "campo de contato", somos "ativos", ou seja, geramos através do nosso pensamento um campo mental transmitindo uma energia em determinado padrão vibratório, que se soma à energia equivalente de pessoas que gravitam na mesma atmosfera de pensamento. Por isso as entidades espirituais da transcomunicação nos falam da importância da união do pensamento. Evidentemente, dez pessoas juntas vão conseguir gerar um campo vibratório muito mais intenso. Mas vejamos, não é o caso de todo o mundo se concentrar ao mesmo tempo, e sim algo mais sutil, porém mais perene, que está associado ao nosso sentimento, ou seja, é [pensamento + sentimento]. Podemos ter um pensamento criativo para algo, mas destituído de sentimento. No caso do campo de contato, a intenção é fundamental, e se determinada intenção é constante, a "ponte" para o outro lado vai crescendo e, assim, o campo de contato se fortalece.

Ficar sem fazer os experimentos por determinados períodos enfraquece o "campo de contato", e as comunicações caem em qualidade. Eu mesmo passei por uma experiência dessas. Devido a problemas de saúde, parei os experimentos por uns três meses, e quando recomecei, levou uns 20 a 30 dias para recompor a "ponte". Foi quando enfim obtive um contato que dizia: "*O campo é forte*."

Mas vou comentar um outro fato que esclarece mais sobre o assunto. É com relação ao acidente com o avião da TAM, ocorrido em 1996. Eu moro a uns 200 ou 300 metros de onde caiu o avião, no bairro Jardim Oriental, próximo a Congonhas.

Em função do acidente, o desespero gerado na vizinhança, a angústia e o sofrimento dos que vieram a morrer, enfim, eu sabia que, por estar próximo, o "campo de contato" da minha ponte sofreria interferências.

O clima mental com pensamentos ativos de desespero e dor que se criou na região foi muito intenso. Tanto dos encarnados como dos que desencarnaram. Com certeza isso se estendeu por toda a região, e eu, que estava muito próximo, acabei abarcado por isso.

No domingo, após o acidente, eu fiz os experimentos, e claro, como calculava, não ocorreu nenhum contato. Na terça-feira, eu tive uma forte intuição para nem perder tempo, pois não adiantaria. Assim, não fiz e tentei apenas na quinta-feira. Qual não foi a minha surpresa que nos contatos entrou uma comunicação das entidades das trevas e recebi, pela primeira vez, um sonoro xingamento. O que mais me intrigou foi a qualidade do contato. Como eles podem agir nos equipamentos quase com a qualidade das estações transmissoras do Além? Pode ser que tudo esteja atrelado mesmo ao campo de contato. No caso, as baixas vibrações daqueles dias devem ter fornecido material para entidades locais se manifestarem diretamente no cabeçote do gravador. E com que qualidade!

Logicamente, no experimento seguinte bombardeei os comunicantes com perguntas sobre o assunto.

Uma delas foi: "Quando acontece uma tragédia próximo de nós, devemos parar os experimentos por um período?"

Resposta: (M): "*Nada podemos*."

Eu entendi que nessas situações eles nada podem fazer para evitar o contato das trevas, exatamente por causa do "campo de contato" negativo que se cria.

Sabemos que as entidades elevadas que nos atendem nos transcontatos, em determinadas situações mantêm grande proteção das nossas pontes, e já informaram estar aparelhados para, inclusive, localizar e eliminar as interferências negativas. Mas em situações mais extremas, quando não se trata de uma ação isolada, parece ser bem mais complicado.

Assim, entendo que é fundamental fortalecer o campo de contato, pois, sem ele, toda a aparelhagem simples ou sofisticada de nada adianta.

Um bom campo de contato significa: amor, fraternidade e vontade de ajudar ao próximo.

Listamos a seguir captações da fita que o Valdir elaborou para o acervo da ANT:

Valdir: O que falta para os contatos melhorarem?

(M): *Teremos uma torre*.

Valdir: Doutor Landell, eu deixei a Banda Larga bem baixa, só se houver uma inserção de sinal amplificado é que passará, senão a preponderância é do Ondas Curtas...

(M): *Negativo*.

Valdir: Amigos, vou mudar a faixa, esta música não parece adequada.

(M): *Neste contato usamos o gravador*.

Valdir: Estimado doutor Landell, o senhor está me ouvindo?

(M): *Salve, Valdir!*

Valdir: Amigos, vocês têm alguma mensagem?

(M): *Somos espíritos*.

Valdir: Se algum amigo espiritual quiser mandar a sua mensagem, a ponte está à disposição.

(M): *A culpa é de vosso dia pela nossa falta de contato*.

Valdir: Amigos, é possível enviar o som de algum animal daí do lado de vocês?

(M): *Som semelhante a uma ave*.

Valdir: Amigo extraterrestre, ET, fale algo.

(M): *Valdir, amigo!*

Valdir: Germana Kendal Reis, diga algo, amiga.

(M): *É Germana! Calma!*

Valdir: É da Estação Co-Tempo?

(M): *O Chefe está escutando. Valdir, como está?*

6

Ocorrências nacionais

Transcontatos dos associados da ANT

"Pela primeira vez na História, agora pode ser dito, com certeza, que nossa mente, memória, personalidade e alma sobrevivem à morte física."

GEORGE MEEK

São muitos os transcomunicadores da ANT que já obtêm contatos. Falaremos de alguns, para mostrar ao leitor que o fenômeno de contatos interdimensionais é uma realidade cada vez mais freqüente.

Nota: Lembramos que aqui usaremos "(M)" para identificar "Voz Paranormal Masculina", e "(F)" para a "Voz Feminina".

De MAGALY CHIEREGUINI (Itanhaém – SP)

Magaly começou seus experimentos em 1992. Logo nas primeiras tentativas de contato, obteve alguns sinais que mais pareciam "ferramentas" e "móveis se arrastando". Mas, palavras propriamente, só pôde ouvir em março do ano seguinte, quando reconheceu, pela primeira vez, a voz de seu falecido marido dizendo: *"Hoje comunico."*

Ela conheceu o "Beto" em 1987, e se uniram em 1989. Infelizmente a felicidade do casal não durou muito, pois ele veio a desencarnar em 1991, num ataque epiléptico. Segundo ela: "Quatro anos que valeram pela eternidade." Para aplacar tamanha dor, só mesmo recebendo notícias de seu querido. Felizmente, quando conheceu o fenômeno das vozes, imaginou que seu sonho de receber contatos diretos dele poderiam não ser mais "sonhos" e empenhou-se

Magaly Chiereguini, transcomunicadora que recebe muitas vozes, inclusive a de seu falecido marido, Beto.

para transformá-los em realidade. Uma característica marcante de suas captações é que, freqüentemente, aparecem registradas em suas fitas "conversas entre os espíritos". Isso é curioso porque é bem incomum com os demais.

UM CASO CURIOSO

Uma pessoa de nome Elizeth, amiga de Magaly, procurava já há tempos por um parente desaparecido. Até que alguém informou que ele havia falecido.

Nesse período (agosto/93), Magaly captou duas vozes femininas no seu gravador com a informação:

"*Zeth, ele não morreu, eu sei o que disseram. Procure-o.*" E a outra voz: "*Zeth, só eu sei, procure-o.*" Tendo mostrado as gravações para a amiga Elizeth, esta reconheceu de imediato as vozes: tratava-se de sua mãe e de sua avó, respectivamente. Além de outro detalhe: o apelido Zeth era exatamente usado por ambas. Tempos depois, a Elizeth veio a localizar a pessoa procurada.

Outro caso registrado por ela:

Magaly: O Beto está na estação?

(M): *Já faz tempo.*

Magaly: O Beto está no plantão?

Voz do Beto: *Te amo.*

Magaly: Acaso poderiam dar notícias do Beto?

(M): *Acabou de falar que te ama.*

Voz do Beto: *Te amo cada dia mais.*

OUTRO MAIS

As irmãs de Magaly sempre se referiram ao Beto, o esposo falecido de Magaly, por brincadeira, como "Ghost" (= fantasma em inglês), por isso foi com surpresa que detectou o seguinte diálogo jocoso entre espíritos, gravados num de seus experimentos:

(M): *Ei Ghost... ela te ama, Ghost?*

Voz do Beto: *Claro que sim!*

Isso evidenciou que os nossos amigos do lado de Lá acompanham-nos muito mais do que pensamos.

Certa vez, Magaly perguntou se os autores dos livros O *Tao da física* e o *Espaço tempo e além* estavam com a verdade. Uma voz respondeu:

(M): *Quase toda. O amor é a força universal.*

PELOS ANIMAIS

Essa ocorrência pode surpreender aqueles que desconhecem o quanto os animais são respeitados pelos nossos comunicantes espirituais. É a Magaly quem nos conta:

"Tudo começou em 14 de julho de 1997, quando uma doença desconhecida, e depois de muito sofrimento, minha gatinha Giovana desencarnou. Retornei do veterinário aos prantos e pedindo aos amigos espirituais que recolhessem a minha Gigi e cuidassem dela. Todos sabemos do carinho e respeito que os amigos do Além têm pelos animais da Terra.

No dia seguinte, ao fazer um experimento, a primeira pergunta que fiz foi se ela havia sido recebida, e exultei ao ouvir a fita. Responderam: "*Fica tranqüila, eu a protejo.*" Na mesma fita, porém, mais adiante completaram: "*Giovana. Sabe que já está ao nosso lado?*" e "*Eu amo a Giovana*".

No dia 21 de dezembro, tendo feito uma gravação ao lado de minha irmã Magda, em meio a muito chiado uma voz gritou: "*Giovana!*", e, logo em seguida, um miado fraco e repetido identificava nossa gatinha querida. Viemos a ficar totalmente tranqüilas quando, no dia 25 de janeiro, uma voz feminina disse: "*Eu estou com a Giovana.*" Entendemos que alguém a adotou. Exultamos de alegria, pois um serzinho que amamos e nos deu amor, merecia ser amparado por quem possa lhe dedicar respeito.

OUTROS CASOS

Numa noite, fazendo experimento, Magaly registrou contatos saídos diretamente pelo alto-falante do rádio. Eis o diálogo entre diferentes vozes masculinas e uma feminina:

(M): *Falo por telefone?*
(M): *Vai. Agora.*
(M): *Porque afinal de contas...*
(F): *Não discutam!!!*
Nesse momento, interferi para me certificar:
Magaly: Estou ouvindo mesmo vocês pelo rádio???
(F): *Estamos batendo um papo com você!!!*

OUTRO

Convidei minha amiga Sílvia para gravarmos juntas. Logo no início da gravação, ouvimos:

(M): *Sílvia, você é muito especial. Mas vamos parar com essa história de ficar sentando no meu lugar?*

Claro que a Sílvia tomou um susto e saiu rapidamente da poltrona em que se sentara. Pareceu-nos mais uma brincadeira para mostrar o senso de humor deles.

UMA PREVISÃO

No dia 23 de junho de 1996, Magaly gravou a seguinte conversa entre os espíritos comunicantes, e sem nenhuma interferência de sua parte:
(M): *Acidente. Verifique essa estrada. Sinceramente... tem que acontecer?*
(F): *Não faço idéia.*

(M): *Se ela não escutar, o que eu faço?*
(M): *A gente interfere.*
(M): *O Carlos está onde? Tem instruções?*
(M): *Ela não ouve!!! Chove muito.*
(M): *Aliviamos 70% da tragédia. Não posso ir lá.*
(M): *Da Mônica é impossível prever.*
(M): *E se der errado esse contato?*
(M): *O Alberto vai bater. Desculpe Mônica, por estragar o seu carro.*
E Magaly explica:
"No dia seguinte, meu pai, minha mãe e minha irmã, Magda, sofreram gravíssimo acidente. Era madrugada, chovia muito e um cavalo atravessara a pista. Assustando-se com um caminhão que vinha no sentido contrário, pulou sobre o carro da família Chiereguini, e de lá rolou para o mangue. O carro "zerinho" era da minha irmã, Mônica. Tentaram me avisar, mas de fato não ouvi a fita senão dias depois. Foi um verdadeiro milagre não terem morrido todos, dado o estado em que ficou o carro.

CURTINHOS

Apresentamos, a seguir, uma relação de contatos que, por gentileza da transcomunicadora Magaly, hoje fazem parte do acervo da ANT:
Voz do Beto: *Te amo cada dia mais.*

Nota: Beto é seu marido falecido.

Voz do Kikinho: *Mamãe, eu te amo, boa noite pra todos.*
Nota: Recado do filho da colega transcomunicadora Norma Casasco.
Eduardo Arroyo: *Boa Páscoa, Mãe.*

Nota: Eduardo é filho da associada Carem V. Arroyo, de Monte Azul Paulista. A Magaly tentava fazer contato com o jovem vitimado em acidente de carro e era véspera da Páscoa.

Voz da Rosicler: *Mãe, mãe, te cuida.*

Nota: Trata-se de uma amiga da Magaly, endereçando um alerta para a mãe.

Voz do Robinson: *Ela achou minha fita.*
(M): *Aqui é Grupo Landell.*
(M): *Espere um instante!*
Com sotaque português: *Estou pedindo uma estação.*
(M): *Tente falar.*

Nota: uma fita com gravação da voz do filho da Norma, Robinson, havia desaparecido. No dia do experimento, foi localizada e ele comentou.
Seriam muitos os exemplos, mas avancemos.

CAROLINA SEIXAS FERREIRA (Sorocaba – SP)

Existem transcomunicadores que obtêm seus registros só com muita persistência. No entanto, ocorrem casos curiosos e inesperados, fruto de uma vontade ou necessidade ímpar de comunicação. São os fenômenos espontâneos.

O caso que vamos narrar é um desses inesperados, porém não menos importantes, pois mostra o que pode a força da vontade. Extraímos o relato de Carolina, de sua carta:

Dias antes da ocorrência em si, estive em casa da Magaly Chiereguini e levamos nossa filmadora. Lá fizemos um experimento e pudemos ouvir meu filho, José Geraldo, assassinado cerca de um ano atrás. Trouxemos nossa filmadora e deixamos sobre um móvel da sala, sem tempo de descobrir se trazia contatos ou não.

Na noite de 10 para 11 de dezembro eu sonhei com o meu filho (falecido) José Geraldo, no qual ele manifestava imensa urgência de se comunicar comigo, sugerindo que eu apressasse a instalação do gravador para que eu logo iniciasse meus experimentos de TCI. Na manhã seguinte, comentando com meu outro filho o estranho sonho, ainda lhe disse: "Não entendo o porquê da pressa! Ao que sei, agora ele tem todo o tempo do mundo!" e ouvi como resposta: "Ele tem, mas você não."

Na madrugada pude saber o porquê da urgência. Fomos assaltados por três homens armados e mascarados. Ficamos sob o terror por duas horas e meia.

Logo que os homens entraram, ouvi claramente a voz de meu filho falecido, falando ao meu ouvido: *Diga que o Felipe é meu filho*.

Felipe é meu neto, porém, filho do meu filho Alexandre e não do José Geraldo. Não entendi o porquê desse pedido. Mas, logo, um assaltante perguntou quem era a criança, eu disse, tal e qual fui orientada. Parece que ter citado o nome do falecido fez com que alterassem suas intenções.

Inclusive a câmera de vídeo, bem diante dos olhos deles, não foi levada. O quarto do Zé Geraldo teve até sua porta fechada por eles, que nem sequer entraram.

Findo o pesadelo, fomos depois verificar a fita de vídeo gravada em casa da Magaly. Lá, a voz clara e sonora de meu filho dizia em meio a soluços: *Eu... amo... eu amo vocês*.

DEIRES HOFFMANN (Amparo – SP)

Ela conheceu a transcomunicação em 1997, e logo inscreveu-se na ANT. Não tardou a receber os primeiros sinais. É dela o seguinte relato:

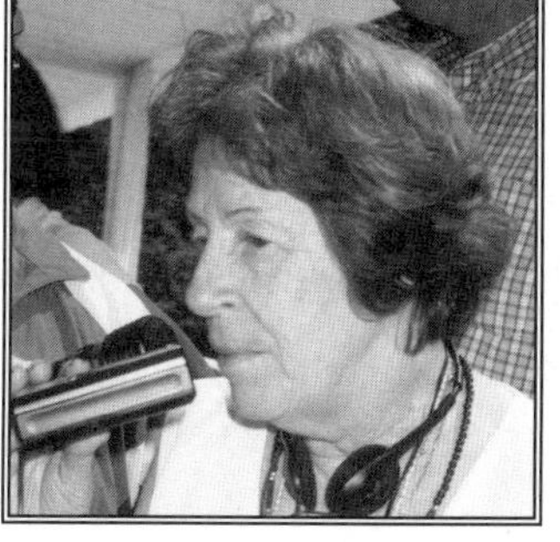

Deires Hoffmann

Uma tarde, acabando de ler uma das publicações da nossa associação, que continha assuntos relacionados com mundos paralelos, deixei a revista ao lado de uma mesinha na sala. Estando com o ventilador ligado, percebi que as páginas dela viravam em grande velocidade. Pensei, claro, que fosse do ventilador. Vendo, no entanto, um certo balé com as páginas, num gesto intuitivo decidi testar. Comecei a indagar se havia alguém por perto, e que, em caso positivo, mostrasse a página "x". Para minha surpresa, tal ocorreu. Fiz sucessivos testes e percebi que de fato alguém me ouvia e se comunicava. Esse fato me incentivou a decidir iniciar as gravações.

COM O GRAVADOR

Tendo me entusiasmado com o que havia lido sobre TCI, concluí que era importante, para mim, testar por mim mesma. Comecei as experiências com um minigravador, seguindo instruções do livro de Sonia. A princípio, foi um pouco difícil, mas surgiram por fim os primeiros sinais: batidas, sopros e sussurros. Com o tempo, fomos criando mais e mais sintonia entre os dois planos e as vozes surgiram afinal.

Alguns exemplos

1. Recebi um contato de uma voz falando em alemão (tenho algum conhecimento dessa língua), no qual a entidade perguntava se eu poderia falar em alemão e dava um nome — Edna. Ocorre que eu tinha mesmo uma tia alemã de nome Edna.
2. Recebo, freqüentemente, contatos com canto de pássaros, latido de cães, sempre que me dirijo ao comunicante, que dedicou sua vida aos animais, de nome Lorenz Conrad.

A evolução veio célere, e logo que incluí um rádio a mais no conjunto, as vozes passaram a falar diretamente pelo autofalante. Para dar um exemplo:

(Julho/98) Pedi às entidades que falassem comigo e mandassem uma mensagem para o nosso grupo. Recebi como resposta o seguinte: "*Paz para todo o mundo! Paz para toda a Terra!*" e "*Paz para toda a humanidade!*"

(Outubro/98) As entidades se manifestaram, dando informações quanto à melhor freqüência e melhor horário para nós. Disseram: "*Ouviu, dona Deires? Às 5 horas da manhã! Na freqüência 91 ou 92.*"

(Outubro/98) Peço que me enviem alguma mensagem. Uma voz clara e nítida surge do alto-falante do rádio, cantando uma música de Vicente Celestino e disse ao final: "*Também sei cantar!*"

(Novembro/98) Meu marido já havia comprado um computador para me presentear no Natal, e naquele dia os amigos espirituais gravaram: "*Bom-dia, dona Deires, um bom Natal! Que bonito presente a senhora recebeu. Saúda, Landell!*"

(Dezembro/98) Ocorreu uma resposta ao meu pedido dirigido à corrente médica do plano espiritual, para auxiliar o meu cunhado, Newton. Este iria fazer punções para extrair pedras dos rins. A entidade fala que havia recebido o meu pedido, e que tudo iria sair bem.

(Véspera de Ano Novo/1998) Uma entidade me desejou boas festas no seguinte diálogo:

"*Bom-dia, dona Deires, uma feliz festa de entrada de Ano Novo*", e finaliza dizendo "*em 98 tivemos um grande SALTO!*"

Para mim, e avaliando os meus contatos, não há dúvidas, os espíritos falam pelos aparelhos.

TELCY PENTEADO – RJ

Passou por uma experiência muito curiosa. Eis a sua narrativa:

"Minha filha Telma foi sozinha fazer inscrição no Banco do Brasil e acabou se perdendo na zona norte da cidade, num emaranhado de ruas. Quando se deu conta do problema, já estava entardecendo, e ela, de carro, entrando por uma rua e saindo por outra. Chegou a uma região um tanto deserta e sem ter como pedir ajuda. Nervosa, parou o carro e começou a chorar. Nisso, aproximou-se dela um motorista de táxi que, ao ver a jovem sozinha e numa rua deserta, lhe disse:

"Minha filha, o que você faz aqui? Você está muito perto da favela. Não fique aqui. Siga o meu carro, feche os vidros e não pare sob hipótese alguma. Por aqui só tem bandido."

Por fim, a moça alcançou as ruas conhecidas e chegou de volta ao prédio. Já na garagem, e em segurança, de súbito lembrou-se do pai, que faleceu há alguns anos e, muito emocionada, sentindo-lhe a presença, chorou copiosamente.

Sem saber o porquê, já que seu *bip* não tocara em nenhum momento, decidiu olhar o pequeno aparelho. Sentia que haveria nele alguma mensagem. E havia. Uma única palavra no visor dizia: *"PAI."* Telma subiu e contou-me toda a ocorrência e, por fim, mostrou-me o contato do *bip* e lá estava a palavra, que por certo identificaria quem lhe protegeu de todo e qualquer perigo. O pai.

De DIRCE LANZELLOTTI – SP

Essa transcomunicadora vem obtendo resultados importantes. Passamos-lhe a palavra:

"As primeiras vozes captei ao acaso, num período que eu nem sequer imaginava que os mortos poderiam se manifestar através de aparelhos. Só vim a conhecer o assunto por ocasião do I Congresso Internacional, ocorrido em São Paulo, em 1992.

Quando notei que se tratavam de fato de falecidos, desejando se comunicar comigo via aparelhos, comecei a fazer exercícios com um gravador pequeno, e logo consegui resultados muito bons. Fui acrescentando rádios, dois banda-largas, um rádio a válvula e uma ou duas televisões. Algumas vezes, e aí o resultado é excelente, ligo a TV, canal 51 - 32. Uso-a sintonizada em filme em inglês ou francês, mas descarto quando os idiomas são português e espanhol para não gerar dúvidas na hora de analisar a gravação. Ultimamente tenho usado apenas um gravador, com fita normal, porque é mais complicado gravar com microgravador e depois ter que passar para a maior, para efeito de arquivo. O que eu observo é que tem lugares onde os resultados são melhores, às vezes coloco cristais de quartzo próximo, mas ainda não posso garantir que eles favoreçam. Pois, embora eu fale com vários comunicantes espirituais, que geralmente dura aproximadamente oito minutos, apenas um deles fala o mais importante, como se falasse em nome de outros. E ocorrem casos curiosos, dos quais relato alguns:

Perguntei a minha falecida mãe:

Dirce: Mamãe, como me vê hoje? Me vê como sua filha ou como uma irmã?

Resposta: *Vá ao médico, filha. Aqui é sua mamãe.*

Nota: Após esse aviso, fiquei duas semanas com infecção de garganta e febre.

Dias antes da reunião da ANT, ocorrida em dezembro, num experimento, reconheci a voz de minha mãe que me disse: *Precisa me telefonar!!!*

Vim a saber, depois, que Sonia recebeu contatos semelhantes.

Perguntei depois qual é a religião dela, da mamãe, hoje, no Além, e para minha surpresa ela disse: *Católica.*

Nota: É importante informar que mamãe era dessas católicas de rezar terço ajoelhada todas as noites. Soube por vias mediúnicas que ela teve muita dificuldade de se adaptar à realidade nova quando partiu da Terra porque esperava algo meio diferente.

Tenho um sobrinho de nome Anésio, a quem sempre procuro contatar. Disse-lhe um dia: Se você estivesse aqui, estaríamos juntos.

Resposta: *Te beijo muito.*

Prossigo: Você sente saudades daqui?

Resposta: *Um pouco.*

Perguntando ao patrono da ANT, o doutor Landell de Moura, sobre a reunião de dezembro, qual a nota, de 1 a 10, que ele daria, respondeu-me com um sonoro: *Nove.*

Mais recentemente, tendo pedido uma mensagem ao doutor Landell, obtive a resposta: (M): *Mentes firmes, por favor!*

ROSEMEIRE CASSIANO – SP

Rosemeire Cassiano

Rose tem visto seu empenho frutificar muito. Eis uma pequena lista de contatos, dentre os tantos que passou a obter no curto espaço de quatro meses. Com muita determinação, mas sobretudo contando com o apoio do irmão falecido, Beto, Rose mata a saudade e já ajuda outros colegas.

No dia 6 de setembro de 1998, Rose participou pela primeira vez de uma reunião da ANT, na qual adquiriu a fita de ruído especial (que denominamos bolha humana). Ao chegar em casa, entusiasmada, decidiu fazer um experimento. A partir dali passou a receber dezenas e dezenas de contatos. Eis o que gravou naquela noite:

Rose: Se estiver alguém presente, querendo nos mandar algum recado, por favor entre em contato.

(M): *São muitas vozes.*

Outros exemplos que fazem parte do acervo da ANT:

Rose: Beto querido, está me ouvindo?

(M): *Estou ouvindo.*

Rose: Por favor, quem deixou a mensagem no domingo, fale o seu nome.

(M): *Beto falando aqui.*

Rose: Beto, meu querido irmão, você está na estação?

(M): *Estou.*

Rose: Se estiver algum parente ou um amigo, por favor, deixe seu recado.

(M): *Eu te amo.*

Rose: Gostaria de saber se a altura do ruído está conveniente para vocês, se devo abaixar ou aumentar?

(M): *Diminuir o ruído.*

Rose: Hoje é 18 de setembro de 1998, são exatamente 22 horas, estaremos iniciando nova tentativa de contato por cinco minutos.

(M): *É mentira.*

Nota: De fato era dia 17.

Rose: Amigos do Grupo Landell, estão me ouvindo?

(M): *Estamos ouvindo.*

Rose: Adilson, quer deixar algum recado?

(M): *Ele vive aqui.*

Nota: Esse Adilson é o irmão da transcomunicadora Amanda.

Rose: Sei que é difícil manter um contato.

(M): *Difícil mesmo.*

Rose: Cinco minutos são o suficiente para gravar, ou vocês precisam de mais tempo?

(M): *Mais dias.*

Rose: Meu marido pediu notícias dos avós, muito obrigada e até terça-feira.

Voz: *Aqui é o Olívio.*

Nota: Olívio é o nome do avô do marido da Rose.

Rose: Amigos do Grupo Landell, o que posso fazer para melhorar nossos contatos?

Voz: *Continuar contato.*

Rose: Arturzinho, boa-noite, você está aí?

Voz infantil: *Mamãe vem!*

(M): *Tua filha disse que te ama.*

Nota: Desde esse dia Rose descobriu que tinha uma filhinha no plano espiritual. Lembrou-se que teve um aborto espontâneo há muitos anos, que a fez sofrer muito. Agora, mãe e filha continuam unidas numa mesma tarefa.

De YOLANDA PÓVOA DE SOUZA – RJ

Grande amiga e dedicada experimentadora, Yolanda vem procurando firmar contatos mais específicos com o Grupo de Jovens comunicantes, por certo pela identificação com os amigos de seu falecido filho, Cacau, vitimado por acidente aos 22 anos. É Yolanda mesma que nos fala de seus experimentos:

Meu pai, que se chamava Ary Póvoa, me acompanhou no trabalho de TCI até adoecer gravemente e partir para a pátria espiritual. Ele tinha mais de cinqüenta anos de dedicação à doutrina espírita e era sócio fundador da USE-ERJ. Além de amar o espiritismo, tinha ainda outra paixão: colecionava fitas cassete com cantos de pássaros brasileiros. Passava horas deleitando-se com elas.

Em certo experimento, ao perguntar ao Grupo Landell se meu pai ainda "dormia", ouvi um lindo canto de passarinhos e a informação de que papai já estava "acordado".

(M): *Está acordado e o ouviremos pelas Torres.*

Nota: A gravação belíssima de canto de pássaro foi demonstrada numa de nossas reuniões. O termo "torre" é freqüentemente utilizado pelos amigos espirituais para definir o seu local de emissão.

Minha mãe, de nome Zilda, passou a acompanhar o meu trabalho na TCI desde que comecei. Achamos muito curioso que, certa vez, ouvimos uma entidade comunicante nos falar sobre o Robinson, filho de nossa amiga Norma, que chamou minha mãe de "vovó Zilda".

Eis como gravaram: *Vovó Zilda, Yolanda, o Robinson voltou?*

Pela nossa experiência, temos observado que existem fases em que os contatos se aceleram, melhoram, multiplicam. Por outras, quase param de nos contatar. O motivo provável é que nossos amigos estejam alterando aparelhagem, ou mesmo se ausentam para fazer cursos e aprimoramentos para se comunicarem cada vez melhor conosco. Penso que foi o caso que segue, pois tendo percebido a ausência de meu filho, já há dias, em diversos experimentos, meio inquieta, pedi notícias. Uma voz veio para me tranquilizar:

(M): *Ele vai voltar e te ajudar. Espere esse dia.*

E realmente, na semana seguinte, obtive várias captações do meu filho, o Cacau, bem como do Robinson. Temos observado que há espíritos de plantão no Grupo Landell, pois sempre que necessitamos, alguma voz nos acode. Objetivando ter notícias sobre esse curioso fato, reconheci a voz de meu filho falando sobre o plantão: *Mamãe, nós somos o pessoal constante.*

Em certo experimento, meu filho cumprimentou-nos, dizendo, *É o Cacau. Boa noite!* Sua voz, nesse caso muito clara, não deixa dúvidas da identificação. Mas, ainda mais claro para nós, eu e meu marido, foi quando nosso filho gravou: *Papai, quem está na linha é o Cacau.* Era de fato o nosso filho.

Kikinho é o apelido do filho falecido, mais novo, de Norma, que já atua há muito tempo no Grupo Landell. Um dia eu captei a sua voz me chamando, e outra entidade brincando com ele:

1ª. voz: *Yolanda!*

2ª. voz: *Não acredito! Eu não falei que era o Kikinho?*

Há poucos meses me vi novamente vivendo momentos dolorosos, sentindo que mamãe também partiria para o Além, para se unir ao meu pai. Quem passou por uma dor como a perda de um filho sabe o que é enfrentar outras perdas em seguida. Comecei a entrar em depressão, vendo o corpo de minha mãe definhando dia a dia.

Profundamente triste, decidi gravar em busca de uma palavra amiga. Fizeram mais que isso, pois cantaram o seguinte refrão:

(M): *Estamos ao seu lado e com isso dividindo.*

No contato com os amigos do lado de Lá, vamos sabendo como eles trabalham. Descobri, com surpresa, que eles possuem "fichas" nossas! Eis como fiquei sabendo, gravaram:

(M): *Cada família tem uma ficha aqui.*

Claro que hoje sinto um grande bem-estar ao saber que o meu Cacau já está adaptado à sua nova dimensão. Como todo bom jovem, também já leva pito do lado de Lá. Alguém diz ao meu filho que ele estava demorando muito. Gravaram: *Cacau, você está se demorando na estação.*

Hoje, meu orgulho é imenso por ter meu querido filho, Cacau, trabalhando em uníssono comigo. É a nossa cooperação pela evolução da TCI no mundo, pois, tenho certeza, ela será de importância imensurável para a humanidade, pelo consolo às mães como eu, e por tudo de novo que ainda trará.

Da doutora JULICE AILLON — Porto Alegre — RS

Contou-nos esse relato histórico:

Em 1974, estava com minha filha mais nova, que na época tinha 11 anos de idade. Eu havia lido o livro *Telefone para o além*, do Jürgenson, e ela me perguntou como se fazia para gravar as vozes. Disse-lhe que deveria pegar um gravador qualquer e deixar com uma fita virgem gravando; depois de um tempo, ouvir e ver se registrou algo.

Ela então ligou um radiogravador bem simples e ficou no meu quarto lendo comigo. Em seguida, era muito tarde, a minha filha mais velha entrou no quarto e a mais nova pediu que não fizesse barulho, por estar gravando, o que eu disse não ser preciso, pois, às vezes, os "espíritos" aproveitavam sons para "transformar" e, a partir desses sons transformados, emitir mensagens. Ao ouvirmos a fita cassete, ouvimos um cão latindo. Estranhamos, por não termos ouvido cão algum na rua. Passamos o trecho de novo... eram dois cães latindo, aparentemente, um grande e outro menor. Resolvemos, espantadas, passar adiante, e, no trecho em que minha outra filha entrou no quarto, uma voz feminina sussurrou: *Psst! ... elas estão conversando, disfarçando para ver se gravam as nossas vozes.*

Outro caso:

Depois, várias vezes, pedi que minha filha mais nova gravasse as sessões espíritas que fazíamos na minha casa. Em várias sessões gravamos as pessoas que se manifestavam na mesa. Numa das vezes manifestou-se um sobrinho meu, já falecido, que era obsidiado pela própria mãe (que estava presente à sessão e pedindo, insistentemente "sinais" do filho!). Quando ouvimos a fita, ouvimos, em primeiro lugar, a voz dele, Fernando, que dizia: *Não consigo, não consigo*, e, depois, outra voz masculina e firme que dizia: *Podes sim, claro que podes.*

Mais adiante, as luzes se apagaram, minha cunhada se pôs a dizer que era o "sinal" que ela pedira. Fomos ver se não seria fusível queimado, falta de luz, lâmpada queimada, enfim, quando vimos que havia sido apagado o interruptor.

Toda a confusão foi gravada e nesse trecho uma voz clara gravou: *Chata! chata!!!!*

De ZILDA MONTEIRO – SP

A Zilda não é apenas uma persistente transcomunicadora, mas é também quem executa várias tarefas especiais na organização da ANT. Extraímos de uma palestra dela apenas exemplos de captações, as quais, aliás, integram o nosso acervo:

(F): *Fazer tratamento lá na Alemanha.*
Em resposta a uma questão colocada pela transcomunicadora.
(F): *Eu adoro você.*

Nota: Esse tipo de manifestação carinhosa é própria dos nossos comunicantes.

(M): *Oi, Zilda, bom dia.*

Nota: Foi uma clara saudação no início do experimento.

Numa oportunidade, Zilda colocou os rádios que faziam o ruído de fundo em estações que transmitiam língua japonesa, logo no início, após os cumprimentos em que disse:

"Boa noite Amigos do Grupo Landell", uma voz masculina registrou: *Zilda captando*, e mais adiante na fita: *Estive onde estão vendo aí. Estou tentando ainda ver o Rio do Tempo.*

Uma gravação muito clara ocorreu quando Zilda disse aos amigos espirituais:

"Amigos do Grupo Landell, eu sei que é difícil, mas eu vou continuar tentando." Uma voz masculina incentiva: *Com certeza.*

Certa vez, nossa colega perguntou:

"Eu devo tentar algum outro meio técnico para contatá-los? Tal como o computador, a televisão e o telefone?" Uma voz masculina respondeu com firmeza:

(M): *Use o rádio.*

Uma que lhe chamou a atenção ocorreu no final de 1996, e seria o último experimento do ano, em 29 de dezembro. Uma voz encerrou assim: (M): *Feliz 97.*

Esses foram apenas alguns exemplos dentre as dezenas de captações muito boas dessa transcomunicadora.

LUIZ NETTO – S. Bernardo do Campo – SP

Conheçamos, em suas palavras, uma experiência muito curiosa:

Em abril de 1998, tive a grata surpresa de receber em minha casa uma irmã e uma sobrinha, que moram em uma cidade no norte paranaense. Fazia minha irmã uma breve estada aqui em São Paulo para ir até o Rio de Janeiro para visitar uma de suas filhas.

Minha irmã sabe que faço pesquisas na área da transcomunicação e já teve várias oportunidades de ouvir algumas gravações paranormais, sendo portanto para ela um assunto de uma certa familiaridade. No entanto, para minha sobrinha, não.

Sua formação religiosa é evangélica. Eu queria abordar esse tema com ela, e naturalmente, para que já não considerasse o assunto de pronto como algo "demoníaco", tratei logo de ir falando que há religiosos evangélicos e católicos de alta expressão no meio religioso estudando com muita seriedade o assunto. Ela me ouviu com muita atenção, mostrei algumas gravações, mostrou-se muito surpresa.

Porém, surgiu a divergência: eu pressuponho que podem haver manifestações de espíritos desencarnados e ela não. No seu entendimento, a Bíblia não admite isso. Lá pelas tantas, notei que ela, nitidamente, já pensava ser tudo aquilo que eu estava mostrando pura manifestação do "Maligno".

Eng. Luiz Netto

Excitada com a audição das gravações paranormais, que mostrei no meu computador, principiou, então, a contar uma história relatada por um pastor no púlpito da igreja.

E eu mais do que depressa, sem que ela soubesse, comecei a gravar o que ela falava. Sentia-me intuído de que algo mais seria acrescentado ao que ela contava.

Contou o pastor que uma mulher, gravemente enferma, e a quem os médicos já a haviam entendido como alguém que tinha transposto o limite desta vida física, que até tinham emitido o atestado de óbito.

Mas eis que a mulher retorna à saúde, dando um tremendo susto em todos. Teria dito a moribunda que emergiu de um mundo de muito calor, muitos gemidos, um ambiente de muita escuridão, lamentos por todos os lados, e pensando "isto aqui deve ser o inferno mesmo" e, naturalmente, não gostando nem um pouquinho daquelas sensações. Mas narrou ainda que durante aquele tormento, na medida em que a coisa piorava e esquentava, ela pedia ardentemente para que a livrassem daquele sofrimento. Foi quando uma força começou a puxá-la novamente de volta. As sensações foram melhorando, até que acordou e viu os olhos arregalados dos médicos.

Finda a narrativa, então disse eu para minha sobrinha: — Olha, sem que você soubesse, me desculpe, mas eu gravei o que você contou.

— Ah... tio....!!! — reclamou a jovem.

— Não sei não — comentei —, porque penso que vou achar aqui algo mais que a sua voz.

— Nossa tio!.... vira essa boca pra lá!

E comecei a analisar a gravação.

Para nossa surpresa, principalmente da jovem, no ponto onde relatava os gemidos, a escuridão, o calor.... uma voz paranormal alta e clara se sobrepõe a tudo e diz: "*CALA A BOCA!*"

Quando mostrei à minha sobrinha, ela bateu na boca e contestou inflamadíssima dirigindo-se ao comunicante: "*CALA A BOCA VOCÊ... EM NOME DO SENHOR!!!*", esquecendo-se, por momentos, de que aquilo era uma gravação!

Minha sobrinha desabafou: — Nossa! Nunca havia topado com o diabo tão diretamente dessa maneira!

E tratou logo de fazer suas orações, para garantir um sono tranqüilo.

Temos alguns associados que adoram inventar. Um exemplo é o Luiz, que vive criando situações e testes curiosos, objetivando o melhor entendimento da TCI.

Recentemente, fez testes, com sucesso, para gravar com um microgravador que tem a função de ser acionado pela voz, colocando-o dentro de uma caixa de isopor. Assim, preparou-o antes de ir dormir e, no dia seguinte, ao ouvir a fita, notou que uma voz feminina havia deixado uma mensagem. Fez isso várias vezes e obteve contatos bem singulares.

É ele quem explica:

"O ideal seria ter um ambiente acústico equivalente à *GAIOLA DE FARADAY*, para sinais eletromagnéticos. Ou mesmo uma câmara anecoica, que não pega sons refletidos, pega sons diretos. A idéia é certificar-se de que o gravador foi acionado por um meio paranormal. Daí fica a pergunta: Quem acionou? De onde? São centenas de perguntas e poucas respostas ainda."

Foi ele também quem teve a idéia de gravar valendo-se do farfalhar de papel-alumínio. E deu certo! Obteve gravações curiosas. Decidi fazer o teste e me surpreendi. Também obtive dezenas de vozes.

Ele é quem orienta:

"Experimente pegar um pedaço de papel-alumínio e diante do gravador aperte seguidamente, com regularidade, amassando-o. Ao que tudo indica, o barulho gerado pelo "amassar" do alumínio serve como um suporte para ampliar os sinais que "andam pelo ar", como disse o doutor Landell. Por que funciona? Isso eu não sei dizer."

De RAQUEL SAMPAIO — Amparo — SP

Iniciou seus experimentos junto com a Deires Hoffmann, de quem já falamos. Esta havia captado a informação de que deveria usar a freqüência 88, e, por serem vizinhas, Raquel passou a utilizá-la também.

Numa de suas gravações iniciais, perguntou:

Raquel: Quem está falando comigo?

Resposta: *É padre Landell, querida.*

Dali por diante, Raquel passou a fazer experimentos quase que diariamente, e batizou sua própria estação de "Estação Luz". Ela trabalha apenas com um rádio e um gravador, e vem obtendo resultados muito interessantes.

Um contato que lhe despertou a atenção foi quando, tendo perguntado se os amigos espirituais a estavam ouvindo, obteve como resposta:

(M): *Estou ouvindo e estou vendo.*

Pareceu-lhe curioso a forma que, possivelmente, eles dispõem para acompanhar-nos lá do lado deles.

Os contatos longos em TCI ainda são muito raros. Mas Raquel recebeu este: *Muita saúde e um abraço para você. Hoje o céu da ponte amanheceu muito nublado, o meu mundo e o seu é um pouco diferente. Não foi possível a freqüência, e eu mando um beijo.*

Raquel tem se apresentado quando das reuniões da ANT e tem feito muito sucesso com suas captações claras e altas.

De NEIDE PEREIRA – Sete Lagoas – MG

Uma dedicada pesquisadora, que com paciência e persistência vem obtendo muito bons resultados. Extraímos dos relatórios mensais que nos envia, sempre junto com fita das captações citadas, que em muito têm cooperado para enriquecer o acervo da ANT:

Neide tem registrado muitos sons incomuns, que nada têm que ver com os ruídos do ambiente. São manifestações curiosas, pois muitas vezes envolvem a voz da transcomunicadora. Também ocorrem freqüentemente alterações na velocidade, e até a voz da Neide se altera, sem que represente um defeito do gravador.

Ainda na área de sons, por vezes Neide capta um coral cantando, músicas suaves e doces.

Recentemente, tendo perguntado quem a estava ouvindo, obteve a resposta: *É o João Pereira Lima*. Ficou feliz: era o nome completo de seu pai.

Noutra oportunidade, Neide comentou que no dia 4 de dezembro seria o aniversário de sua mãe – e que uma voz respondeu bem claro: (M): *FELICIDADES!!!*

De ROMEU MANDATO – SP

Romeu Mandato

Romeu é nosso associado há mais de seis anos. Vem recebendo mensagens de boa qualidade, dentre as quais listamos as que ele apresentou em reunião recente aos colegas da ANT:

1. Captação de 11.1.98: uma voz masculina que diz: *Romeu tá tentando ouvir isto aqui*.
2. Em 13.1.98: formulou uma questão ao seu interlocutor espiritual, a respeito de uma tia, para saber se ela estava trabalhando na estação e uma voz feminina falou: *Bastante*.
3. De 18.1.98: trata-se do comunicante Fernando Derdyk, conhecido de sua filha. Depois de questionar a respeito do jovem, recebeu a seguinte resposta: (M): *O Derdyk já chegou*.
4. Tendo questionado a respeito de sua falecida sogra, Dana Olga, perguntou se ela já havia conseguido falar o seu nome, e obteve como resposta: (M): *Já conseguiu*.
5. Em 15.2.98, depois de perguntar se estavam em conexão, ouviu: *Aqui está tudo bem*.
6. Em outra oportunidade, recebeu: *Toma aqui matéria do alemão*. Esta captação merece uma explicação que talvez justifique a frase captada. As captações são realizadas com áudio de uma rádio interestação de ondas curtas alemã.
7. Questionando se o seu tio já estava consciente de seu novo estado, logo após este ter desencarnado, uma voz masculina respondeu: *O Armando ainda não está aqui*.
8. Em 27.7.98, gravou outra em espanhol: *No se puede trabajar*, e ainda: (M): *Espera uma vida, nascendo sempre*.

7

Somando evidências
Os contatos cruzados

"Duvidando, chegaremos à verdade."
CÍCERO (*DE OFICIIS*)

Hoje, o Brasil é o maior reduto de transcomunicadores do mundo, pois as associações do exterior geralmente congregam apenas pessoas interessadas no assunto, que lêem, se informam, mas não praticam. Em termos numéricos, a associação do colega Jacques Garin, da França, é maior do que a ANT, pois tem algo em torno de mil associados, que adquirem a sua publicação *Le Messager*. Porém, apenas uma pequena parcela deles são, de fato, experimentadores.

No nosso país, onde o assunto "espírito" está entranhado na nossa cultura, são centenas de pessoas, com diferentes graus de interesse, que passaram a praticar a gravação das vozes.

Os mais firmes e fascinados pelo fenômeno normalmente sentem a necessidade de conhecer outros transcomunicadores e, principalmente, de manter-se constantemente informados. Assim, o número de nossos associados é sempre crescente.

Por termos um número tão grande de experimentadores, torna-se viável a ocorrência de novos fenômenos, como os "contatos cruzados", ou seja, contatos ou mensagens recebidas por transcomunicadores destinadas aos demais colegas da ANT.

Para fazer essa abordagem, solicitei a alguns colegas notícias de contatos que se referiam a outros experimentadores. Dentre elas, há que se destacar que muitas informações que lhes chegaram eram desconhecidas dos experimentadores que as receberam — constituindo, portanto, uma evidência da autenticidade do fenômeno.

Transcomunicadores envolvidos na pesquisa:

Sonia Rinaldi, Norma Casasco, Magaly Chiereguini, Valdir Cunha, Yolanda Póvoa, Zilda etc.

Passamos a "cruzar" aqui as ocorrências, que mostram o quanto a união é proveitosa.

1. CASO BEATRIZ

Entre Norma Casasco e Leda Janini:

Já há algum tempo, Norma vinha solicitando em seus experimentos um contato da filha da nossa colega Leda. Beatriz, sua filha falecida, já havia se comunicado algumas outras vezes, de forma que não foi difícil identificar sua voz. Pois bem, num de seus experimentos, Norma captou a voz de Beatriz enviando um recado para a irmã (viva), dizendo: "*Léa, dê um tempo... ainda não é o momento.*" Quando Norma analisou a fita, notou que se tratava de um recado. Mesmo sem entender o significado, ligou e transmitiu a mensagem para Leda.

Ao final dos comentários de Norma, Leda explicou. Sim, fazia sentido. Ela contou que sua filha Léa sofrera várias desilusões amorosas. Primeiro teve um noivo por nove anos, a quem apoiou muito. No entanto, não chegou a se casar com ele. Mais tarde, veio a casar-se com um jovem de má conduta, que só lhe trouxe enormes dissabores e, ainda, deixou-a no quarto mês de gravidez. Mais recentemente, conheceu um rapaz que lhe pareceu ser o porto-seguro para sua vida sentimental instável. Foi nesse período que veio o recado da irmã falecida, Beatriz, preocupada com a desventura da irmã encarnada. E estava certa. Depois de um namoro de apenas três meses, o rapaz simplesmente desapareceu. Por ter recebido o recado da irmã falecida, Léa sofreu pouco, pois percebeu que a irmã zela por ela.

2. CASO GERMANA

Entre Sonia Rinaldi e Noélia Ritter:

Um caso bem curioso envolveu a minha estação terrestre e a filha falecida de nossa associada Noélia Ritter Reis (Rio Grande do Sul). Sabendo de sua imensa vontade de receber notícias da filha falecida, decidi auxiliá-la. Até aquele momento, o que eu sabia de sua filha era que se chamava Germana e que, devido ao fato de Noélia referir-se sempre à "filhinha" falecida, deduzi que ela morrera bem cedo. Como criança. Logo no início de minhas tentativas, decidi não comentar com Noélia, pois queria fazer-lhe uma surpresa. Transcorreram quase dois meses e nenhuma notícia da Germana. Foi quando recebi carta de Noélia, muito triste e saudosa da filha. Para animá-la, contei-lhe das tentativas, até então, infrutíferas. Disse-lhe, então, dos dados que eu havia passado ao doutor Landell, ou seja, que se tratava de uma menininha, com tal nome etc...

Jovem falecida Germana Quendal.

A mãe corrigiu-me. Sua filha falecera, jovem, aos 24 anos, e corrigiu o nome etc. Na mesma noite, durante o experimento, gravei interessante diálogo com o doutor Landell de Moura, evidenciado pelo seu sotaque gaúcho. Nele, ficava claro que todo o tempo eles sabiam os dados corretos da Germana e percebeu-se que, por fim, ela fora localizada. Depois desse dia, várias vezes Germana atendeu aos nossos chamados, sempre com uma voz extremamente doce e melodiosa.

Eis alguns exemplos:

Sonia: Diga para sua mãe se você está bem...

Voz feminina canta: *Sim, sim, sim, minha mãezinha...*

Sônia: Germana, diga-me o nome de sua irmã que ainda está do lado de Cá...

Voz feminina canta: *Shantal.* (Obs.: nome correto.)

Das muitas captações obtidas, registro apenas mais uma, pois me pareceu muito significativa:

Sonia: Germana querida, deixe uma mensagem para sua mãe...

Resposta: *Fale: querer... será!*

Muito concisa e profunda, essa mensagem não se tornou apenas um grande incentivo para sua mãe, mas uma mensagem que endereço aos que desejam iniciar. Nas palavras da Germana, "queiram e acontecerá".

Após os primeiros contatos com a jovem, pedi a outros colegas transcomunicadores que também tentassem conseguir notícias da Germana, para obtermos provas cruzadas. Eis alguns:

Pela estação da Norma Casasco:

Norma foi uma das primeiras a receber informações. Tendo perguntado sobre a moça, uma voz informou: *Está na Líbia.* Sem entender o sentido do recado, buscamos orientação com sua mãe, Noélia. Esta, surpresa, informou que, por ocasião da Guerra do Golfo, visitou uma médium psicógrafa; esta teria lhe informado que sua filha, Germana, havia sido designada para trabalhar junto aos que estavam desencarnando na área do Oriente Médio.

Pela estação da Magaly Chiereguini:

Tendo pedido um contato da Germana, recebeu:

(F): *Não se preocupa, mãe...* e *Germana.*

3. CASO ROBINSON & KIKINHO

Trata-se dos dois filhos falecidos da associada Norma Casasco. Listo alguns contatos obtidos por diferentes transcomunicadores:

Por Sonia Rinaldi:

Sonia: Amigos espirituais, os filhos da Norma já estão aí na estação?
Resposta (com sotaque de Portugal): *Claro que estão e você sabe.*
Sonia: Robinson, sua mãe ficará contente em saber que você está na estação...
Resposta: *Muito... e estou bem.*
Sonia: Robinson, seu irmão está com você?
Resposta: *Pergunte a ele.*

Por Zilda Monteiro:

Quando Zilda perguntou quem a estava ouvindo captou:
Voz: *Robinson, Robinson.*
Em outra gravação:
Voz (M): *É Robinson que fala — papai, eu sou feliz.*

Pela própria mãe deles, Norma:

A transcomunicadora tem dezenas e dezenas de contatos dos filhos. Eis alguns:
Voz: *É Robinson! Mãe, fale pro papai voltar ao médico e vá com ele... rever todos os medicamentos.*

O pai de fato acatou a sugestão do filho e, com surpresa, verificou que Robinson estava certo: era necessário mudar a medicação.

Outra mensagem dirigida ao pai: *Pai... cuidado com o trânsito... violento.* Norma confirmou que o marido andava estressado e poderia até dormir no volante. Mas que ele prometeu vigiar.

Voz do filho mais novo:
Kikinho: *Papaizinho, eu te amo. Saudades.*

Durante o II Congresso Internacional de TCI, Norma já havia se apresentado e sentou-se no auditório. Lá acionou o gravador e ouviu a voz do Robinson dizendo: *Estamos aqui.*

Pela Magaly Chiereguini:

Voz do Kikinho: *Boa noite, queridos Papá e Mama: se o coração está partido há que...(...).*

O surpreendente é que, quando vivo, Kikinho chamava o pai de "papá" e a Norma de "mama".

Em julho deste ano, Magaly captou um curioso diálogo:
1ª voz: *O Robinson estaria disposto.* 2ª voz: *Prepare a transmissão. (...) — Tia Nena, sorria, a vida continua plena — Robinson.*

Pela Nauta Luposeli:

Registrou os nomes Robinson e Kikinho várias vezes em seu gravador.

4. CASO MÍRIAM RIBEIRO

Trata-se da filha da associada Erika Ribeiro (Contagem — MG), que pediu a alguns colegas que tentassem obter notícias de sua filha.

Pela Norma:

Após algum período de tentativas, Norma recebeu a voz de Míriam dizendo:
É Míriam, Ariston, Ariston, case-se. Simplesmente case. Fale com papai. Ariston, Ariston.
Quando Norma ouviu a mensagem, desconhecia quem era Ariston. Questionando a mãe, Erika, esta explicou ser o nome do viúvo, ou seja, o ex-marido de Míriam, e a mensagem, portanto, era um incentivo ao jovem para que se casasse novamente. Gesto grandioso de um espírito elevado que superou qualquer apego.

5. CASO EDUARDO VIANNA ARROYO

Trata-se do filho falecido da associada Carmem Arroyo, da cidade de Monte Azul Paulista.

Por Sonia Rinaldi:

Sonia: Eduardo, você está me ouvindo bem?
Resposta: voz jovem: *Eu tô.*
Certa vez, a Carmem esteve aqui em casa e, no dia seguinte, Eduardo gravou com voz muito clara: *Ontem eu vi a minha mãe.*

Por Magaly Chiereguini:

Voz do Eduardo diz: *Mãe, te amo; fala pra mim que estou muito bem, estou com a Roseli, não se preocupe; Thiago e Felipe.*

Nota: Thiago era o nome do rapaz que faleceu junto com o Eduardo no acidente de carro, e Roseli, sua tia falecida.

— *Eduardo, Eduardo, com muito amor, para Ester.* — Magaly descobriu depois, perguntando à mãe, Carmem, que Ester é o nome da irmã (viva) do Eduardo.

6. CASO CLÁUDIO PÓVOA

Trata-se do filho falecido da associada Yolanda (RJ)

Captado na estação da Norma:

Foi ela quem primeiro recebeu contatos do jovem Cláudio, o que veio a fortalecer e encorajar a colega Yolanda a obter seus próprios contatos. Exemplos:
Voz: *Cláudio... é Flamengo e Santos.*

Nota: Verificado com a mãe, esta explicou que o filho era, de fato, torcedor apaixonado de ambos os times!

Transcomunicadora Yolanda Póvoa (RJ) e Sonia Rinaldi

Voz: *Cláudio e Robinson foram para São Paulo contentes.*

Voz: *É Cláudio, pai Lúcio.*

Voz: *Dona Norma, estou emocionado. Minha voz não sai. Falta o Robinson.*

Nota: Tem-se observado que Robinson tem cooperado muito com os comunicantes jovens quando eles tentam contatar seus pais aqui na Terra.

Voz: Landa, paz para papai, Roger e Peter.

Nota: Norma desconhecia quem eram Roger e Peter; mas, procurando confirmar com a colega Yolanda, esta explicou serem os seus netos.

Recebido pela própria mãe, Yolanda:

Um dos primeiros contatos conseguidos de seu filho registrava o seu apelido:
Voz: *Cacau.*
Em outro experimento, Landa gravou o seguinte diálogo:
1ª voz: *Chamando o Lúcio...* (esse é o nome do marido da Yolanda)
2ª voz: *É a mãe do Cláudio...*
1ª voz: *Yolanda, o Cláudio está ao seu lado.*
Vê-se por esses exemplos que a Norma recebe contatos do filho falecido da Yolanda, e esta recebe dos filhos falecidos da Norma.

OUTROS CONTATOS MAIS

1. Norma x Zilda

Certa vez, Norma encontrou gravado na sua secretária eletrônica a mensagem: *(...) para dar incentivo à nossa Zilda*, e *Muito bem, Zilda. Zilda Margarida.*

Nota: Ninguém até então sabia que o nome da mãe da nossa associada Zilda era Zilda Margarida. Só por meio desse contato é que a informação chegou.

2. Magaly x Sonia

Chegou a telefonar-me para dar o recado encontrado dentre suas captações:
Voz: *A Sonia Rinaldi precisa se acalmar.*

Nota: De fato, foi na fase pré-Congresso, e o volume de trabalho era imenso e eu estava muito agitada mesmo.

3. Norma x Sonia

Muitas vezes, Norma registra a voz de seus filhos falecidos falando de mim:
Voz: *Sonia, Soninha... a mil por hora.*
Voz: *É Kikinho. Falando com a Sonia.*

Nota: Por estarem numa estação transmissora, percebe-se que conseguem sintonizar mais que uma estação, simultaneamente.

Voz: *É Umberto, Robinson e Kikinho. Estaremos com Sonia na Alemanha.*
Voz: *Sonia está na Inglaterra. Estivemos com Sonia. Foi fácil.*

4. Norma x Valdir

Essa dupla de transcomunicadores tem vários casos em comum, mas há um especialmente interessante.

Valdir estava fazendo seu experimento certa noite e procurou conversar com os filhos da Norma. Disse então ao Kikinho que na semana seguinte iria até a casa de Norma e perguntou se queria enviar algum recado para a mãe. Resposta:

(Voz infantil): *Na quarta? Eu também estarei lá.*

Na quarta-feira da semana seguinte, conforme fora combinado, Valdir foi à casa da Norma para orientá-la quanto ao uso da secretária eletrônica em gravações. Lá, enquanto testavam o aparelho, uma voz paranormal, infantil, entra dizendo: *Já estou aqui!*

Uma semana mais tarde, novamente, Valdir teve de falar com Norma sobre assuntos diversos e, durante o diálogo que foi gravado, a mesma voz infantil entra e diz: *Eu estive na casa da minha mãe.*

5. Norma x Leda

Leda queria notícias de sua filha falecida Beatriz, e Norma conseguiu registrar num experimento a voz que pôde ser reconhecida:

(Voz da Beatriz): *Papai... meu pai... saudade!*

6. Sonia x Leda

Sonia: *Amigos, peço auxílio pela saúde da colega Leda Janini...*

(Voz com sotaque português): *Estamos a ver... vai melhorar.* Tempos depois, soubemos que Leda havia melhorado sensivelmente.

7. Engenheiro Valdir x Carmem Machado

Nossa associada Carmem perdeu seu marido, João Baptista, e pediu ao colega Valdir para tentar obter contato. Eis alguns:

Valdir: João Baptista, algo para a Carmem?
Resposta: *Carmem.*
Valdir: João Baptista, a Carmem me disse que você gostava de TCI...
Resposta: *Sim, gostava.*
Valdir: João Baptista, você pode nos ajudar? Todo apoio é bom...
Resposta: *Ajudo com os testes.*

Poderíamos seguir listando dezenas e dezenas de contatos cruzados, pois, a cada reunião, os associados trocam endereços e passam a se auxiliarem mutuamente. Mas os exemplos já são sugestivos para se abordar mais essa possibilidade da Transcomunicação Instrumental.

Que o exposto sirva de incentivo para aqueles corajosos que se dispõem a iniciar essa pesquisa com o objetivo de trazer mais e mais evidências da realidade do fenômeno e, com isso, talvez, um novo estágio para o homem, que poderá, enfim, sair do isolamento da Terra e enveredar por conexões interdimensionais.

8

Cautela é fundamental

"Nem tudo o que é provado é, obrigatoriamente, verdadeiro. E nem tudo o que é verdadeiro pode ser, definitivamente, provado."

IRICH RUBINSTEIN

TODO CUIDADO É POUCO

Sabemos que toda a pesquisa da Transcomunicação Instrumental deve se pautar pelo rigor da transparência e da correta documentação. Na dúvida, é preferível descartar. Isso porque os "incrédulos de carteirinha" sempre estarão a postos para notar até um único caso isolado, em que as evidências não satisfazem, para generalizar e destituir de importância todo o trabalho sério que é feito por muitos pesquisadores do mundo todo.

Por isso, recomendamos toda a cautela na coleta de dados e evidências para que, somado à credibilidade e respeitabilidade do transcomunicador, o fenômeno seja cada vez mais levado a sério e investigado por aqueles que podem dar o aval da veracidade dele.

Por que isso é importante? Porque a TCI não pode ser disseminada como uma "fé", em que pouco se prova e muito se acredita. Não nos parece ser esse o caminho. Temos de mostrar, com racionalidade e transparência, que o fenômeno é verídico.

No caso das imagens captadas por televisão, fomos orientados por alguns cientistas que o televisor convencional recebe determinada faixa de freqüência, e que um canal vazio (geralmente usado para receber imagens do Além) poderia captar o que eles chamam de "imagem espúria", ou seja, a fração de um vídeo que estivesse no ar e que, repentinamente, aparecesse no vídeo do transcomunicador. Para evitar essa possibilidade, em vez de usarmos aparelho de TV, passamos a usar um tubo de raios catódicos, cuja faixa de freqüência é muito mais ampla do que a faixa da TV convencional, o que, em princípio, tornaria quase nula a possibilidade de que esse tubo captasse uma imagem expúria, gerada por uma emissora terrestre.

Para abordar essa questão, remetemo-nos a um artigo publicado em 8 de junho de 1991 pelo jornal *O Estado de S. Paulo*, na coluna "Ciência e Tecnologia". Ei-lo:

TV capta imagem que parece vir do Além

Asteróide e inversão térmica ajudam os caçadores de imagens perdidas no espaço.

O anúncio de que equipamentos eletrônicos estavam ajudando na comunicação com os mortos foi a sensação do Congresso Nacional dos Médicos Espíritas, que reuniu mais de mil pessoas em São Paulo, no último fim de semana. (...)

Técnicos em eletrônica não descartam a possibilidade de captar imagens segundo o processo descrito como "Vidicom", que na verdade não passa de uma TV sintonizada num canal baixo. Na verdade, é impossível deixar de detectar esses sinais usando o equipamento descrito. (...) O índice de refração da ionosfera, camada carregada eletricamente da atmosfera, altera e "entorta" transmissões de volta para a Terra. Assim, a gravação em videoteipe da atriz Romy Schneider, apresentada no livro *Transcomunicação* como vinda do mundo dos mortos, mais provavelmente vem é da sessão da tarde de alguma emissora de TV que pode estar até a 2,6 mil quilômetros de distância.

Outra fonte importante de visões nas telas são os meteoritos. Eles se fundem ao penetrar na atmosfera e também provocam ionização. Dependendo da época do ano eles bombardeiam a atmosfera até 400 vezes por dia, e com sorte é possível ver durante alguns segundos uma imagem nítida emitida por uma estação distante. O melhor canal para observar esse fenômeno é o 2 ou o 3, conforme seja esse o canal livre no local.

A edição de abril da revista *Probel* da Associação dos Cientistas Amadores norte-americanos explica detalhadamente como captar essas imagens. Mais raras e mais espetaculares são as chamadas "esporádicas-E" da ionosfera, quando verdadeiros bolsões ionizados refratam sinais de estações distantes.

Como essas aparições são muito irregulares, os próprios autores do livro recomendam deixar a TV ligada com um gravador de vídeo. Ao fim da gravação, a fita é rodada em alta velocidade para achar as eventuais imagens gravadas.

Alucinação.

Ficar muito tempo observando fixamente o chuvisco de uma tela de TV, pessoalmente, à espera de um fantasma, pode não ser bom para a vista, além de despertar desconfianças de pessoas não avisadas.

Devido a um fenômeno psicológico conhecido como "privação de estímulos" — que ocorre quando se olha muito tempo fixamente para uma tela em branco ou quando se tranca uma pessoa numa sala à prova de sons, por exemplo —, a mente pode ser induzida a delírios de graus variados, que podem chegar, inclusive, à prática de conversar com coisas imaginárias e até mesmo com eletrodomésticos, como aparelhos de TV.

É visível o tom de chacota do autor, que não aprovamos. Entendemos que temos de ser críticos e não crer em fatos sem evidências sólidas. Mas, daí, até descartar tudo num bloco só, parece muito tendencioso.

Aliás, a propósito do caso Romy Schneider, levantado pelo articulista, temos a resposta bem colocada num artigo da revista *Transcommunication et Parasciences*, em seu número 31, sob o título "L'Affaire Romy Schneider" ("O caso Romy Schneider"). A imagem referida nos dois artigos são do pioneiro criador do processo Vidicom, o alemão Klaus Schreiber. Eis o artigo da defesa:

> "Todos vimos na televisão a imagem paranormal de Romy Schneider aparecendo na TV de Klaus Schreiber. Graças à informática, podemos agora digitalizar os filmes de vídeo e fragmentá-los. Agora temos a história e análise de um filme que deu a volta ao mundo.
> Feliz Klaus Schreiber, que foi um dos primeiros a captar imagens paranormais em sua tela de TV!
> Feliz Klaus Schreiber, de quem nunca suspeitamos a boa-fé, que era avisado com antecedência a respeito das imagens por meio da psicofonia.
> Foi assim que, um dia, ele recebeu uma mensagem em seu gravador dizendo: "Sou eu, Romy. Vou aparecer na sua televisão."
> Ao filmar seu aparelho de TV, Klaus teve a alegria de ver surgir a famosa atriz. Desde então, muita tinta já foi gasta a respeito desse caso. A imagem final assemelha-se a uma cena de um filme rodado pela atriz, *A Moça e o Comissário*.
> Os contraditores logo concluíram que Schreiber tinha captado, como poderia perfeitamente ocorrer, a imagem desse filme sendo transmitido em algum lugar do mundo.
> A análise da aparição da imagem (seqüência de 1 a 8), não confirma essa hipótese. Vemos a imagem se formando a partir de massa nebulosa. Isso, claro, não ocorreu no filme original.
> Trata-se, portanto, de uma imagem em formação, e não de uma breve passagem de filme.

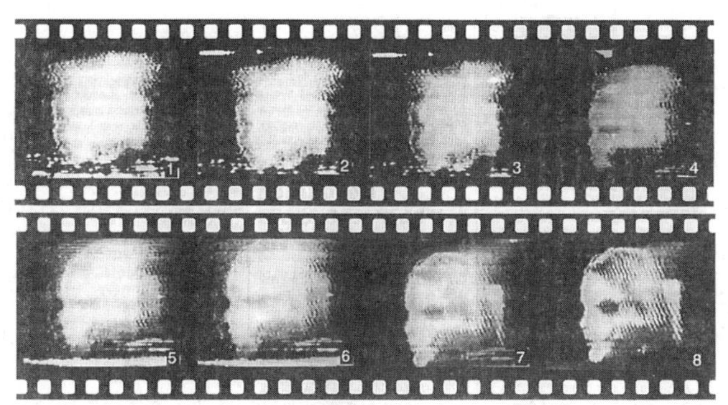

O caso Romy Schneider

Esse descuido com a informação do articulista anterior leva só à desinformação.

Ainda na área de filmes, há um outro caso, muito conhecido, que ocorreu em meio ao filme *Três solteirões e um bebê*, de 1988.

É a história de três amigos que dividem um luxuoso apartamento e que, de repente, têm suas vidas modificadas com o aparecimento de um bebê deixado na porta pela ex-namorada de um deles.

Exatamente em 1990, ano em que os cinemas brasileiros exibiam o mencionado filme, o jornal *O Globo*, em sua edição de 27 de agosto, publicou uma nota com o título "Um *Fantasma à espreita na cena*", e vinha ilustrada com o texto:

> A cena é a um só tempo despretensiosa e cortante em mistério nesse *flash* de *Três solteirões e um bebê*. Repare no conjunto da cena, como bom cinéfilo — especialmente no garoto ao fundo. Uma mulher garantiu em Santa Ana, na Califórnia, que ele é o seu filho, que morreu há vários anos. Mais estranho do que isso, morreu na mesma sala onde a cena foi gravada. Ou as câmaras do diretor Nimoy são mais sensíveis do que se pensava, ou um curioso dos *sets* reacendeu as esperanças de uma mãe dilacerada. Ou evoluem às nossas vistas os contatos espirituais com o plano da provação terrena.

Precisamente no instante em que aparece na tela um dos três solteirões com a sua genitora e esta com o bebê ao colo, pode-se "congelar" a imagem, e se verá na tela a imagem do garoto mencionado na notícia, ao fundo e do lado esquerdo.

A respeito dessa ocorrência, existem tópicos que podem ser levantados:

É bem verdade que a cena é rápida. Mas, caso se tratasse de um garoto intrometido lá no *set* de filmagens, por certo seria posto fora e a cena rodada de novo.

Julgamos que o mais provável é o tipo de ocorrência em que a câmera capta o que os olhos humanos comuns não captam. Isso explicaria a finalização do filme, sua distribuição, e, só então, a descoberta do pequeno "intruso".

UM CASO COLETIVO

Esses fatos insólitos não acontecem só na área de filmes e vídeos. Ocorreu um fenômeno que consideramos muito mais surpreendente e que envolveu muitos aparelhos de TV simultaneamente. De onde? Do Brasil, é claro. O evento foi tratado em artigo do jornal *Folha de S. Paulo*, de 6 de outubro de 1990, e trazia como título:

Moradores de Osasco ouvem "vozes" na TV

> Um grupo de moradores de Quintaúna, subúrbio de Osasco, na Grande São Paulo, está recebendo "invasores" nas suas TVs e rádios. É assim que descrevem as interferências que ocorrem nas transmissões. Há cerca de um ano, segundo os moradores, sempre após as 16 horas, vozes penetram nas freqüências de TV e rádio e "conversam" com as pessoas, dirigindo piadas, insultos e, quase sempre, dizendo códigos e palavras incompreensíveis.
>
> A maioria acha que se trata apenas de um bando de garotos munidos de PX (radiotransmissor de pequena potência que funciona em uma freqüência chamada faixa do cidadão). Outros vão mais longe: acham que se trata de uma estação pirata de transmissão sofisticada, usada por traficantes. (...) "Entram no ar a qualquer hora, principalmente à noite. Conhecem a vida de todo o mundo", diz Valdecir Ferreira da Silva, 24.

Segundo José Valverde, 57, as transmissões não se limitam às vozes. "Outro dia estava assistindo TV e vi dois vultos sentados, conversando. Não dá pra entender o que dizem, mas incomoda", disse Valverde. Em "manifesto" enviado à *Folha*, a Comissão dos Moradores do Alto do Farol de Quintaúna afirma ainda que os "invasores" teriam "um sistema de escuta" nas casas.

"Eles enxergam e ouvem tudo que se passa nas casas", diz o manifesto. Os moradores levantaram a hipótese de a escuta partir de uma estação de comunicações do Exército, localizada no bairro.

"Garanto que nosso sistema não dá interferência. Mesmo que houvesse, não seriam vozes que as pessoas ouviriam, porque utilizamos um sistema de radioteletipo. Nossa estação existe há 30 anos", disse o oficial responsável pela chefia do serviço de rádio da 2ª Região Militar, coronel Losei. Segundo o coronel, certos transformadores de voltagem podem causar a impressão de um "espectro de radiofreqüência", o que estaria confundindo as pessoas. Ele também acredita que as transmissões são feitas por PX "incrementados" com um componente chamado botina, que aumenta a potência de 22 para 54 megahertz. Segundo o Departamento Nacional de Fiscalização das Telecomunicações (Dentel), a escuta de que os moradores acusam estar sendo vítimas é uma versão "fantasiosa". Segundo o Dentel, teria que haver um microfone em cada casa para que isso acontecesse. No entanto, é claro, mesmo que não exista um microfone em cada casa, ainda assim os emissores sabem de fatos que ocorrem em cada casa! Chamam as pessoas pelos nomes e até fazem brincadeiras.

Eles dizem: "Aí, seu Jorge , como é que vai a sua 'filhona' linda?, e coisas do tipo", disse o vendedor Mário Sérgio Leal. "Não se contentam em atrapalhar nossa vida. Usam para mandar recados. Outro dia, liguei a TV e eles diziam: 'Dona Maria, o Quincas vai aí amanhã?'", disse a comerciante Roseli Gonçalves.

A explicação pouco convincente:

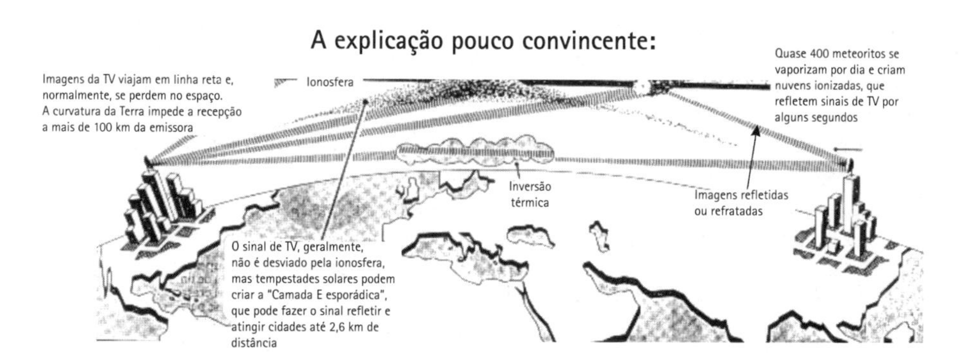

Segundo o artigo publicado em *O Estado de S. Paulo* (8/7/91), as inversões térmicas, asteróides e tempestades solares podem fazer sinais de uma estação de TV serem desviados para outra TV distante. Esse argumento é totalmente insuficiente para explicar as transimagens, e é facilmente derrubado mediante observações como:

- Porque as imagens recebidas são geralmente "rostos" isolados, de frente, sem cenário, e jamais cenas completas (como seria lógico caso fosse trecho de um filme ou programa).
- Alguns transcomunicadores recebem imagens com temas constantes, como, por exemplo, eu, particularmente, tenho recebido muitos animais; o Alfonso (Espanha) recebe muitas imagens com feições alienígenas. Caso fossem elas apenas cenas de TV distante, seria impossível repetir o tema por tantas vezes.

Transmissão preocupa rádio pirata

Leo Tomaz, da rádio *Livre Reversão*, que opera há dois anos na Penha, diz que ficou "preocupado" com a ação dos transmissores em Osasco. Segundo Tomaz, isso pode "misturar as coisas, a questão da expansão dos meios de comunicação e uma molecagem qualquer".

Para Tomaz, ou o que está acontecendo é um "equívoco", ou há um grupo muito bem-estruturado agindo na região. "É quase impossível interferir em todos os rádios de um bairro. Tem que ter uma faixa muito larga", disse.

"Há muita coisa que interfere nas ondas de rádio. Em Cumbica, por exemplo, pega-se a freqüência de rádio dos aviões."

Dentel pode lacrar os "invasores"

As ondas de TV, rádios oficiais e piratas utilizam as freqüências moduladas de 88 a 108. Todas as outras são de freqüências especiais, como o rádio da polícia, do Exército e os PX (radioamadores). O Dentel fiscaliza o uso das freqüências especiais.

Segundo o Dentel, o "uso indevido" dos transmissores pode causar a cassação da licença e o lacre do aparelho. De acordo com o departamento, para que possa haver uma intervenção nos casos de uso indevido, os moradores da região atingida devem encaminhar abaixo-assinados ao órgão.

Esse caso, literalmente coletivo, evidencia o alcance dos contatos, já que entendemos que essas tais ocorrências podem ter sido de espíritos brincalhões. Temos de ser cautelosos em todos os sentidos. Usar tecnologia que dificulte a possibilidade de fraudes, da interferência de "engraçadinhos", é fundamental. Isso no que tange ao nosso "lado de Cá". Em se tratando do lado dos espíritos, a única forma de se garantir o nível elevado dos contatos será a sintonia pessoal que cada transcomunicador fará.

É por ocorrências do tipo da cidade de Osasco que ainda nos desencentivamos a divulgar de forma ampla a TCI. Entendemos que temos de ter o fenômeno de forma mais comprovada, mais compreendida, e só então estender para um público mais amplo. E ainda assim, com cautela.

A nossa interpretação quanto ao caso de Osasco é que alguns comunicantes espirituais, zombeteiros, descobriram como acessar tecnicamente vários aparelhos de TV. Só isso justificaria o fato de os contatos trazerem informações pessoais de cada casa, como se houvesse de fato uma escuta. É claro que não podemos imaginar que o Exército se desgastaria em instalar a escuta em residências de pessoas comuns.

Por isso, todo cuidado é pouco, e em todos os sentidos. Por certo, a aflição gerada naquelas famílias devia estar divertindo uns tantos do lado de Lá.

Com a disseminação da TCI por meio de mais e mais publicações, o que virá a ocorrer é que sempre um maior número de espíritos tomarão ciência dessa possibilidade. Para firmar contatos positivos com entidades superiores há de se ter ética, bons propósitos e dedicar a pesquisa ao bem da humanidade. Se, ao contrário, o objetivo for curiosidade e brincadeira, por certo não faltarão parceiros compatíveis para fazer a emissão.

Vigiar sempre. Ponderação. Equilíbrio. Perseverança. Amor ao próximo. Essa receita garante.

A DOCUMENTAÇÃO INADEQUADA/INCONSISTENTE

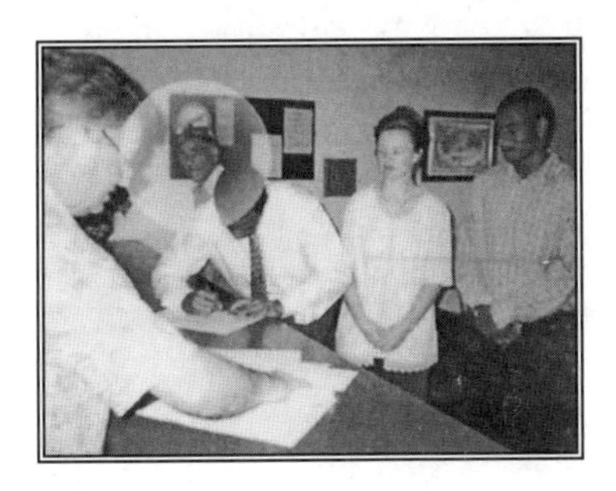

No dia 30 de janeiro de 1999, o jornal *Folha de Londrina* divulgou um caso que intitulou "Aparição de morto divide opiniões no Paraná", tratando de uma foto tirada durante a cerimônia de um casamento, na qual aparecia o pai falecido do noivo.

Tomamos esse caso como referência, sem estarmos questionando ou apoiando sua autenticidade. Isso porque nesse, como em outro caso que causou polêmica e foi exaustivamente explorado na TV, o da suposta aparição do cantor João Paulo, falecido em 98, a documentação é extremamente precária e insuficiente para qualquer julgamento e, por isso, desejamos emitir nosso parecer desfavorável a que sejam exibidos em programas de larga audiência. Eles só servem para gerar polêmica e dar audiência a esses programas. Mas nada conclui de forma concreta.

É bem verdade que o objetivo desses programas é apenas vender e não levar qualquer verdade; por isso, nesses casos convidam pastores, padres, umbandistas, espíritas etc., todos se julgando na posição de dar a palavra definitiva.

Do nosso ponto de vista, sempre fiel à investigação científica, o mais habilitado a opinar foi o "perito", que justamente contestou a autenticidade da foto do caso do João Paulo. Ocorre que, se ele fosse levado a sério, encerraria rapidamente o caso, e isso não convinha ao programa.

O caso do jornal do Paraná é semelhante: tem apenas a palavra do filho do falecido (bem como dos irmãos e da esposa) a favor, mas ninguém se lembrou de justificar mediante a comparação de uma foto quando ele era vivo, e nem sequer a posição dele na foto permitiria essa identificação. Se tomarmos apenas o detalhe demarcado e ampliarmos, perderá cada vez mais a nitidez.

Em outras palavras: há que se tomar cuidado ao se afirmar tratar-se de um caso paranormal se a documentação for insuficiente.

PARECE PIADA

Isso nos recorda um caso que seria cômico se não fosse real. Certa vez uma pessoa nos procurou desejando associar-se à ANT, dizendo que recebia muitas vozes. A carta simplória, cheia de garranchos, em papel rasgado, não nos inspirava muita seriedade. E qual não foi a nossa surpresa quando, semanas depois, recebi "cópia" da carta que essa pessoa escreveu para a produção dos programas do Jô Soares, do Gugu e da Marília Gabriela, na qual informava que recebia vozes dos mortos pelo rádio e desejava se apresentar em entrevista para dissertar sobre Transcomunicação Instrumental. Agora, pasmem! Essa pessoa pedia, em troca dessa entrevista, uma roupa nova e uma DENTADURA!!! Felizmente, nem eles a levaram a sério.

É fácil imaginar o prejuízo para a pesquisa que conduzimos com tanta seriedade se exposta por uma pessoa dessas.

9

As imagens do outro mundo

Imagens-psi

"Em vez de descrever a natureza com modelos mecânicos, os físicos agora a descrevem como espaços infinitodimensionais e por outros conceitos ainda mais exotéricos."

DYSON, 1988

Tendo a oportunidade de vivenciar o fenômeno da captação de imagens e de acompanhar dezenas de experimentadores, os resultados nos sugerem que existem três tipos básicos de recepção de imagens paranormais.

Chamamos de "imagens-psi" as inúmeras ocorrências espontâneas — nas quais possivelmente existe a cooperação (geralmente inconsciente) de pessoas dotadas de dons mediúnicos específicos — que possivelmente se enquadram na categoria de "efeitos físicos". A diferença desses e dos demais casos são as seguintes características:

- As imagens-psi são, necessariamente, espontâneas e independem da vontade do fotógrafo.
- Sempre trazem o fundo da cena em questão, ou seja, sempre retratam uma peculiaridade espiritual inserida num cenário terrestre normal reconhecível.
- Não ocorrem com qualquer pessoa, mas as que têm essa habilidade são capazes de repetir com constância esse fenômeno.

As transimagens, por sua vez, resultam da ação da experimentação do transcomunicador e mostram apenas a realidade do lado de Lá (ou apenas uma figura propositadamente enviada), ou seja, não inclui nenhum cenário terrestre.

Notamos ainda que, mediante os casos de que dispomos, poderíamos ainda caracterizar um tipo intermediário, que seriam as imagens psi-eletrônicas. Comecemos pelas mais simples.

AS IMAGENS-PSI

Foi no ano de 1826 que surgiu a primeira fotografia, graças ao inventor francês Niepce. No século passado, a fotografia ganhou muita importância, vindo a chamar a atenção de alguns, por permitir a visualização de falecidos. Eis a palavra de Allan Kardec, um dos que viveram uma experiência incomum:

> *Há algum tempo, eu experimentava no meu laboratório um novo aparelho fotográfico, fazendo meu próprio retrato. De súbito, senti certa pressão no braço direito e uma lassidão em todo o corpo. Mas quem descreveria o meu espanto quando vi meu retrato reproduzido e, à direita, a imagem de uma segunda pessoa, que não era outra senão minha prima morta? A semelhança do retrato, ao que dizem os que conheceram aquela senhora, nada deixa a desejar. (...)*
>
> *Caso (a imagem) fosse real, semelhante descoberta, por certo, teria imensas conseqüências e seria um dos fatos mais notáveis de manifestações dos espíritos. (...)*

Nota: extraído da Revista Espírita, *março de 1863.*

COMO OCORREM

Em artigo publicado em Circular da nossa associação, ANT, de 1986, o engenheiro Hernani Guimarães Andrade opinou sobre esse assunto, em conversação conforme segue:

Doutor Hernani: "Não se sabe exatamente como, mas é comum isso ocorrer em fotografias. São entidades que aparecem espontaneamente em fotos que ninguém estava vendo. Houve um caso, num *poltergeist* em Ourinhos. Durante a pesquisa, um fotógrafo fez fotos de vários detalhes como móveis, objetos jogados no chão etc... Numa delas, apareceu um vulto. Aparentemente, essas entidades devem irradiar um tipo de onda eletromagnética ou luminosa para a qual os nossos olhos não têm sensibilidade. Por exemplo, não se pode ver o ultravioleta. No entanto, há quem veja auras de outras pessoas. Há até um estudo do engenheiro Luciano Scotto, italiano, cuja esposa, quando cai em estado alterado de consciência, vê as auras. Ora, se ela vê é porque a vista passou a ter sensibilidade para essa irradiação. Ele procurou ver qual o espectro que ela avistava. Arranjou um prisma e decompôs a luz — e solicitou à esposa que entrasse naquele estado. Pediu-lhe então que ela dissesse as cores. E descobriu que ela passava do espectro luminoso para o lado do ultravioleta, alcançando umas duas ou três cores. Isso é como as notas do piano. Você já estudou música, não?"

Sonia: Sim...
Doutor Hernani: Então... a oitava do Lá é...

Sonia: É o outro Lá, oitava acima...
Doutor Hernani: Então... é o caso da vista de algumas pessoas, que em estado alterado de consciência pode atingir uma oitava acima. Exemplo, a oitava no espectro luminoso que vai corresponder a depois do ultravioleta é o vermelho... então a pessoa vê um vermelho que não é visível para nós, pois são ondas que estão além do ultravioleta.

Sonia: E no daquela senhora, ela estava vendo com os olhos físicos?
Doutor Hernani: Ela vê com os olhos do perispírito, que se confunde com os olhos físicos. É aquilo que se chama de ampliopia. Ela está vendo ao mesmo tempo o que os olhos do corpo astral está vendo do lado de Lá. É a sensibilidade para o ultravioleta.

Sonia: E no caso das fotos em que aparecem espíritos?
Doutor Hernani: Talvez seja uma sensibilidade especial da fita de vídeo, quem sabe? Talvez o espírito se encontrasse num limiar passível de ser captado pela câmera.

Sonia: Mas em que condição ou por que ele teria chegado nesse limiar, seria um esforço da própria entidade?
Doutor Hernani: Provavelmente, o interesse do espírito, somado ao ectoplasma existente ao redor, conseguiu adensá-lo, embora não o suficiente para materializar-se. Isso acontece também com sons. Soube de um caso no Rio, numa sessão espírita, na qual um conhecido meu gravava todas as comunicações num gravador. Então, um espírito veio e comunicou-se: quando ele se comunicou, ele estava tossindo muito.... começando logo desde a primeira fala, a tossir. Ou seja, desde que o médium foi tomado por ele e falou, tossiu outra vez. Quando a fita foi ouvida, após a sessão mediúnica, notaram que antes de ele incorporar, o gravador já registrara a tosse. Isso apareceu na fita. Na literatura parapsicológica antiga, do tempo da metapsíquica, há um caso de uma médium de efeitos físicos que ia precipitar um *apport*. Tratava-se de um cadeado ou algo assim. No entanto, um fotógrafo fez uma foto segundos antes de o objeto surgir no nosso espaço, e registrou o dito objeto sobre a cabeça dela, pairando no ar. Pouquinho depois, o mesmo objeto apareceu do lado de Cá.

Sonia: E isso seria Transcomunicação?
Doutor Hernani: Não no sentido em que você trabalha, a instrumental.

Sonia: Seria Transcomunicação Mediúnica?
Doutor Hernani: Também não exatamente, já que o médium em questão não era o "intermediário", apenas propiciava o fenômeno. Ele é um agente.

Sonia: O senhor se refere ao paranormal e não a médium...
Doutor Hernani: A palavra "médium" sofreu uma ampliação semântica; quer dizer, o sentido tornou-se mais genérico, ou seja, aqui passaram a usar a palavra "médium" para tudo. Por exemplo, falam da "médium Nina Kulaguina". Ela não era médium...

Sonia: Claro. Ela era uma paranormal...
Doutor Hernani: Sim, era um agente psicocinético...

ALGUNS CASOS

Foto 1

Foto 1 — Esta foto chegou-nos da Espanha. O colega Alfonso Galeano recebeu-a de uma senhora que ao ver seu gatinho saltando e brincando "com o ar", intuiu que havia algo. Descobriu então que algo chamava a atenção de seu bichinho, pois ele está olhando fixamente para a estranha luz.

A associada carioca, Thereza Leite de Castro, descobriu que suas fotos, com freqüência, trazem algo mais do que a cena em foco. Ela nos enviou vários casos, dos quais selecionamos esses dois. A foto 2 é de abril de 1998, quando Thereza assistia a uma palestra promovida pelo Centro Espírita Léon Diniz. O efeito de um "tubo" de luz chegou a encobrir os dois apresentadores.

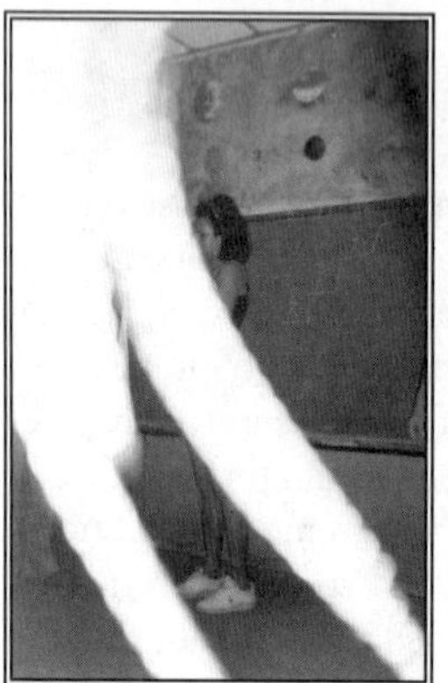

Foto 2

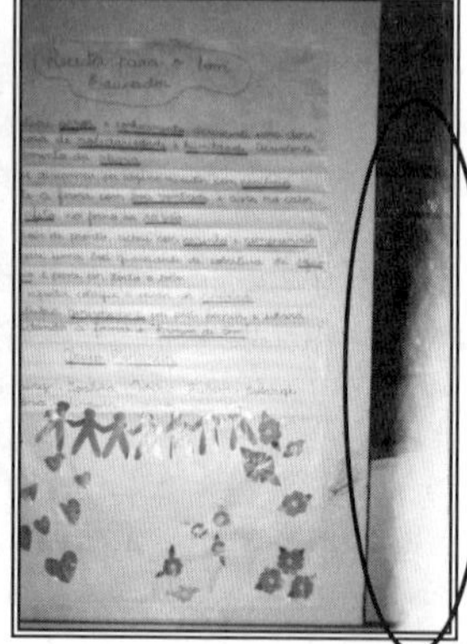

Foto 3

A foto 3 também é de Thereza. Trata-se de cartaz afixado, que fotografou por causa do seu interesse pela mensagem que continha. Data de junho de 1998, num evento do grupo Renúncia, em seminário da USEERJ. O "tubo" de luz branca ficou bem à esquerda.

As fotos 4 e 5 são imagens cedidas pelo associado Ricardo Skaff, em que aparece uma "carantonha" bem no meio do chafariz. Pode-se notar que a cabeça está localizada num lugar impossível para uma cabeça humana, já que se

Foto 4

Foto 5

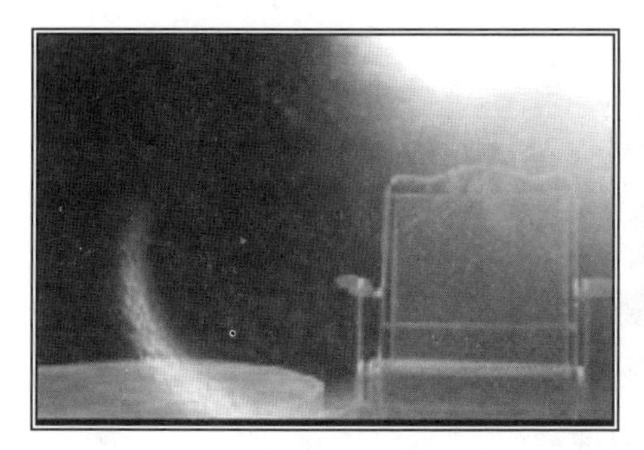

Foto 6

Foto 7

Foto 8

Foto 9

pode comparar com outras de costas mais a direita e que estão bem atrás do chafariz. A foto 5 mostra o detalhe.

A foto 6 é da americana Rozella Roberts, que assim a explicou: Trata-se de imagem obtida durante uma sessão mediúnica, quando a médium Armana informou que o filho falecido de Rozella, Jim, estava sentado ao fundo, sobre a mesinha. A mãe imediatamente fotografou o espaço apontado e, onde deveria estar o espírito do menino, apareceu um arco de luz.

A foto 7 também é de Rozella que, sabendo de seus dotes "psi" que, por vezes, conseguem favorecer o registro do que a vista humana não capta, pediu aos "seres do espaço" que posassem para ela, e fotografou o céu. Essas formas estranhas foram o resultado.

A foto 8 apresenta emanações de luzes amarelas, a partir do chão de um cemitério. Nesse dia, Rozella e outra médium, Evelyn, estiveram lá porque era o local onde foi enterrada uma menina de 6 anos que havia sido assassinada. Além de portar suas câmeras fotográficas, levavam também um gravador. Nesse caso do cemitério, as duas senhoras estavam conversando e gravando. Quando uma delas lamentou a morte violenta da menina, uma voz infantil gravou: "*Quem, eu?*" Mas isso ocorreu nos Estados Unidos. Aqui não aconselhamos ninguém a ir gravar no cemitério.

A foto 9, segundo a explicação de Rozella, que captou essa imagem, foi obtida da seguinte forma. Ela e mais duas médiuns posavam para um fotógrafo profissional. Naquela sessão, ele tirou várias fotos, enquanto a médium Evelyn entrava em transe. Na seqüência das imagens, disse, pode-se notar que sua imagem ia desaparecendo na medida em que ia entrando em transe, até que desapareceu da foto por completo.

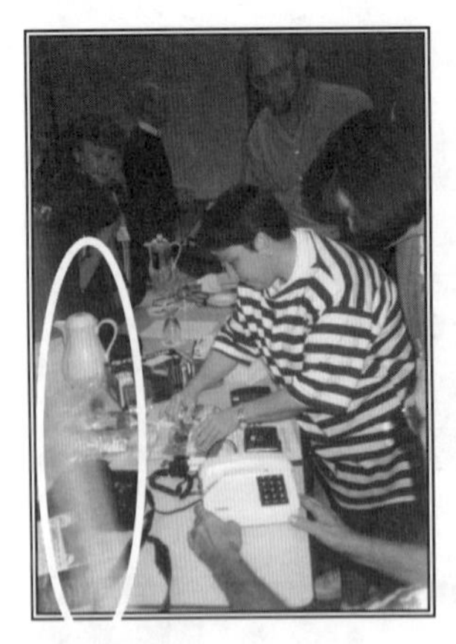

Foto 10

Foto 11

As fotos 10 e 11 foram obtidas pelo colega transcomunicador alemão, Ludwig Shöheid. Ambas trazem um "tubo" de luz vermelha, sendo que a foto 10 foi tirada na reunião em que eu tomava parte e ele me fotografou. Essa ocorrência é de 1996, nos Estados Unidos. Na foto 11, Ludwig fotografou seu genro, em sua residência em Ekerlenz, Alemanha.

A foto 12 foi obtida pela associada Deires Hoffmann, da cidade de Amparo, quando fotografou um flagrante da reunião da ANT, em setembro de 1998. Bem à frente, mais um "tubo" branco de luz.

Foto 12

Ao receber a visita do engenheiro Ricardo Cattani e de Rosemeire Cassiano para gravarmos juntos em minha estação, um fio em forma de onda, fino e vermelho, apareceu na foto 13.

Foto 13

Um caso que nos chegou pelos amigos do Centro Espírita Caritas, de Mogi das Cruzes, traz na foto 14 a imagem de uma senhora idosa, desproporcional em relação ao fundo. Vale observar aqui que, caso se tratasse de filme mal rebobinado, o fotograma anterior viria com o fundo, e não apenas com uma figura humana isolada. Parece-nos tratar-se realmente de um caso autêntico.

DO BRASIL

Foto 14

DA ALEMANHA

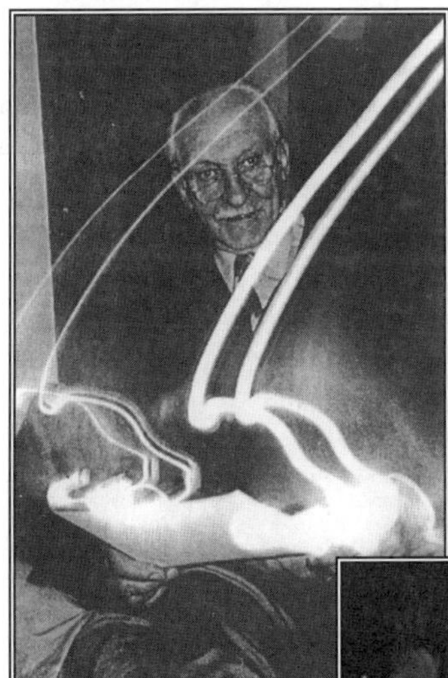

Foto 15

Foto 16

IMAGENS PSI-ELETRÔNICAS

"O desconhecido nada mais é que o não descoberto."

Augusto Berezawskas

Vimos anteriormente imagens que denominamos "psi", por estarem vinculadas a algum tipo de bioenergia de quem está portando a câmera fotográfica. São pessoas que descobrem que possuem essas habilidades ao verem efeitos incomuns se repetirem em suas fotos. Isso sugere que existe algo delas, particular, que favorece o surgimento das ocorrências. Tanto o efeito não se relaciona à câmera em si, mas a quem está fotografando, que já fizemos esse teste. Ainda que quem tenha tal habilidade use câmera de outrem, os efeitos persistem.

Vimos, principalmente, tubos de luzes, geralmente brancas, mas, por vezes, vermelhas, que foram captadas pelas câmeras, muito embora nada fosse visto a olho nu.

Agora, prosseguimos com os casos que nem se enquadram na categoria anterior (as imagens-psi), nem na posterior (as transimagens). Por total falta de nomenclatura, já que não existe até hoje estudos específicos sobre as atuais possibilidades de obtenção de imagens do Além (através de recursos técnicos), criaremos o termo "imagens psi-eletrônicas". Sim, porque parecem envolver energia local (bioenergia), mas também estão relacionadas a aparelhos eletrônicos. Talvez, com o surgimento de mais e mais casos, venhamos discernir melhor essas ocorrências e, quem sabe, possamos dar um nome mais adequado ao fenômeno.

Selecionamos alguns casos, e o leitor notará que existem traços comuns entre eles. Observa-se por exemplo que, diferentemente dos casos anteriores, todos envolvem aparelhos de TVs, sendo que em três dos casos os aparelhos estavam desligados. Outra característica é que, tanto no caso anterior (imagens-psi) quanto nos casos em questão (imagens psi-eletrônicas), sempre são "casuais", ou seja, é um fenômeno espontâneo, e independem da vontade de quem as obteve. Aliás, esse detalhe é o que mais demarcará a diferença desses casos com as "transimagens", ou seja, as que realmente podem ser consideradas como Transcomunicação Instrumental.

UM JOVEM FALECIDO?

Recebemos correspondência do associado da ANT, Alberto Amorim Filho, da cidade de Santos, na qual nos enviava o caso, cuja documentação lhe fora entregue por um amigo que sabe do seu interesse pela transcomunicação. Muito observador, relatou detalhes em sua carta, como por exemplo: que a casa é simples e não havia quadros na parede que permitissem que a imagem que surgiu na TV fosse reflexo deles. Constatou que a TV estava desligada. No entanto, por nos enviar o negativo, pudemos verificar que qualquer trucagem seria impossível (além, é claro, de não existir qualquer interesse em nos enviar algo que não o tivesse impressionado de fato).

Os negativos são numerados de 10 a 13; portanto, são quatro as fotos em questão. É na 11ª que a câmera fotográfica captou a TV ao fundo, já trazendo o rosto que vinha se formando de cima para baixo. No negativo número 13, a imagem já desapa-

Negativo 11

Detalhe do negativo 11

Negativo 12

receu, embora certa luminosidade ainda permanecesse na tela.

Procuramos ampliar exclusivamente o rosto que apareceu e, ao ampliá-lo, distingue-se perfeitamente um jovem adolescente, talvez de 15 anos, cabelo aparado. O que mais confirma a possibilidade de autenticidade desse caso é o fato de não conter consigo nenhum cenário, e ainda mais: o jovem está estático, como que posando para uma câmera. Isso não poderia ser cena de um filme que porventura estivesse passando em algum canal de TV, até porque, repetimos, a TV estava desligada. Vale notar também que essas imagens surgem centralizadas na tela: caso fosse uma imagem espúria, que estivesse transitando pelo ar e foi subitamente captada pela TV em questão, traria consigo o cenário ou fundo da cena do "programa" que estivesse passando. Não. Chega sempre um rosto e nada mais.

Negativo 13

UM CASO INEXPLICÁVEL

As imagens desta página e da pág. 159 que compõem essa ocorrência nos foram enviadas pela advogada espírita Marcia Regina de Souza, de Rondônia. Essa pesquisa teve algumas etapas que comentaremos aqui.

Quando chegaram as fotos, que ela teve o cuidado de enviar já bem ampliadas (21 x 15cm), pudemos partilhar de sua perplexidade diante das evidências. A seqüência das imagens mostra uma cena em família, em situação íntima de duas meninas (estão à vontade, de calcinhas), dançando, enquanto o pai, ou mãe, fotografava.

Na primeira cena em que aparece ao fundo o aparelho de televisão, nota-se que ele estava desligado. Na cena seguinte, um faixo retorcido de luz começa a surgir na tela, e ainda percebe-se que o aparelho de televisão estava desligado, pois o vidro reflete os móveis da sala.

As meninas continuam brincando e dançando. Mais duas fotos são batidas na seqüência, mostrando certo movimento do faixo de luz.

Na quinta foto, de súbito surge um letreiro. Com a ajuda de uma lupa, percebeu-se que a frase diz: "*Diga a Marian que morri em liberdade*."

Até aí, o caso pareceu-nos por demais interessante, pois evidenciava um recado enviado para alguma Marian. Um fenômeno notável de contato.

Juntamos todas as fotos e as levamos para análise. Em reunião com vários especialistas, eles confirmaram detalhes como, por exemplo, de que de fato a TV esteve todo o tempo desligada. Cogitaram que a imagem possivelmente fora captada pela câmera, mas não foi vista a olho nu no ambiente.

Eis que, de repente, um pós-graduando que ouvia com atenção os comentários lembra-se: "Esperem! Essa frase é do filme *Robin Hood*!!!"

Pronto. Vimos ir por água abaixo o que até então parecia-nos um caso bem claro e acabara de tornar-se confuso, difícil.

É claro que teríamos de pôr tudo em pratos limpos. A primeira coisa a fazer foi conseguir cópia do referido filme e checar.

Confirmando: não apenas a frase é do filme como, pior, as letras da legenda do filme estão posicionadas perfeitamente como as que aparecem na televisão desligada.

Caso de Rondônia

Foto 1: Observe a televisão. Está desligada.

Foto 2: Uma imagem começa se formar na tela da TV.

Foto 3: O vulto assume outro ângulo.

Foto 4: Neste momento começa a formar a legenda.

Agora sim, a coisa enroscou-se de vez. Quem nos enviou é pessoa extremamente idônea. Verificou-se que a TV estava desligada. A cena e a seqüência foram bem documentadas, tal foi a surpresa de quem fez as cópias etc. Se alguém desejasse fraudar, não faria com uma frase de um filme tão conhecido, que de imediato foi lembrado. Também não haveria motivos para tal. Além disso, a pessoa tinha tanta segurança de que a ocorrência fora espontânea que enviou inclusive a "prova de contato" dos dois negativos. Além disso, se houve a captação da cena do filme, que porventura estivesse passando naquele momento num canal qualquer, por que viria só a legenda e não a cena toda, ou ao menos parte dela, com os personagens junto? Por que logo essa frase que fala de mortos e de liberdade do

Foto 5: Há uma legenda bem nítida na tela da TV.

Detalhe da foto 5.

lado de Lá? Por que surge antes o faixo de luz? Como foi excluída a cena e os personagens do filme?

Como explicar então? É difícil. Apesar de termos acrescentado dezenas de dúvidas a mais, talvez até essas questões todas, embora sem resposta, sirvam para confirmar a autenticidade do caso.

Fica evidenciado, claro, que um fenômeno bem complexo teria ocorrido, envolvendo a ação de um ser inteligente que captou (sabe-se lá de que forma) parte de uma cena de um filme e introduziu-a num televisor desligado.

Qualquer explicação lógica e plausível parece ser, simplesmente, impossível.

DO MÉXICO

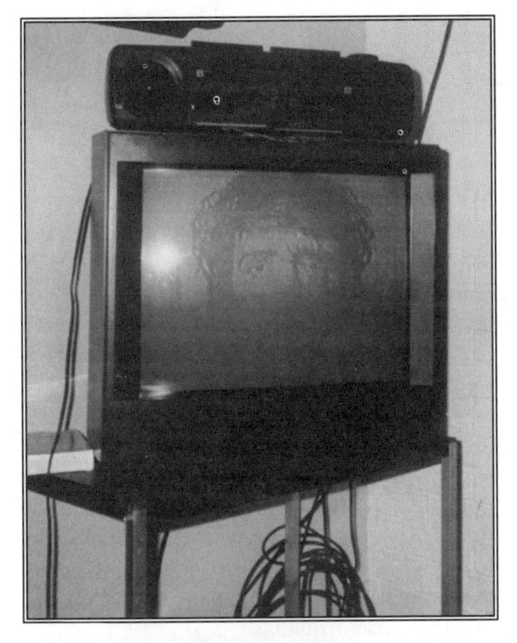

Quando da realização do I Congresso Internacional de TCI, ocorrido na cidade de Toluca, México — que sob a batuta precisa do casal Dray constituiu o maior evento já realizado sobre o tema —, logo que terminamos nossa apresentação fomos procurados por Karla Lúcia Serrano, daquela cidade.

Ela contou-nos que em sua casa vinham ocorrendo fenômenos inexplicáveis com sua avó. Prometeu-nos levar farto material no dia seguinte no hotel em que todos os palestrantes estavam hospedados.

Assim o fez. Logo cedo, ela chegou com um grande envelope e muitas fotos. A narrativa que trouxe já em carta causou espanto. Transcrevemos:

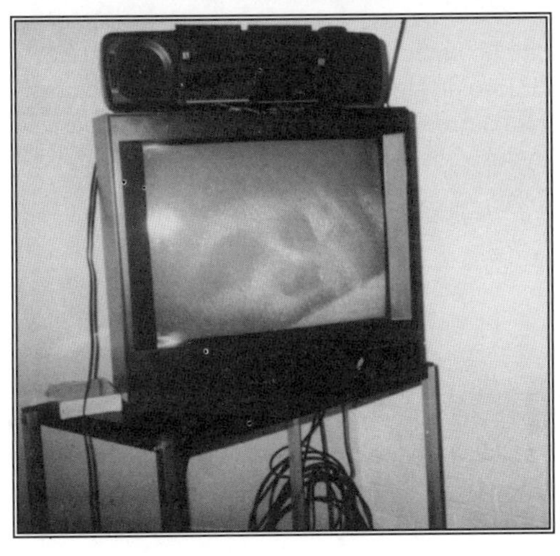

Minha avó, a senhora Florentina Robledo, emprestou sua câmera fotográfica a uma vizinha que sairia de férias. Quando a vizinha retornou, devolveu a câmera com o filme dentro. A câmera foi deixada sobre a mesa, quase em frente ao televisor.
No dia seguinte, minha avó levou a câmera ao fotógrafo para que ele retirasse o filme de dentro, já que, com pouca prática, tinha receio de velar o filme da vizinha, que a incumbiu dessa tarefa. Quando o técnico revelou as fotos, que deveriam ser num total de 24, foram encontradas 28. Esse fato ocorreu durante a Guerra do Golfo. Muito católica, minha avó, ao ver que na TV apareceu o rosto de Jesus, enviou-as ao Vaticano, que até hoje nada respondeu.
Nessas primeiras fotos, apareceram Jesus com coroa, Jesus carregando a cruz e, nas outras duas, rostos desconhecidos. (...)

Karla, gentilmente, cedeu-nos cópias dessas e de outras fotos. O que se pode notar nos casos que selecionamos é que apenas parte da tela, no sentido horizontal, traz a imagem exatamente como o primeiro caso que aqui relatamos.

Que efeito seria esse que toma parte da TV?

A imagem, que parece ser a de um menino deitado usando um capacete ou, quem sabe, seria o visor de um caixão no momento em que despertou após a morte? Todas as cogitações são válidas, mas impossível de serem confirmadas.

O que temos como real é que o fenômeno parece vincular as pessoas e seus televisores. Talvez esses casos impliquem a utilização de algum tipo de bioenergia, que possivelmente não seria o ectoplasma, mas algum outro similar que desconhecemos, mas que favorece a ação em TVs desligadas, e a inclusão de luz e imagem. Apenas a pesquisa e o tempo nos ajudarão a esclarecer esses casos.

Nota: Aproveitamos esta oportunidade para convidar o leitor que porventura tenha conhecimento de casos semelhantes aos aqui expostos, para que nos enderece a documentação concernente (fotos, relatos etc.) para que, dispondo de um acervo cada vez maior, possamos começar a estabelecer linhas mais conclusivas. Enviar para: ANT — a/c Sonia Rinaldi — Caixa Postal 67.005 — CEP 05391.970 — São Paulo — SP.

POR FIM, AS TRANSIMAGENS

"Eu não disse que era possível.
Eu disse que aconteceu."

William Crookes

Usamos várias páginas deste livro para mostrar que existem imagens que dependem de um operador (geralmente, uma câmera fotográfica), são espontâneas e que, aparentemente, independem totalmente da sua vontade.

A característica mais evidente das transimagens é exatamente o oposto: nesses casos, o operador as "provoca", se assim podemos dizer; isto é, as transimagens não ocorrem ocasionalmente, espontaneamente, ou fora de controle.

As imagens de que trataremos daqui por diante são as que realmente se enquadram como obtidas por Transcomunicação Instrumental. Nesses casos, o transcomunicador colocará à disposição dos comunicantes espirituais condições técnicas para o envio de imagens de Lá para Cá.

Apresentaremos diferentes resultados e diferentes estilos de diferentes transcomunicadores. Nas páginas iniciais deste livro, apresentamos algumas de nossas transimagens, obtidas no nosso laboratório.

1. NOSSA TÉCNICA

A forma pela qual vimos obtendo imagens difere do padrão convencional, geralmente baseado no Vidicom, criado por Klaus Schreiber nos anos 80.

O processo por nós utilizado segue uma linha rigorosamente científica, na tentativa de afastar a possibilidade da captação de imagens espúrias. Nos absteremos de entrar em detalhes técnicos, porque não interessam ao leitor de forma geral. Mas é através deste conjunto de equipamentos que vimos recebendo as imagens: filmadora, tubo de raios catódicos e computador (mais detalhes já foram descritos em capítulo anterior).

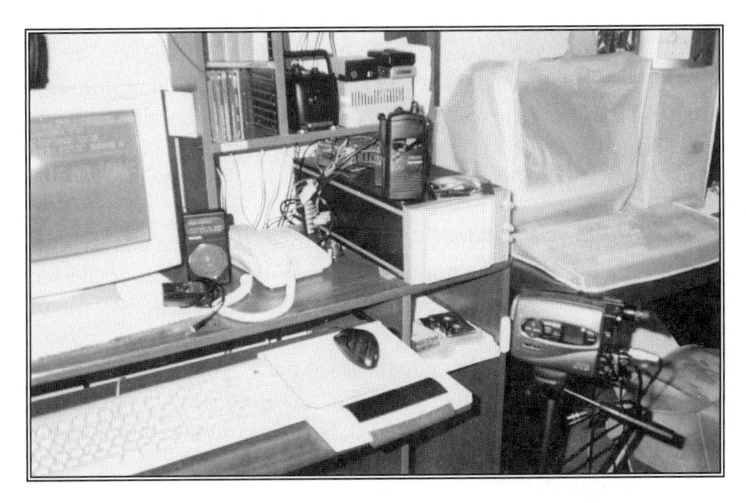

2. DA INGLATERRA

Em 1994, formou-se um grupo, "The New Spiritual Science Foundation", na cidade de Scole, que se desenvolveu rapidamente e ganhou fama e respeito pelos muitos fenômenos que passou a vivenciar. Parte dessas experiências são relatadas na publicação intitulada *The Spiritual Scientist*. O trabalho é coordenado pelo colega Robin Foy, que, como nós, procura documentar e conduzir sua pesquisa sempre aberta a pesquisadores.

Dentre os vários fenômenos registrados em suas publicações, abordaremos aqui tão-somente os relativos às imagens.

O PROJETO ALICE

O Projeto Alice, como foi denominado pelos espíritos do grupo de Scole, surgiu numa sessão experimental de maio de 1997. O grupo já vinha trabalhando com uma câmera de vídeo com regularidade, mas foi orientado a incluir dois espelhos. Um deles ficaria atrás da câmera de vídeo, de forma a poder captar e refletir a luminosidade do elétron para o outro espelho que estaria situado na frente da câmera. Esperava-se que toda a operação criasse um círculo fechado junto com a câmera de vídeo, que ajudaria a criar uma porta para o mundo dos espíritos. A idéia era de, eventualmente, tentar captar na câmera as formas dos espíritos que se manifestariam através dessa porta.

Durante várias semanas, o grupo filmou por 45 minutos (até o final da fita), com as luzes do ambiente apagadas. Captou muitos fenômenos, sobretudo com luzes. Mas foi na sessão de 5 de junho que tiveram uma surpresa. A câmera foi acionada antes de se apagarem as luzes e, quando os membros do grupo voltaram o filme, viram um rosto extremamente bem definido no início dele. Era o rosto de um homem, muito nítido, e ele estava sorrindo.

Esse grupo tem o privilégio de contar com comunicantes espirituais que parecem ter profundo conhecimento de ciência, o que vem favorecendo os avanços do grupo até com fenômenos como os aportes. Veio do lado de Lá a descrição precisa da incrementação necessária na parte técnica.

Foi pedido ao grupo que usasse um espelho retangular pequeno, colocado "em pé", para que produzisse a forma aproximada de uma porta. Sua moldura deveria ser fosca e escura para não dar reflexos. Seria colocado na parte sul da mesa e com a parte superior ligeiramente inclinada para trás. A filmadora teria de ser colocada no lado norte da mesa, algumas polegadas acima do topo do espelho; deveria focalizá-lo sem, no entanto, ser vista nele.

Em 17 de junho de 1998, realizou-se a primeira experiência com o novo conjunto. A filmadora funcionou por 30 minutos, e foi desligada por controle remoto. No início do filme, novamente no período em que as luzes estavam acesas, foram registradas imagens paranormais.

O Projeto Alice progrediu e ficou mais óbvio para os membros do grupo que eles estavam deixando para trás os fenômenos iniciais. As energias estavam mudando à medida que se conectavam com várias dimensões, bem distantes do mundo espiritual que eles conheciam tão bem.

As primeiras experiências foram feitas no escuro, com a máquina filmadora focalizada entre dois espelhos, criando um círculo fechado (*loop*) com o qual o grupo poderia trabalhar. Vários ajustes foram feitos na posição da câmera e dos espelhos, já que o time de espíritos foi testando posições, superando as dificuldades até obter resultados excelentes.

Foi notado, por exemplo, que a filmadora havia feito alterações no *zoom* (alteração na aproximação da imagem), o que não é normalmente possível sem a manipulação de um operador.

Finalmente, alguns resultados empolgantes começaram a surgir. O grupo pôde ver figuras indefinidas que se movimentavam através de uma luz azul e algo que parecia com membros do corpo — mãos e braços — envoltos numa luz vermelha. Isso era estranho, porque a filmagem foi feita em completa escuridão, não devendo portanto haver luz vermelha ou azul. Na sessão de 26 de setembro, surgiu na tela um círculo verde que parecia uma ilha e se movia.

Para as sessões futuras, foi pedido que o grupo retirasse um dos espelhos, devendo permanecer apenas o espelho grande de frente para a câmera, que o focalizaria. Com essa mudança, o primeiro avanço real ocorreu em 16 de outubro, quando uma luz atravessou o filme de repente, parecendo um cometa. Na mesma sessão, isso ocorreu mais de uma vez e, por várias ocasiões, uma luz moveu-se pela tela.

Em outra sessão, no período em que os membros do grupo gravaram com as luzes acesas, eles puderam ver no filme duas figuras embaçadas que se moviam para dentro e para fora da tela. Na parte filmada no escuro, surgiram duas luzes vermelhas brilhantes e uma luz verde que se movia pela tela.

Em 14 de novembro, os espíritos conseguiram inserir no filme gravado na escuridão objetos nunca antes vistos pelo grupo, objetos que se viravam na tela para serem vistos. Havia também no filme formas embaçadas que se movimentavam. Uma das imagens se parecia com cristais de quartzo, e outra, com uma marionete. Foi dito pelo time de espíritos que o que foi visto pelo grupo era uma tela produzida pelo departamento fotográfico deles.

Em 8 de dezembro, o grupo recebeu uma comunicação transdimensional de um espírito que disse ser de um local chamado "Oeste 3". Ele, obviamente, teve participação no filme daquela sessão e disse que a cor azul deveria predominar nele, o que de fato ocorreu.

Na sessão de 30 de janeiro, obtiveram um resultado fantástico na filmagem com luz acesa. No filme, aparece na tela criada pelo time de espíritos um amigo de outra dimensão se movimentando. Os traços desse amigo, para dizer o mínimo, não eram exatamente iguais aos nossos.

Transimagens da Inglaterra — do grupo de Scole

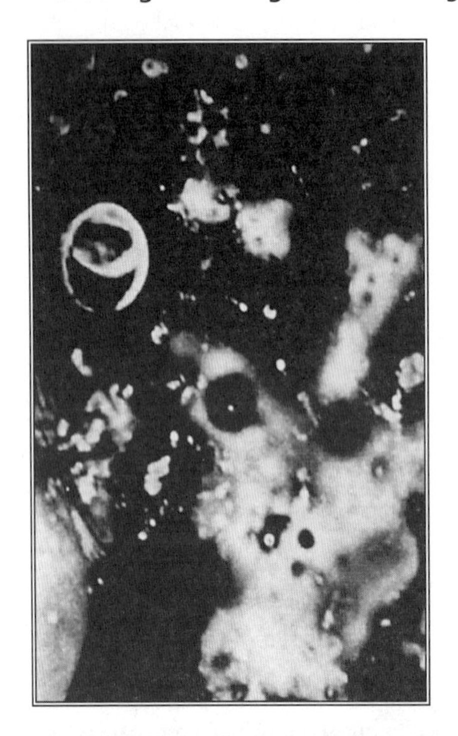

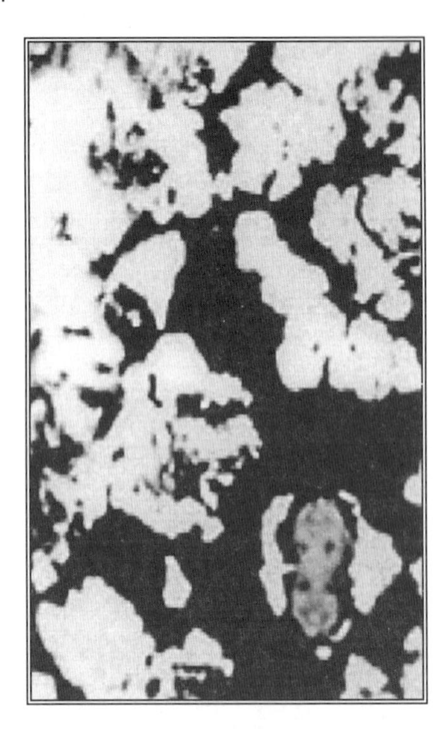

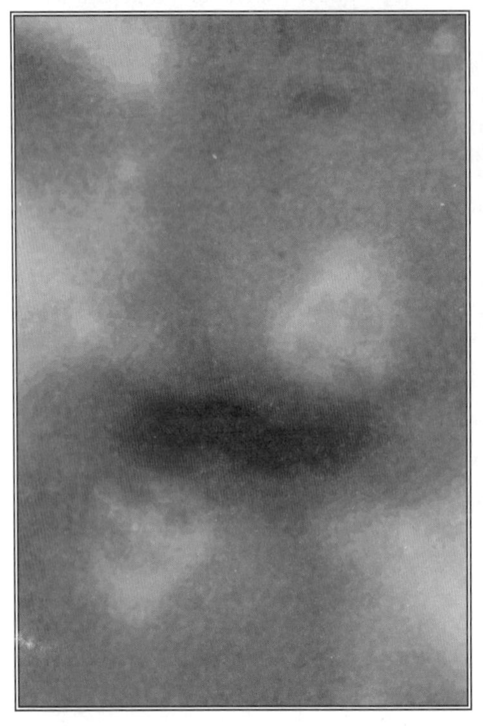

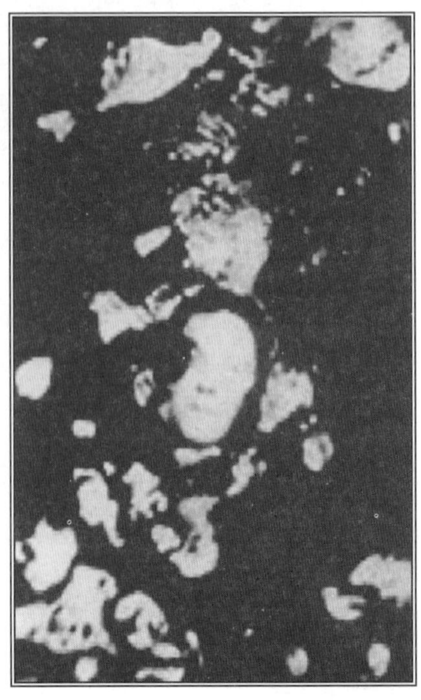

O grupo de Scole não apenas produz imagens de vídeos, mas aportes e fotos em filmes que ficam sobre a mesa e nem sequer vão para dentro da máquina fotográfica. Eles são assistidos por vários espíritos comunicantes, dentre eles, o que se identifica por Manu. É dele a seguinte mensagem referente às imagens e vídeos:

> (...) Continuamos a trazer imagens do nosso mundo para vocês. (...) E as pessoas podem perguntar: "Como podem chegar cenas de outro mundo? Mundo onde não existe existência física. (...) Claro que quando se chega ao nosso estado, você não tem um corpo físico. Nem os sentidos físicos. Mas o que você tem em continuidade à vida é a mente. Mente e alma mesclada em uma. (...) É um estado que você poderia comparar ao desdobramento pelo sono. E aí você perguntaria: então o mundo espiritual é como um estado de sonho? Só que para nós é verdadeiro. Ele é mais vibrante e real, e atemporal. Ou seja, nosso mundo não tem limites, como o seu. (...)

Colocação dos espelhos. Projeto Alice

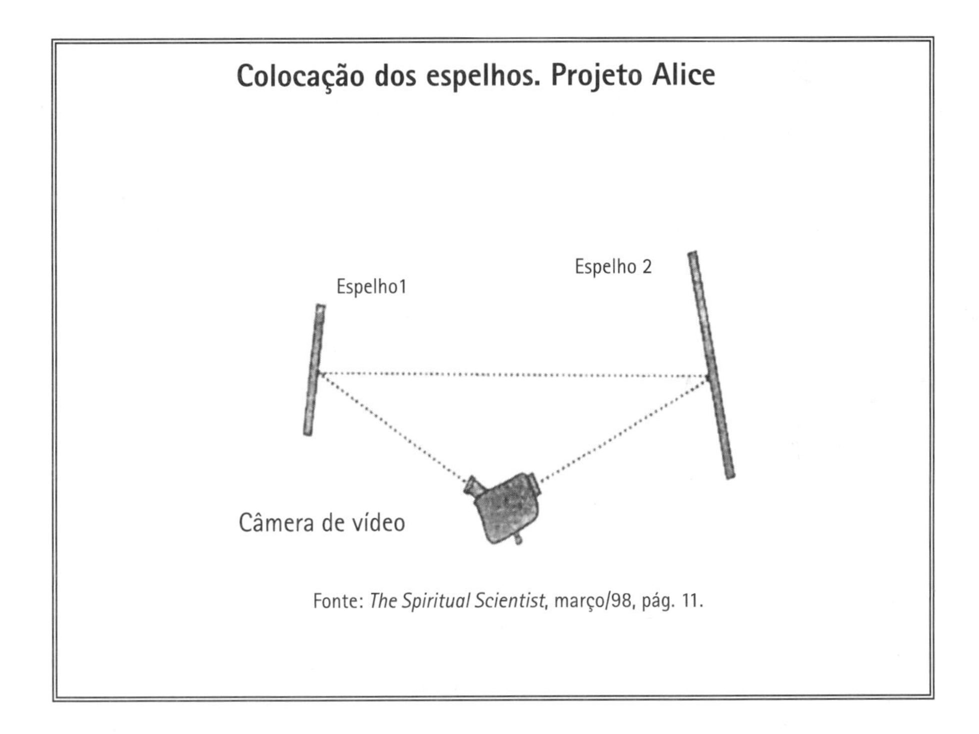

Fonte: *The Spiritual Scientist*, março/98, pág. 11.

3. DOS ESTADOS UNIDOS

MUITA COR E SOBREPOSIÇÃO

Nosso colega americano Erland Babcock, residente em Burlington, norte dos Estados Unidos, vem trabalhando na área de captação de imagens há muitos anos. É ele quem fala de seu trabalho:

Sonia: Que circunstâncias o conduziram à pesquisa da transcomunicação?
Erland: Há aproximadamente 19 ou 20 anos, meu filho soube da possibilidade de se gravar vozes e decidiu fazê-lo no cemitério. Achou que nenhum outro lugar teria mais mortos do que aquele. Hoje achamos engraçado, mas era apenas um jovem. Contudo, certa noite, a polícia decidiu abordá-lo. Eles estacionaram o carro e foram até meu filho. De repente, a sirene disparou, as luzes começaram a piscar e o carro permanecia trancado. Não se sabe como, travou de tal forma que os policiais tiveram de voltar à central de polícia a pé.

Pouco depois desse incidente, meu filho passou a gravar vozes na casa dele. Por fim, começou a obter resultados e me chamava todo entusiasmado: "Papai, escute esta aqui", e eu só ouvia o ruído de fundo, e contestava: "Eu não ouço nenhuma voz!" Naquela fase, eu era um autêntico cético. Eu não ouvia, até porque não queria ouvir. Eu não acreditava em fantasmas, espíritos, almas, nada. Não havia nada que batesse, que eu não encontrasse uma explicação lógica. Até que, um dia, ele me pediu novamente que ouvisse uma fita. Tudo o que eu ouvi foi um grupo de estações tentando chegar todas na mesma freqüência. "Só ruído!", eu lhe disse. Mas ele não desistia. Finalmente, cansado de meu descaso, insistiu para me ensinar a ouvir. E, nesse momento, não pude negar: ouvi umas batidas que foram seguidas de uma voz feminina que disse: "*Oi, David, onde está o Érlin.*" Fiquei pasmo. Existe só uma pessoa neste mundo que me chamava de Érlin, meu nome é Erland, e para piorar eu reconheci a voz de minha mãe falecida. Tenho os pés firmes no chão. Eu não acredito com facilidade, mas aquilo era forte demais para ser negado.

Foi quando eu mesmo decidi testar. Isso faz uns vinte anos, e estou testando até hoje (risada).

Mas não foi fácil. Fui criado na Igreja Batista, na qual tudo é pecado. Era pecado ir a um baile, era pecado ir ao cinema. Praticar o contato com as vozes, para os meus conhecidos, era "falar com o diabo". No caso de minha mãe, quando eu argumentava que a reconheci, tentavam a todo custo me dizer que o diabo tinha a habilidade de imitar os outros.

O mesmo tipo de situação aconteceu com minha filha que, espontaneamente, iniciou-se como psicógrafa. Ela se comunicava com um espírito chamado Thomas, que ficou de lhe enviar informações, o esquema de um certo equipamento. Ele seria o primeiro desse tipo aqui na Terra. O pastor da igreja, no entanto, convenceu-a de que ela estava envolvida com o diabo. Foi o fim de tudo.

Sonia: Então, apesar de tudo você superou essa influência.
Erland: Com dificuldade, pois essa história de demônio, para quem foi criado numa religião castradora, não é fácil. E, para piorar a situação, o que a gente ouve em contatos muito baixos, que denominamos classe "C", parecem se alterar sozinhos. Passei a achar que essas vozes pouco claras são misturadas no nosso cérebro. O que eu ouço

não é o que você ouve. Um modo bom para testar isso é ouvir uma fita e escrever o que você ouviu. Guarde a fita durante uma semana. Agora, sem olhar as anotações anteriores, faça outra lista do que você está ouvindo. Agora compare as notas. Provavelmente, haverá uma diferença de 50% em suas anotações anteriores em relação às atuais. Claro que, atualmente, com computador e programas ideais, a coisa melhorou muito. Mas, mesmo atravessando uma fase de incertezas, prossegui.

Sonia: Qual é a sua formação acadêmica?
Erland: Eu tenho mais de cinqüenta anos de experiência em eletrônica junto com fotografia científica. Consertei meu primeiro rádio em 1938. Formei-me no National Radio Institute, em 1950. Depois, fiz um curso de fotografia científica pelo Middlesex Community College. Também me formei na School of Modern Photography. Trabalhei por quinze anos como técnico sênior no MIT — Massachusetts Institute of Technology. Agora eu estou aposentado pela Universidade de Massachusetts, depois de operar um estúdio de televisão na Faculdade de Engenharia por 23 anos. A TCI tornou-se para mim um grande desafio.

Sonia: Por que você fez a opção por imagens e não por áudio?
Erland: Um dia, no trabalho, eu estava fazendo uma gravação de áudio. E insistia para saber quem me dava aquelas respostas na fita. Então eu tive uma experiência religiosa. A sala inteira se iluminou com uma linda luz azul e branca. Foi uma experiência que me marcou. E quando voltei a insistir, vi na minha mente um monge por inteiro, com um hábito marrom, amarrado com um cordão. E prossegui na experiência. Mas eu sentia que estava encalhando. Minha audição começou a ficar ruim. Foi quando ouvi falar do Klaus Schreiber, da Alemanha, que inventou um processo para obter imagens do Além. Decidi repetir as experiências dele.

Sonia: Que equipamentos você utiliza?
Erland: Comecei usando os equipamentos profissionais do estúdio, seguindo a linha do Schreiber, mas dando um toque pessoal. Eu usava uma câmera Panasonic 3990B e um monitor de 25 polegadas. A saída da câmera era ligada a um videocassete Panasonic 8500, e este era ligado a um filtro digital, corretor básico de tempo (linha de retardo), e de lá para um amplificador de sinais "Laird VC2000 e, então, para o monitor.

Sonia: Faça um resumo do processo que você usa para captar imagens.
Erland: Atualmente, uso uma câmera Panasonic CCTV (preto e branco) com uma lente F1.6 16mm. Eu uso dois videocassetes, um para gravar, o outro para reproduzir. O que grava é um Sharp VC-A52 de quatro cabeças. O vídeo para reprodução é um Panasonic 8500. Eu o uso para reprodução porque tem um controle de velocidade que me permite visualizar no vídeo um quadro de cada vez, e usando o corretor básico de tempo posso "congelar" a imagem na tela. Então, eu fotografo a tela com uma máquina fotográfica Minolta X700 35mm. Uso os filmes Kodak Panatomic-X e também o T-Max. Os filmes de velocidade mais lenta aumentam a resolução. Já obtive imagens muito bonitas de pessoas. Depois que montei o sistema em casa, passei a gravar muitas imagens sobrepostas.

Nota: As imagens de Erland que tivemos oportunidade de ver de fato parecem sobrepostas, o que nos leva na direção de lembrar que isso ocorre sempre com os áudios. Temos topado

Dos Estados Unidos — por Erland Babcock

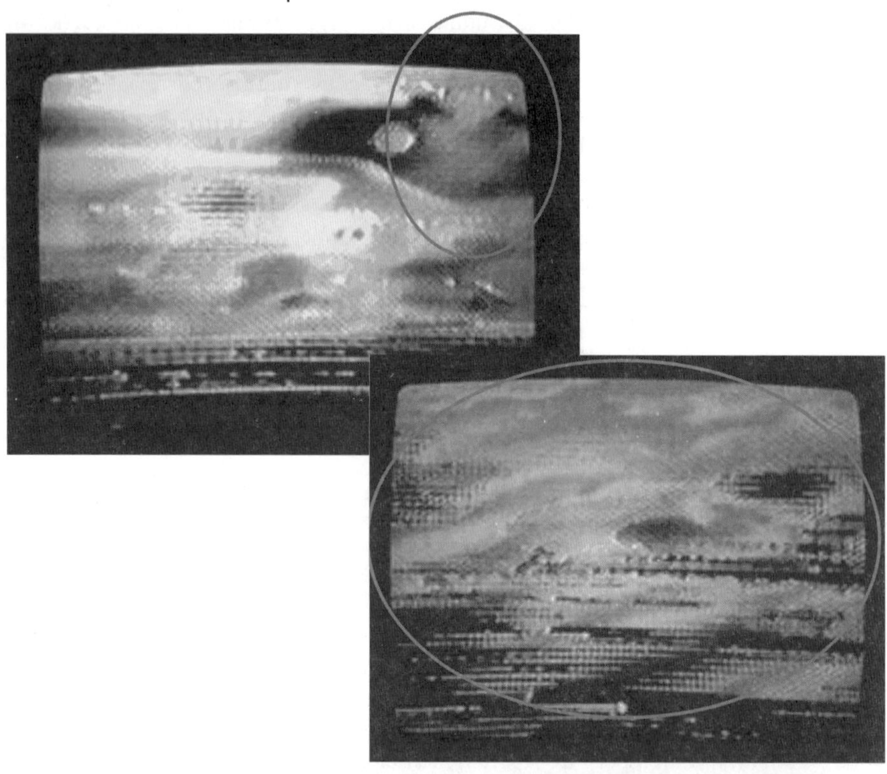

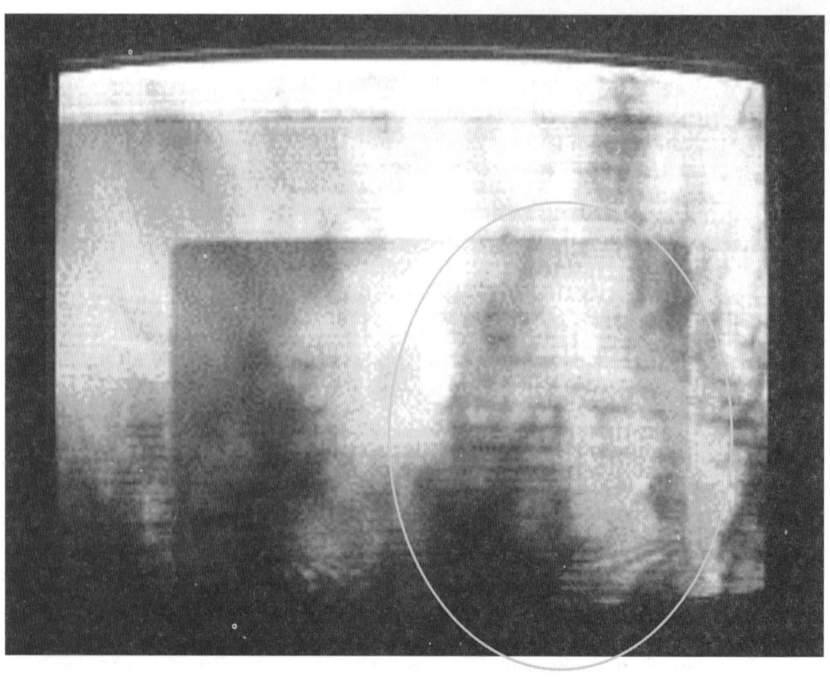

com um fenômeno absolutamente inexplicável. As vozes se sobrepõem, e basta uma fração de segundo de diferença entre elas para se ouvir outra e mais outra frase, quase uma sobre a outra, num curtíssimo espaço de tempo. Isso nos parece um desafio para os físicos. A interpretação que nos foi dada por cientistas da USP é que isso pode acontecer se as vozes estiverem se originando de diferentes espaço-tempos. Só assim elas conseguiriam chegar quase que simultaneamente na nossa gravação. Temos em nosso arquivo um caso clássico, no qual, em seis segundos de gravação, foram apuradas 23 frases curtas. Que tecnologia poderia ser empregada para essa ocorrência? Talvez as imagens que Erland obtenha se relacionem a esse tipo de fenômeno: diversas fontes do Além emitindo simultaneamente.

Para ilustrar o trabalho desse pesquisador americano, enfrentamos a dificuldade de usar apenas branco e preto, enquanto que as imagens originais trazem um colorido impressionante.

4. DA FRANÇA

Nesse *tour* que estamos fazendo para abordar as imagens do Além, dos dias de hoje, conversamos com o pesquisador Pascal Jouini. Residente em Suresnes. Ninguém melhor do que ele próprio para falar de seu trabalho.

Sonia: Por que se interessou pela Transcomunicação Instrumental?
Pascal: Acho que ouvi falar, pela primeira vez, sobre TCI em 1990 ou 1991. Alguém da minha família, após ter visto uma reportagem nos noticiários da TV, contou-me que pessoas diziam que podiam gravar vozes e imagens de pessoas falecidas com o auxílio de gravador e câmara de vídeo. Sempre me interessei pelos assuntos relacionados com o espiritismo, espíritos, fenômenos etc.

Quando mais novo, participei de reuniões espíritas, freqüentemente em família ou com amigos. Assisti, igualmente, a fenômenos estranhos relativamente a esses assuntos que me levavam a questionar se havia ou não alguma coisa do outro lado da vida. Esse assunto sempre me pareceu apaixonante.

Sonia: E como foi o seu começo?
Pascal: Comecei meus primeiros testes com áudio, sem acreditar muito. Não havia razão especial de minha parte, nenhum falecido querido, nada. Era apenas o desejo de obter, por mim mesmo, uma prova de uma eventual sobrevivência, sem passar pelo intermédio de outra pessoa, de um médium. Penso que a vantagem da TCI reside na possibilidade de experimentar sem passar por um filtro exterior. Ela é experimentável e pode ser testada por um maior número de interessados, possibilitando a cada um formar sua idéia própria de acordo com os seus resultados pessoais. Foi com esse objetivo que comecei minhas pesquisas. O essencial é ter paciência e perseverança.

Sonia: Quase que a grande totalidade de quem faz experimentos de TCI o faz com áudio. Por que você rumou para as imagens?
Pascal: Depois de ter obtido alguns bons resultados em áudio, percebi que não progredia mais nessa experimentação e que as mensagens recebidas perdiam qualidade e já não eram satisfatórias, sem falar das horas dedicadas a esse trabalho. Como trabalho na área de audiovisual e tenho acesso a vídeos profissionais, dirigi-me muito naturalmente para a pesquisa de imagens. Depois de gravar as imagens em VHS ou V8, as re-

Da França — aparelhagem de Pascal Jouini

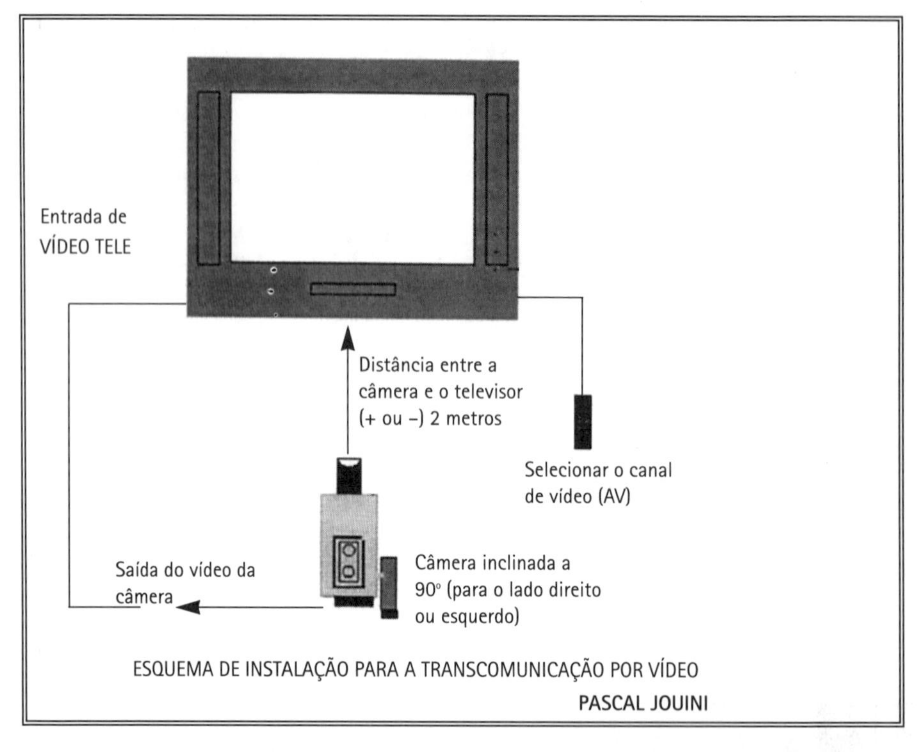

ESQUEMA DE INSTALAÇÃO PARA A TRANSCOMUNICAÇÃO POR VÍDEO
PASCAL JOUINI

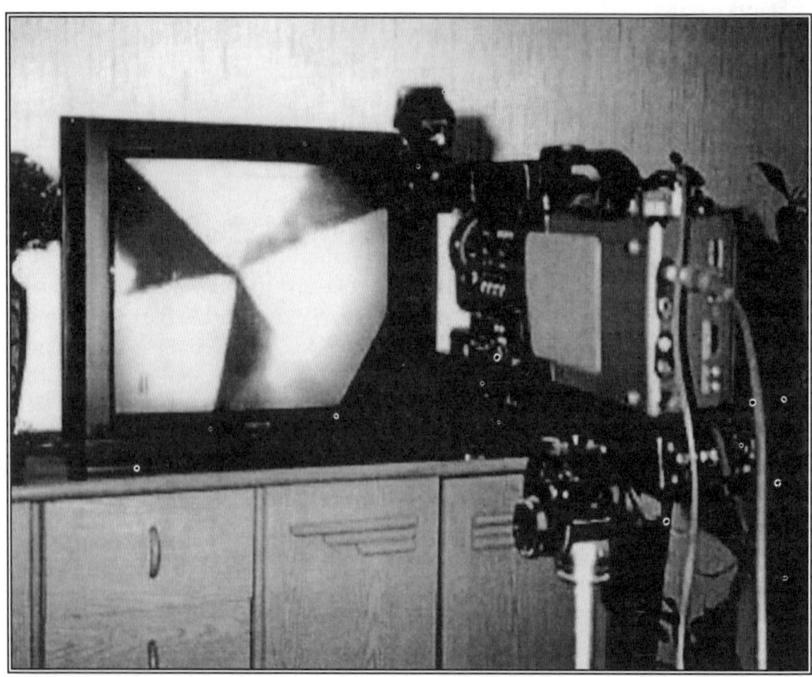

gravava em fita profissional, o que me permitia uma análise e uma visualização precisa com o auxílio de uma câmera tipo Betacam. O que me permitiu, graças ao *time code* e ao TBC (que favorece a regulagem do sinal de vídeo, controle de luz, de preto e de cor) da máquina, selecionar as imagens mais interessantes.

Sonia: E a seguir?
Pascal: Um dia, revendo uma das minhas fitas descobri uma imagem que eu não havia percebido por ocasião do primeiro estudo. Um rosto de homem, calvo, aparece de perfil na tela do vídeo. Fiquei verdadeiramente abismado, e foi a partir desse fato que decidi me dedicar com mais afinco. Foi também vendo essa imagem que encontrei a técnica que iria utilizar para meus experimentos. Todas as imagens, pouco convincentes da fase inicial, foram feitas com a câmera vertical; mas a série seguinte de imagens, que já trazia muita melhoria, foi feita com a câmera inclinada para o lado direito. A partir desse fato, obtive grande número de rostos, que eu fotografava da própria tela da TV. Curiosamente, sem saber o porquê, arquivei os vídeos. Faz um ano que decidi me dedicar à informática e passei a fazer de forma mais moderna todo o trabalho de detecção e compilação. Agora não passo mais pela etapa de fotografar na tela da TV. As fotos são de melhor qualidade e o processo é muito mais rápido!

Sonia: De onde você imagina que vêm essas imagens?
Pascal: No que diz respeito à procedência, fico na dúvida. Mas, do que eu tenho certeza, e esta é a minha opinião pessoal, é que essas imagens e sons não são provenientes do nosso plano de existência. O objetivo das minhas "pesquisas" e minha "intuição" me levam a crer que provêm de pessoas falecidas mesmo. Se isso puder ser confirmado, seguramente faria um bem imenso às pessoas que perderam um ente querido e lhes trariam novamente a esperança e força para continuar seu caminho. Muitas vezes, tenho me perguntado se não se trataria de interferência de outras dimensões. Talvez as duas possibilidades se apresentem por ocasião das sessões de TCI, e não as diferenciamos ao observar os resultados. De qualquer maneira, no que diz respeito às imagens, elas são para mim de origem "paranormal". Se observamos cautelosamente as imagens, percebemos que não existe pano de fundo, nem paisagem, nem cenário ou qualquer outra imagem que possa permitir pensar numa interferência terrestre. Os únicos acessórios visíveis sempre se encontram sobre o personagem presente na imagem, como chapéu, capacete, óculos, terno, anel, mas nunca fora dela. A única imagem que me convenceu de uma maior possibilidade de contato com os falecidos foi quando captei uma imagem que lembra bastante o meu adorável cão, e amigo muito querido, que participou durante quatorze anos da minha vida. Em outras imagens, tenho algumas indicações de que são pessoas da minha família, mas não tenho certeza. Minhas imagens aparecem sempre num *flash* muito rápido que se origina entre a câmera e o televisor. Na base da regulagem, obtenho uma nuvem em movimento bastante lento; mas, após ter inclinado a câmera e regulado o foco da objetiva (*zoom* + ou -) na tela do vídeo, modulo o contraste, o brilho e a cor na TV. É aí que a nuvem vira *flash* e é nesse ponto que a boa textura se forma para o aparecimento dos personagens. É um pouco como encontrar o bom suporte (ruído) concernente à gravação de vozes. Isso dá um efeito de radar ou mesmo um efeito ecográfico (ultra-sonografia). As imagens aparecem por camadas: Como na ultra-sonografia de um bebê, vê-se primeiramente o conjunto do corpo e, à medida que o operador aproxima a câmera do ventre da mãe, veremos aparecer mais os diferentes órgãos internos, por camadas sucessivas. É o mesmo estilo de imagens que se forma na

Transimagens da França — por Pascal Jouini

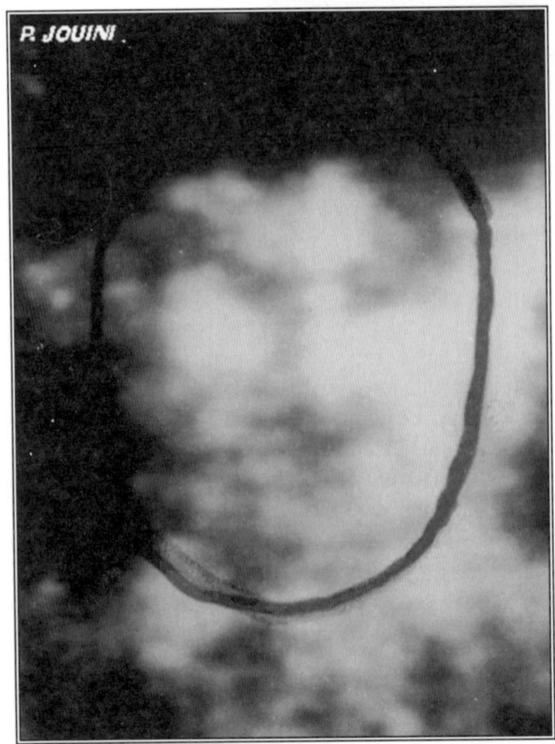

tela do vídeo. Por exemplo, tenho uma imagem precisa em que vemos um rosto de homem sorrindo. Sua boca está fechada e seus olhos estão cerrados. Na imagem seguinte, vemos claramente seus dentes e olhos aparecerem. Outro exemplo, uma cabeça no limite entre um crânio de esqueleto e um rosto; ele está de perfil e, se observarmos bem a imagem, perceberemos que na base do seu pescoço aparece uma coluna vertebral, sem corpo, assemelhando-se a uma radiografia.

Sonia: Conte-nos algo que o impressionou particularmente.
Pascal: Das minhas imagens, as mais impressionantes são aquelas que têm um lado "vivo", freqüentemente percebido na expressão do olhar. Em certas imagens, temos realmente a impressão que do fundo do aparelho de TV o personagem nos observa e olha o que se passa na sala. É realmente fascinante!

Sonia: Quem o assessora do lado de Lá?
Pascal: Eu não penso na existência de um guia que me ajude nesta pesquisa, ou, ao menos, nunca tive um sinal que me assegurasse da sua possível presença. Mas é possível que tenha um que me ajude sem que eu saiba, certo? Foi-me necessária muita energia e perseverança de minha parte para obter resultados. Devo admitir que a paciência não é a minha principal qualidade; por isso posso ter sido auxiliado sem saber. Todavia, tenho notado que em vários contatos por áudio uma mulher, de voz particularmente suave e doce, se manifestou chamando-me pelo nome. No meu *site*, na Internet, além de muitas imagens existem exemplos de vozes também. Essa a que me refiro, e está no *site*, diz: "*Bonsoir, Pascal, c'est moi!*" (Boa-noite, Pascal, sou eu!). Sempre ouço essa voz. Não sei quem é, mas ela me conhece.

No que concerne à imagem, há também um ser que se manifestou várias vezes na tela do vídeo por vários anos. É um homem de estilo antigo, bigode e cabelo comprido muito claro. Não sei tampouco quem é, mas já se manifestou muitas vezes nos meus experimentos.

Sonia: Como vê a finalidade de sua pesquisa?
Pascal: Meu objetivo na experimentação em TCI é obter mais e mais imagens convincentes e de boa qualidade, a fim de participar, apesar do meu modesto nível da evolução e melhoria, se me for possível, do reconhecimento da transcomunicação e, assim, poder intercambiar meus resultados e informações com outros pesquisadores.

Sonia: Suas experiências o conduziram para alguma religião ou filosofia?
Pascal: Eu não me considero religioso. Penso que a TCI é um meio para as pessoas que se questionam sobre a vida, e sobre uma eventual pós-vida, formar uma opinião pessoal sobre a plausibilidade da sobrevivência, assim como é também uma ajuda para as pessoas que perderam um ser querido. Definitivamente, é um fenômeno que merece realmente ser estudado.

5. DA ESPANHA

Vêm da Espanha as notícias mais alviçareiras no que se refere à pesquisa das imagens paranormais. Alfonso Galeano e José Garrido são, possivelmente, os transcomunicadores mais bem-sucedidos da atualidade em termos de imagens. Trabalhando dentro de arraigado rigor científico, atuam de forma transparente e, como membros do GAIT (Global Association of Instrumental Transcommunication), terão em breve seus trabalhos analisados por cientistas do IONS (Institute of Noetics Sciences).

Para conhecer esses dedicados colegas, nada melhor do que uma conversa informal com eles:

Sonia: Qual a formação acadêmica de vocês?
Alfonso: Em 1974, licenciei-me em filosofia e teologia pela Universidade Papal de Salamanca, Espanha, mas desenvolvi estudos em muitas outras disciplinas dentro das ciências exatas necessários para um melhor entendimento do mundo que nos cerca. Mais tarde, fiz mestrado na Universidade de Parapsicologia de Barcelona. Fiz ainda vários outros cursos relativos à fenomenologia paranormal. Sempre me interessei profundamente pela confirmação empírica da sobrevivência pós-morte e, por isso, iniciei as pesquisas com as técnicas eletrônicas. Faço experimentação há quase oito anos.

José: Aos 15 anos, entrei para o Centro de Investigação Policial, que hoje é a minha área profissional. Sempre me interessei pela investigação dos chamados fenômenos estranhos e, por isso, também fiz curso na Escola Superior de Parapsicologia, onde me diplomei.

Caminhei, então, para a busca de melhor compreender as implicações dos processos biológicos com relação aos fatores psíquicos e cheguei, por fim, a conhecer as imensas possibilidades das técnicas das fotos Kirlian, que parecem permitir a observação dessa interação. Junto com engenheiros da Biociber, desenvolvemos o mais avançado equipamento de eletrofisiônica no meu país. Minhas pesquisas nessa área me fizeram compreender o ser humano como um sistema completo de fisiologia energética, como se fora um grande holograma, com toda a sua integridade real: física, psicológica, biológica e espiritual em total interação em nossa realidade tridimensional e em outros planos dimensionais.

Sonia: Quando e onde vocês se conheceram?
José: O Alfonso e eu nos conhecemos há uns cinco anos. Foi por puro acaso. Quando se realiza um trabalho de pesquisa, ao qual tencionamos dar base prática e argumentacional séria, com metodologia e responsabilidade, e buscamos as possibilidades de estudo comparativo com outros investigadores, iremos rechaçar tudo o que não estiver dotado desses pressupostos mínimos de rigor e seriedade. Mas, por certo, encontraremos pessoas alinhadas com as nossas intenções. Quando conheci o Alfonso, ele já se dedicava à transcomunicação, enquanto eu pesquisava a eletrofisiônica. Mas vimos um pararelismo em nossos enfoques, o que nos impulsionou para a união de nossos esforços. Foi assim que surgiu o CEPU (Centro de Estudos Paracientíficos e Ufológicos) dentro da Escola Superior de Ciências de Vanguarda.

Sonia: Por que decidiram começar com a recepção de imagens, já que 95% dos que se interessam pelo fenômeno iniciam pelos áudios?
Alfonso: Antes que o alemão Klaus Schreiber criasse e popularizasse as técnicas de obtenção de imagens do Além, eu já estava tentando experimentos com EVP (Electronic Voice Phenomenum). Mas os resultados eram demorados e desalentadores, pois, quando muito, se ouviam murmúrios, em sua maioria incompreensíveis.

Da Espanha

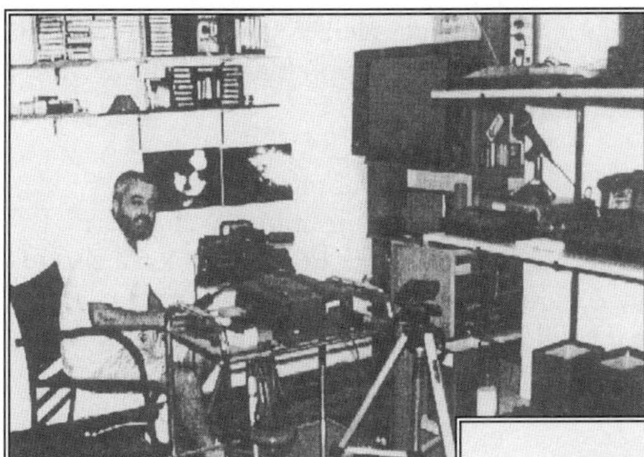

Alfonso Galeano

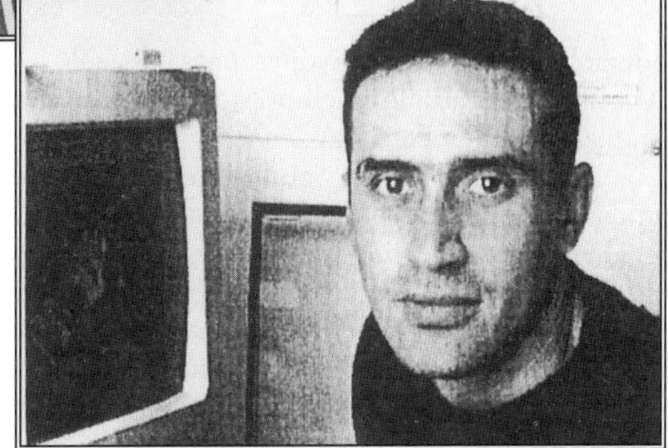

José Garrido

Quando as notícias das novas técnicas chegaram à Espanha, introduzidas pelo pioneiro professor Sinesio Darnell, um bioquímico respeitado, aprendi o manejo dos aparelhos e o básico para tentar a obtenção de imagens paranormais.

Mas devo acrescentar algo curioso. Eu já vinha tentando, há três meses de intensa experimentação diária, utilizar o método de Schreiber, ou seja, gravar uns segundos da turbulência luminosa da tela, registrando em vídeo uns dez segundos por vez. Ocorre que cada segundo tem 25 imagens, e, portanto, os dez segundos resultavam em 250 quadros a serem vistos e analisados um a um. Ao cabo desse período, eu já havia visto milhares e milhares de imagens, sem nenhum conteúdo ou passível de interpretação clara, assim, eu já estava a ponto de largar tudo, considerando tudo isso algo muito difícil, ou, porque não dizer, impossível. Num domingo, decidi: "Mais dez minutos e nada mais. Se não aparecer nada, vou me dedicar a colecionar selos, e basta!" Gravei e rebobinei o filme de vídeo e comecei a olhar cada um dos 250 fotogramas para ver se poderia enxergar qualquer coisa a mais que um borrão disforme. Já muito irritado e frustrado, quando cheguei ao último, viva!!! Ali estava um rosto envolto na névoa circundante, com sobrancelhas, nariz e dois belos olhos a me olharem.

Impressionado, chamei toda a família para confirmar o que eu estava vendo. E confirmaram. Isso apagou qualquer sinal de fadiga e renovou minha intenção de continuar a experimentação.

José: Quando eu conheci o Alfonso, ele já havia depurado a técnica. Sempre irei me lembrar do dia em que ele se apresentou na Escola Superior de Vanguarda, fazendo diante do público uma exibição das imagens que havia obtido até então. Surpreendi-me ao ver o vídeo no qual ele conseguira a imagem de um rosto, claro, que, apesar das flutuações que se moviam em torno, permanecia calmo e imperturbável. Foi a partir daí que nasceu nossa sólida amizade. Vimos depois que a obtenção de imagens a partir da aplicação de nosso sistema era relativamente mais fácil e espetacular que nossas tentativas de captação de vozes. Atualmente, planejamos voltar ao registro de vozes, sobretudo com as novas técnicas que a informática oferece.

Sonia: Vocês utilizam a mesma técnica criada por Klaus Schreiber?
José: Sim, a base inicial está baseada na metodologia que ele colocou em prática. Basicamente, consiste em acoplar o circuito fechado de uma câmera de vídeo à entrada de sinal A/V de uma TV preto-e-branco, posicionando-a de frente para a tela da televisão a uma distância determinada e levando em conta outros elementos necessários para garantir o êxito. No entanto, no decorrer dos anos, desenvolvemos diferenças básicas na metodologia do Klaus.

Sonia: E quais seriam essas diferenças básicas?
Alfonso: Introduzimos melhorias na metodologia, que tornam mais cômodo e mais simples o trabalho, e já implica mais resolução nos resultados.

Explico: o que Klaus Schreiber criou, e é o que quase todos os experimentadores ainda usam até hoje, era gravar durante uns segundos, e rebobinar a fita para tentar localizar algo diferente que não fosse o chuvisco. Nós já não utilizamos essa sistemática, que consideramos obsoleta e esgotante, porque, ainda que seja real a possibilidade de que uma figura interpretável apareça, ela costuma chegar deformada por causa da rapidez com que a turbulência luminosa (o chuvisco) se sucede na tela.

Desde o início, minha obsessão era estabilizar essas flutuações luminosas para ver se ganhava mais resolução e para observar melhor como se formavam as estranhas imagens. Fiz dezenas e dezenas de testes e descobri que a distância entre a câmera e a tela tinha que ser específica, que o foco tinha que ser nítido, a inclinação deveria ser de 20 graus em relação horizontal ao centro da tela; que a regulagem de contraste e brilho da TV com relação à entrada de luz pelo obturador teria de estar em perfeita simbiose; que a luz ambiental tinha papel essencial, e acrescentei fontes de luz que devem estar situadas em posição e altura específicas etc...

Descobri que a luz desempenha a função básica para a estabilização das imagens. Com o conjunto todo bem armado, e manejando com habilidade e pequenos movimentos precisos, ainda que firmes, no tripé, começam a surgir estruturas dinâmicas em composição fractal, que circulam pela tela até formar figuras que são perfeitamente reconhecíveis e interpretáveis. Uma vez conseguida a imagem, ela permanece fixa. E, assim, basta apertar o botão de gravar para registrar tranqüilamente a imagem que estamos vendo na tela.

Sonia: Com que freqüência vocês fazem experimentos, e por quanto tempo? Vocês analisam os resultados no mesmo dia?
Alfonso: No CEPU, a experimentação chegou a ser diária e objetivava aprimorar a técnica. Apenas arquivávamos as imagens à espera de que viessem a ser analisadas no futuro. Às vezes, o trabalho durava toda a tarde.

José: O laboratório ganhou em complexidade e foi dotado de vários departamentos. Não só fazíamos experimentos de TCI, mas também experiências diversas relacionadas com a minha especialidade, a eletrofisiônica. Aproveitamos para estudar fenômenos anômalos, como investigar os estados alterados de consciência induzidos por hipnose, com registros do intercâmbio psicofísico etc.

Alfonso: Por razões de espaço no centro de estudos, decidimos então reinstalar os respectivos laboratórios na casa de cada um. Foi o tempo de nos organizarmos melhor para iniciar agora uma nova etapa de trabalho conjunto.

Sonia: Como a transcomunicação é vista na Espanha?
José: Certamente sabemos que há um punhado de pessoas interessadas, com mais ou menos persistência, embora dispersas. Não existe uma autêntica vontade de unificação. O espanhol é, por temperamento, mais individualista e ciumento acerca do que é seu e pouco afeto a compartilhar o que julga ser uma conquista pessoal. Por isso, existe um ditado, muito nosso, que diz: "Quem quer peixe, que molhe as canelas."

Além disso, as paraciências atravessam uma fase negativa. Por volta dos anos 70, a investigação parapsicológica criou certa expectativa no nível popular, com bons programas de televisão sobre esses temas, tendo surgido até congressos, revistas, programas em rádio etc.

Hoje em dia, no entanto, o conceito disso tudo se tornou altamente preocupante.

A causa? Dentre outras, devido aos profissionais sem escrúpulos das emissoras de TV, que fazem imenso sensacionalismo com esses temas sérios. E convidam toda sorte de videntes, profetas e delirantes doentes mentais e outras faunas, que se tornam famosíssimos à custa de muitos cheques. Fazem debates com pessoas sinistras, que levam mais a desinformação do que tudo. Com isso, só se leva o insulto grosseiro e o escândalo.

Ainda assim, muitos se dão conta, apesar da confusão e da falta de informação séria, que existem grupos honestos e rigorosos.

Alfonso: Sentimos isso quando vemos apresentações criteriosas, coerentes e bem documentadas. Nosso objetivo, fora a experimentação, é aclarar e dignificar a investigação, principalmente a eletrofisiônica e a transcomunicação instrumental. E vejo que, à medida que vamos dotando esses trabalhos de investigação de suficiente rigor e reconhecimento científico oficial, ocorrerá que aquelas pseudociências irão mofar e desarmar os fracos argumentos de certos postulados.

Sonia: Contem algum caso de identificação de alguma imagem.
José: Nunca ocorreu de alguma ser identificada. Talvez porque trabalhamos por muito tempo sozinhos. Só agora é que nossas imagens estão sendo vistas por outras pessoas. Quem sabe alguém irá identificar ali algum parente falecido.

Alfonso: Mas... o que dizer dos rostos que não são humanos? Com o que poderíamos compará-los? Como se pode observar, os detalhes dessas imagens conferem com descrições de supostos seres extraterrestres, cabeças grandes, órbita ocular enorme, nariz e queixo pequenos etc. Apenas poderíamos especular, e nada mais.

Sonia: Que tipo de imagens vocês recebem mais freqüentemente?
Alfonso: Embora muitas delas pareçam morfologicamente humanas, e muitas mantenham as características humanas, outras, no entanto, apresentam características atípicas em sua composição. Vejo que isso é por causa do sistema que essas inteligências

Transimagens da Espanha

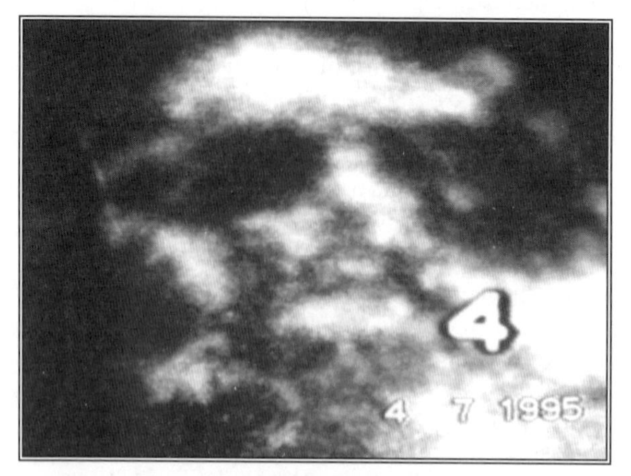

usam com relação aos recursos técnicos que utilizamos. Essas imagens se fazem completas a partir da recepção de uma informação mínima, que vai se desenvolvendo em diferentes escalas, sendo o conjunto a configuração de um rosto definido.

Sonia: Vocês têm alguma idéia de onde vêm essas imagens?

José: Uma coisa parece básica: recebemos informação visual por meio de recursos técnicos que podemos interpretar por comparação. Percebemos que as imagens são intencionais. E isso denota uma inteligência. O difícil é saber o que ou quem é essa inteligência que está por trás do fenômeno, e se aquilo que vemos e interpretamos está baseado numa realidade objetiva, seja qual for essa realidade, ainda que nos transcenda.

Normalmente, entendemos a realidade a partir do binômio subjetivo-objetivo. Isso funciona para a nossa realidade espaço-temporal, que é linear em todo o momento e nos serve para localizar e compreender as coisas. Mas isso é uma concepção psicológica e convencional. Os seres humanos processam a sua própria realidade. Nós a moldamos à nossa exigência interpretativa. Inclusive as que são de origem ou natureza estranha e, ainda assim, tratamos de colocá-las dentro de um espaço-tempo concreto.

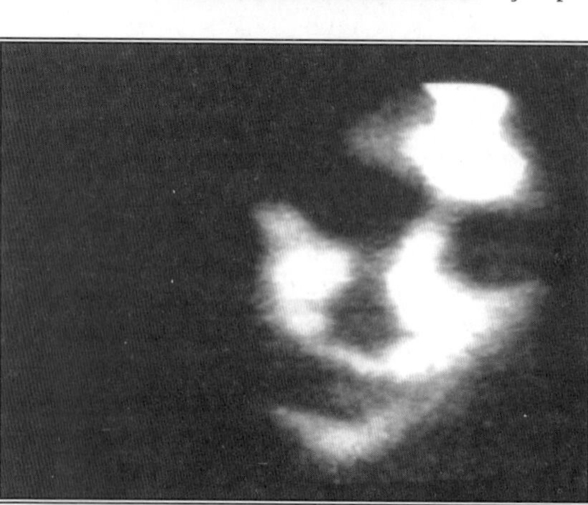

É curioso notar que a física avança e, com a matemática, vai se evadindo dos conceitos clássicos e mecanicistas e começa a explorar terrenos que poderíamos designar de "orgânicos".

Talvez possamos dizer que essas imagens interpretáveis vêm de alguma localização concreta, alheia à nossa realidade linear, e mais ainda, que essa realidade, aparentemente diferente, já é parte de nós. Entramos em contato com uma realidade que está imbricada na trama do Todo Holográfico Universal, do qual participamos, ainda que com nossas limitações da pobre percepção sensorial. Normalmente, pensamos que a vida eterna começa depois da morte; todavia, ela já existia antes do nascimento. Assim, não contamos com os que estão do outro lado, na vida eterna, mas que todos (humanos e não-humanos) somos vizinhos das diferentes moradas da (única) casa do Pai.

Alfonso: Compartilho da mesma opinião, e posso acrescentar, em confirmação às suas palavras, que experimentalmente podemos dar explicações de como o fenômeno evolui no seu aparecimento e, por dedução, extrapolar certas considerações que, embora não sejam conclusivas, é possível que nos aproxime de uma outra ordem de coisas, distintas da nossa, de realidade espaço-temporal.

Refiro-me à observação e análise direta que a estabilização do dinamismo fluídico-luminoso permite.

Pelo conceito de auto-semelhança, que é a tendência de estruturas matemáticas idênticas (como os fractais) que se repetem em muitos e muitos níveis, tem paralelismo de comparação muito comum com o que na física e na química se conhece como "transições de fase", ou seja, o comportamento que tem a matéria quando muda de estado (como quando um líquido se converte em gás, a água em gelo etc.). As turbulências que se formam na tela da TV, por causa do efeito da retroalimentação provocada entre os aparelhos em circuito fechado, física e matematicamente se parece com uma transição de fase. Só que a turbulência é uma transição de fluxo, em vez da estrutura física de uma substância.

O que quero dizer com isso, em resposta à pergunta "de onde vêm as imagens", é que reforço a idéia de que "todos somos vizinhos das diversas moradas na casa única do Pai", acrescentando que as transições de uma para outra morada se realizam mediante nosso aprimoramento para ascender a elas.

Inteligências habitantes de outros planos existenciais diferentes do nosso, humanos ou não, podem conhecer os recursos energéticos necessários para poder enlaçar tecnicamente os espaço-tempos diferentes das "diversas moradas" e, através do fluxo eletromagnético que se estende por todas as dimensões, sejam capazes de realizar a "transição de fase" de sua realidade até a nossa, e se fazerem coerentes e compreensíveis pela nossa realidade psicossensorial.

Sonia: Vocês acreditam que a presença do experimentador influencia nos resultados?
José: Indubitavelmente. O estado de espírito do experimentador, suas atitudes, os pensamentos, suas convicções, ou seja, tudo quanto é parte do seu ser mantém uma relação de simbiose com os que não são mais do que "anotadores eletrônicos". É o ser humano que se converte em antena viva receptora de toda a realidade universal. Os aparelhos não passam de meros instrumentos, testemunhas assépticas que registram a informação tal e qual lhes chega.

Sonia: Vocês já realizaram experimentos na presença de outras pessoas? Notaram alguma diferença nos resultados?
Alfonso: É bem claro para nós que o nível espiritual e evolutivo do experimentador, individualmente — mas também das pessoas que, eventualmente, estejam presentes

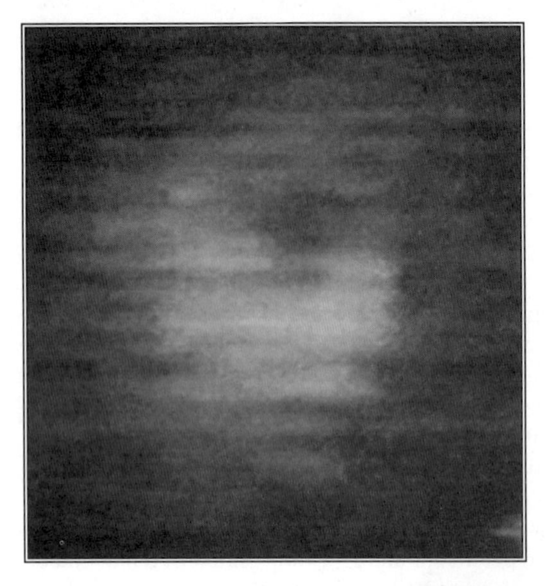

na experimentação —, exerce certa influência nos resultados.

Já notamos que os resultados diferem, principalmente quando se experimenta num ambiente tranqüilo, harmônico, onde os presentes compartilham de objetivos comuns, e quando se está na presença de pessoas alheias e incrédulas. Pode ocorrer de se tentar durante horas sem resultados, ou mesmo com resultados não satisfatórios. Já notamos que a situação do meio ambiente pode influir na manifestação concreta do fenômeno que, inclusive, dependendo da cor das luzes de suporte, alteram os resultados. Por exemplo, quando se usa luz azul ou ultravioleta, os rostos que aparecem são humanos e, se não são, ao menos têm uma aparência agradável. No entanto, a luz vermelha e infravermelha parece atrair entidades desagradáveis ou caricaturas; usando a luz verde, surgem imagens que se assemelham a extraterrestres.

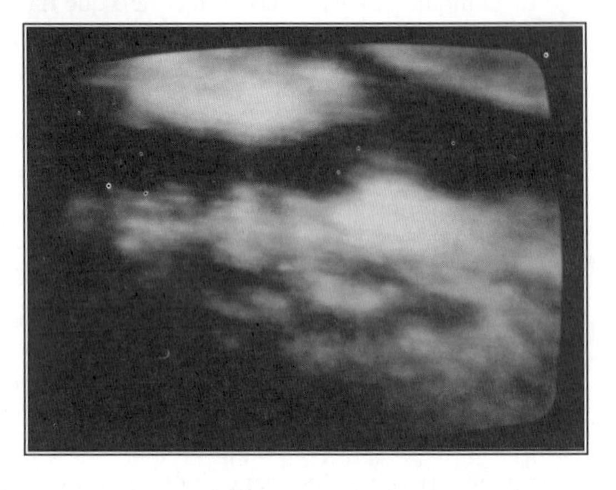

Sonia: Vocês acham que qualquer pessoa pode receber contatos como os de vocês?

José: Sem dúvida alguma! Tenho a certeza de que nem eu nem o Alfonso somos uma exceção, e nem fomos tocados por nenhum deus! Qual é o segredo? Tentar, tentar e tentar, tendo como principal virtude a paciência.

A partir do conhecimento básico necessário, tanto metodológico como técnico para iniciar e experimentar, cada um tem de adequar os meios de que dispõe. E não existem regras fixas, nem manual de instruções que delimitem com exatidão os passos a seguir para ganhar tempo ou eliminar as dificuldades operacionais. Cada um deve pesquisar e encontrar nessa simbiose psicotécnica o que o coloque no caminho certo do contato bidirecional.

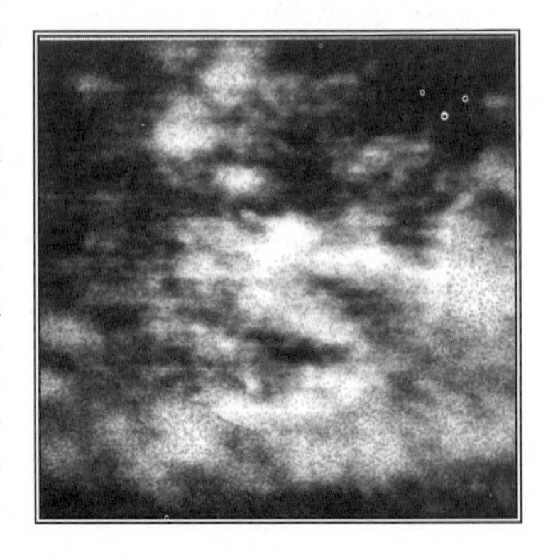

Sonia: Poucos experimentadores têm o amplo conhecimento que vocês têm, hoje, nessa área. Seria muito importante se pudessem descrever em detalhes, para que o leitor possa compreender e, quem sabe, tentar as técnicas básicas que vocês utilizam.
Alfonso: Claro. O equipamento básico consiste numa câmera de vídeo caseira, mas que tenha também, além dos controles automáticos, a opção de operação manual, sobretudo para o foco e o *zoom*. A câmera tem de estar fixa num tripé que permita movimentos firmes e estáveis. Um aparelho de TV, se possível preto-e-branco, ainda que antigo, mas que funcione com boa imagem. Não importa o tamanho, embora as portáteis de 14 polegadas sejam os melhores.

Se não quiser usar a câmera como aparelho de registro, pode-se utilizar um aparelho de vídeo convencional que permita a parada das imagens para poder ver os fotogramas com perfeição.

Posicionamos a câmera no tripé, focando a tela da TV a uma distância mínima que a enquadre toda, mas sem desfocar, situando a alavanca de *zoom* nos aumentos máximos para comprovar (costuma ser 1,10 - 1,20 metros para a maioria das câmeras).

Usamos os cabos convencionais entre a câmera e o vídeo. Ou seja, saída de A/V de câmera para a entrada de A/V do vídeo. Depois, conectamos este último à TV: saída de antena do aparelho de vídeo para entrada de antena de TV. Feitas as conexões, buscamos na TV, na faixa de UHF, o canal que não esteja recebendo sinal (no Brasil, geralmente é usado o canal 3), de forma que possamos ver na tela qualquer coisa que focamos com a câmera, e assim estaremos certos de que a conexão em circuito fechado foi bem-feita.

O controle de contraste da TV convém que esteja no máximo e deve-se regular o brilho em maior ou menor claridade, de modo que os pontos claros e escuros que se formam na tela sejam suficientemente uniformes.

É preciso começar pelo procedimento convencional, para que o experimentador, pouco a pouco, vá ganhando experiência e possa ir dando passos de melhoria na qualidade até os melhores resultados.

É possível que essas orientações já sejam suficientes para acertar em cheio, o que exigiu de nós muitos anos de experimentação.

Convém que a câmera de vídeo esteja um pouco acima da TV (10, 15 ou 20° mais ou menos). Não é preciso gravar no escuro, já que a luz ambiente (elétrica, por exemplo), desempenha um papel fundamental.

Estando a câmera diante da tela da TV, testaremos com a alavanca de *zoom* que efeitos exercem sobre a tela e que tipo de turbulências luminosas provoca, para que, quando considerarmos o momento ótimo (às vezes, apesar da violência das flutuações luminosas, é possível reconhecer formas que duram até 1/25 segundos), gravemos não mais que dez segundos. Isso por causa do fato de que um segundo tem 25 fotogramas, o que soma um total de 250 imagens que, após rebobinar a fita, terão de ser vistas uma a uma.

Essa operação pode ser repetida quantas vezes se desejar, mas convém não cansar-se muito. Como diz o José, a paciência garantirá o êxito.

Depois, as imagens que o experimentador considerar interessantes devem ser copiadas para outra fita, para colecioná-las, ou fotografa-se a tela.

Sonia: Para finalizar, o que vocês diriam daqueles que imaginam que as imagens que chamamos de paranormais possam vir de estações de TV daqui da Terra?

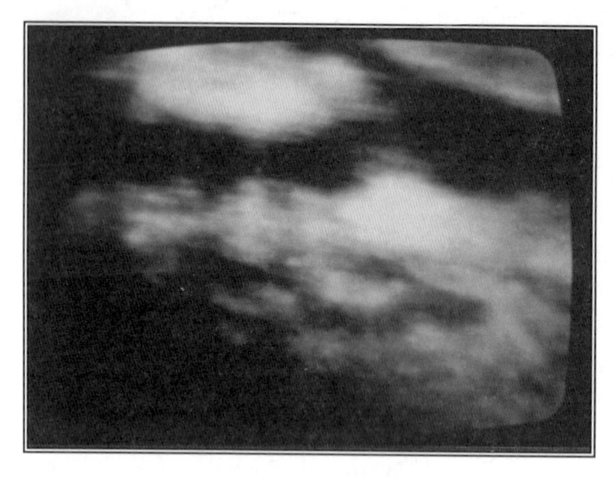

José: A resposta é simples. Que testem eles mesmos, e se não o quiserem fazer, estão convidados a revisar pessoalmente o material de experimentação, a metodologia e, uma vez convencidos de que assim é impossível receber sinais convencionais, que procurem explicar o fenômeno. Já nos ocorreu termos a visita de técnicos que, ao ver as imagens, ficaram sem saber explicá-las de forma lógica, de acordo com o ponto de vista técnico convencional.

Alfonso: Eu gostaria de acrescentar que, se estamos dispostos a demonstrar experimentalmente o que afirmamos, quem negar deveria estar disposto a fazer o mesmo. Ou, para que serve a negação?

EXTRATERRESTRES?

As imagens de nossos colegas espanhóis trouxeram à tona uma pergunta delicada. Será possível que, além dos falecidos, existam outras formas de vida nas estações transmissoras?

Não é a primeira vez que se constata isso. A explicação já dada anteriormente, obtida por meio de outros experimentadores, era simples:

Se tomarmos o homem de hoje, com o ápice de seu aperfeiçoamento científico, poderia ele criar equipamentos que o colocassem em sintonia com outras dimensões? Poderia ele enviar, não só mensagens coerentes e precisas, e em tempo real, como objetos *(apports)*?

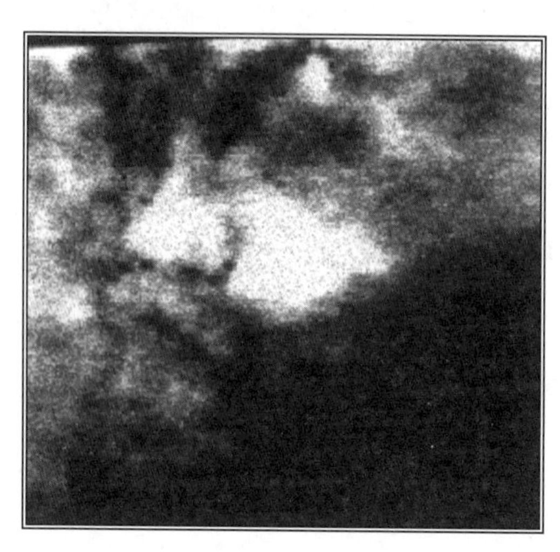

Tanto a resposta é negativa, que nem sequer ele chega perto disso. Para essa conquista, imagina-se que a física terrestre, e outras ciências, ainda tenha muito "arroz com feijão" pela frente. Para a emissão dos contatos em tempo real (isto é, assim que perguntamos eles imediatamente respondem, vencendo sabe-se lá quais percursos), eles devem ter um profundo domínio do tempo, já que, supostamente, cada espaço dimensional possivelmente dispõe de velocidades diferentes. Para o caso dos *apports*, eles necessitam dominar os "buracos-de-minhocas" (no-

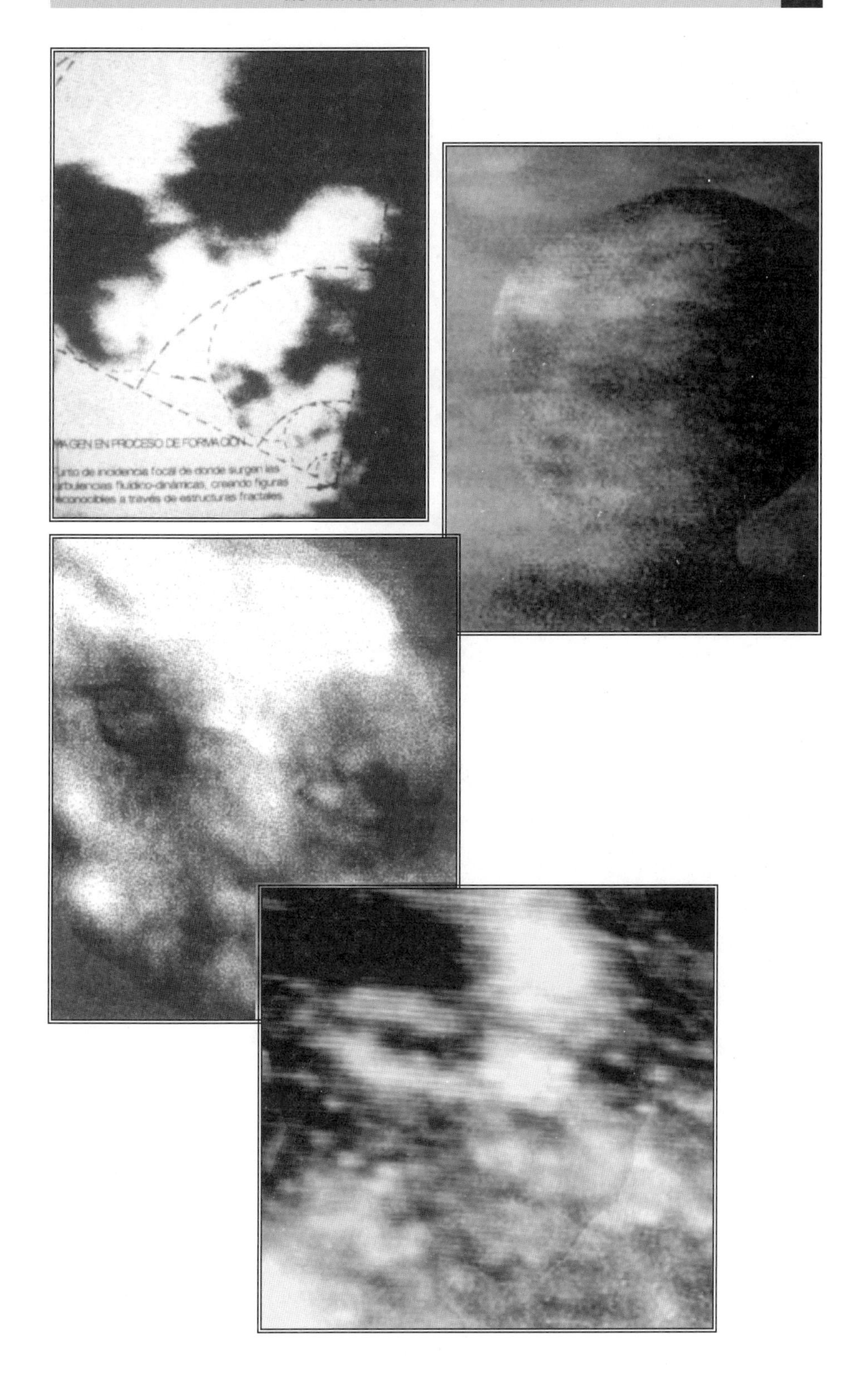
AGEN EN PROCESO DE FORMACIÓN
unto de incidencia focal de donde surgen las
rbulencias fluídico-dinámicas, creando figuras
econocibles a través de estructuras fractales

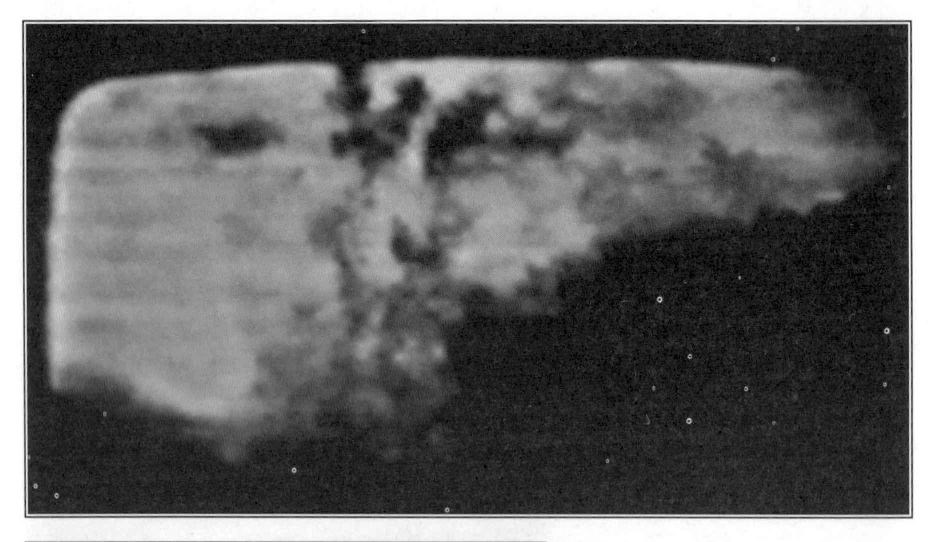

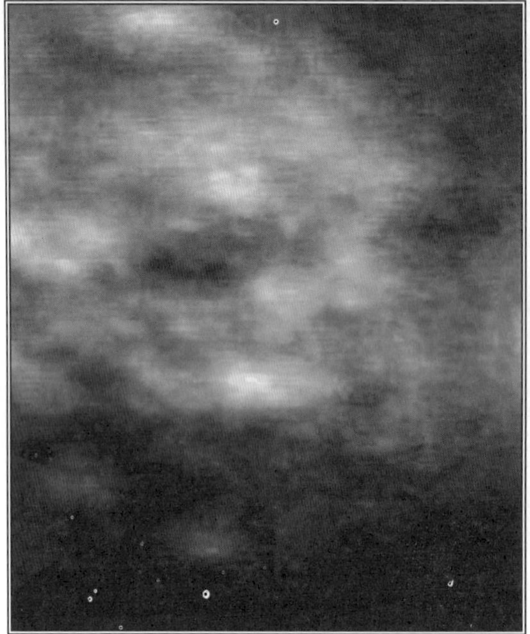

me dado pelos nossos físicos), que suspeitam que isso seja uma realidade. Suspeitam, mas não sabem usar. Mas seria por esse recurso que, supostamente, um dia poderão, inclusive, viajar no tempo.

Mas se nossos comunicantes do Além demonstram, dispor do vasto arsenal de possibilidades da natureza e sabem como usá-lo, é porque seres mais sábios os orientam. Possivelmente, seres de evolução não-terrestre.

COM A PALAVRA, ALLAN KARDEC

A literatura espírita, sempre de acordo com a evolução das ciências, entende a possibilidade da existência de vida fora da Terra da mesma forma que os mais modernos centros de astronomia do mundo: mais do que uma possibilidade, é muito lógico que existam outras formas de vida.

Recorremos à Allan Kardec para apreciar como se posiciona a Doutrina dos Espíritos com relação a isso.

No *Livro dos Espíritos** (Lake, 1982, pág. 78), na pergunta de número 55, relativa à Pluralidade dos Mundos, encontramos:

> *"55. Todos os globos que circulam no espaço são habitados?*
> *Resp.: Sim, e o homem terreno está longe de ser, como acredita, o primeiro em inteligência, bondade e perfeição. Há, entretanto, homens que se julgam fortes e imaginam que só este pequeno orbe tem o privilégio de ser habitado por seres racionais. Orgulho e vaidade! Crêem que Deus criou o universo somente para eles."*

Na pergunta 58, encontramos uma informação curiosa, que pode ter algo que ver com os avanços técnicos necessários para que os comunicantes espirituais nos acessem:

> *(...) Não tendes em conta que a ELETRICIDADE em outros mundos desempenha um papel desconhecido para vós, bem mais importante do que lhe cabe na Terra? (...)*

Vamos à pergunta 176:

> *Os espíritos, depois de haverem encarnado em OUTROS MUNDOS, podem encarnar-se neste, sem jamais terem passado por aqui?*
> *Resp.: Sim, como vós em outros globos. Todos os mundos são solidários. O que não se faz num, pode-se fazer no outro.*

Para complementar a afirmação de que a Doutrina Espírita é favorável à existência de vida fora da Terra, retomamos um trecho da resposta relativa à pergunta 58:

> *(...) Aliás, não dissemos que todos os seres vivem da mesma maneira que vós, com órgãos semelhantes aos vossos. As condições de existência dos seres nos diferentes mundos devem ser apropriadas ao meio em que têm de viver.*

A *Revue Spirite* (1958, pág. 67) quando trata dos mundos habitados, conclui:

> *Na série progressiva dos mundos, o nosso nem ocupa o primeiro nem o último lugar, mas é um dos mais materializados e atrasados.*

Outra citação para reforçar a nossa posição, está em O *Céu e o Inferno* (Allan Kardec, Ed. FEB, pág. 28), onde lemos:

> *(...) a Terra não é mais do que um ponto imperceptível e um dos planetas menos favorecidos quanto à habitabilidade. E, assim, é lícito perguntar por que Deus faria da Terra a única sede da vida e nela degredaria as suas criaturas prediletas? Mas, ao contrário: tudo anuncia vida por toda parte (...).*

Mais uma afirmação endossa essa opinião:

Em A *Gênese* (FEB, pág. 113), lemos ainda:

---

* *Publicado pela Editora Pensamento, São Paulo, 1990.*

(...) mas que, entretanto, já esplêndidos sóis iluminam o éter, JÁ PLANETAS HABITADOS *dão vida e existência a uma multidão de seres,* NOSSOS PREDECESSORES *na carreira humana.*

E prossegue mais adiante:

(...) Tais nebulosas, que mal percebemos nos mais longínquos pontos do céu, são aglomerados de sóis em vias de formação; tais outras são vias-lácteas de MUNDOS HABITADOS.

Na mesma obra, à questão 47 lemos:

(...) Lá se revelam e desdobram novos mundos, cujas condições variadas e diversas das que são peculiares ao vosso globo lhes dão uma vida que as vossas concepções não podem imaginar (...).

Algumas páginas adiante, encontramos a questão 61, da qual colhemos o seguinte ensinamento:

(...) Não vejais nos planetas desconhecidos apenas os três reinos que se estadeiam ao vosso redor. Pensai que assim como nenhum rosto de homem se assemelha a outro rosto, também uma portentosa diversidade, inimaginável, se acha espalhada pelas moradas eternas que vogam nos espaços.

Por fim, quando Allan Kardec trata dos "Sinais dos Tempos", item 4, diz:

O Universo é ao mesmo tempo um mecanismo incomensurável, acionado por um número incontável de INTELIGÊNCIAS *(...).*

Pelo exposto acima, parece plausível deduzir que os seres que habitam outros orbes, por certo têm compleição física diferente da nossa. Teriam cabeças e olhos grandes, boca pequena, imagem tal e qual nossos colegas da Espanha vêm recebendo? Reconheço quanto é delicado tratar desse assunto e da cautela necessária. Mas, dentro de alguns meses, cientistas do IONS estarão cumprindo um rigoroso programa de investigação e autenticação dos fenômenos da Transcomunicação Instrumental, e terão parada obrigatória em Barcelona.

MAIS UMA FONTE

Para a pioneira americana Sarah Estep, esse assunto não é novidade. Em seu livro *Voices of Eternity* (edição esgotada), nos capítulos 13 e 14, ela trata exatamente de seus contatos com outras formas de vida. Deles extraímos algumas considerações importantes:

Durante uns três anos, meus contatos vinham exclusivamente de falecidos. E eu estava bem satisfeita. (...) Mas, tendo ainda um tanto de ceticismo num nível útil, aprendi que, se desejamos desenvolver nossa consciência ao máximo, temos de eliminar certas barreiras (...) Uma das coisas que logo aprendemos nessa jornada rumo ao desconhecido é que, quanto mais se assimila, mais se percebe que sabemos pouco.

Sarah Estep e Sonia Rinaldi

Sarah é uma pessoa muito questionadora, e naquele período falavam muito de UFOs etc. por isso, ela decidiu perguntar se os UFOS existiam ou não aos seus amigos espirituais. (...) Uma das primeiras perguntas que resolvi fazer era se existiam outras realidades nas quais os seres tivessem consciência própria. Uma voz de imediato respondeu: "*That's true*" ("Isso é verdade"). Sarah prossegue nesse capítulo falando inicialmente de mundos palalelos e, por fim, conclui:

(..) Pelo que tenho recebido pelo meu gravador, parece que muitos universos coexistem junto do nosso. Dois meses depois, voltei ao assunto dos UFOs e novamente perguntei se eles procediam de outros espaços. Resposta: "That's right. Inseparable." *("Correto, inseparáveis".)*

Pouco tempo depois, gravando numa manhã, entrou uma frase muito clara dizendo: "*O 'espaço' virá hoje à noite.*" Foi a primeira vez que ela ouviu uma referência ao "espaço" como definindo amigos outros que não só os falecidos.

Sarah assumiu esse nome e passou a chamar esses contatos de "*Space Voices*" (Vozes do Espaço). Tanto que ela produziu uma fita cassete com dezenas de contatos, sendo que de um lado são vozes de falecidos e, do outro, vozes do espaço.

São muitas as captações que ela registrou e transcreveu nesse capítulo, sendo que as distingue, sobretudo, pelo conteúdo. Por exemplo:

Dez dias depois, perguntei se havia amigos comigo e a resposta foi: "Eles irão descer aqui." *E, em seguida, uma voz feminina diz:* "Está quente aqui embaixo." *Passaram a fazer referência com freqüência a "naves", e, na página 115, ela diz que* "muitas vozes já fizeram referência a serem de Alpha Centauro".

Um tanto incrédula, Sarah sempre fez muitas perguntas, e sempre obteve orientações. Tendo perguntado se esses comunicantes eram do espaço, recebeu como resposta: "*I found the link*" ("Encontrei a conexão"). Não foi apenas por gravador que Sarah constatou essa outra possibilidade.

Através de sua TV ela também faz contatos muito incomuns: por várias vezes surgiram "letreiros" em meio ao "chuvisco", com cada letra entrando uma a uma. Ela recebeu as seguintes letras em seqüência: "*USCA*", "*VENUS*", e "*ARRIVED*", e ainda algumas imagens se seguiram, todas confirmadas por gravador no experimento subseqüente.

Com essas informações, talvez as imagens de nossos colegas Alfonso e José sejam apreciadas com menos inquietação. Algo que é extremamente importante e depõe a favor deles é constatar, na correspondência habitual com eles, a ansiedade que têm de que os cientistas do IONS possam investigar suas imagens. Ora, se não fossem pessoas honestas, sérias e responsáveis, não teriam esse interesse.

Que o tempo cumpra seu papel de trazer mais luz a esse assunto.

DO BRASIL

Atualmente, só tenho notícias de dois pesquisadores trabalhando na área de imagens: eu e o associado da ANT Paulo Cabral, de Vila Velha, Espírito Santo.

Das nossas captações, já falamos no início do livro. Portanto, agora apresentamos o trabalho de Paulo. Pedi a ele que relatasse o método que usa, e eis as informações que ele nos deu:

> "Na realidade, embora eu tenha lido bastante sobre transcomunicação nesses quatro ou cinco meses de pesquisa, ainda não sei classificar o método utilizado por mim. O que posso dizer é que ligo a câmera de vídeo no vídeo cassete e ligo o vídeo cassete na televisão (colorida). Daí, passo a TV para o modo preto-e-branco e diminuo a luminosidade de forma a captar apenas um foco de luz branca que, com o *zoom* da câmera, começa a apresentar uma espécie de túnel que é gravado por cerca de um minuto.
> A operação seguinte não é diferente da forma tradicional, ou seja, o exame quadro a quadro desse um minuto gravado que, na realidade, traz mais de duzentas imagens.
> Eu não saberia explicar, mas a maioria delas parecem figuras antigas, com adereços do século passado.
> Sem dispor de mais informações, tive a idéia de colocar uma folha de papel vermelho transparente (celofane) diante da tela da TV e, segundo me pareceu, o aumento dos reflexos torna possível a maior incidência de imagens.
> Eu já consigo classificar essas imagens em três grupos:
> 1 — As indefinidas, ou seja, as que se assemelham a pessoas.
> 2 — As que são meio indefinidas, mas lembram a figura humana.
> 3 — As que, embora diáfanas, são claras cópias reais de imagens humanas, parecendo verdadeiras fotos.
> Tenho observado que às vezes as imagens aparecem com uma nitidez e realidade fantásticas, mas não podem ser copiadas em vídeo ou impressas. Ainda preciso estudar um método de captar essas imagens.
> Ainda não experimentei fotografá-las para ver se a máquina fotográfica dá mais nitidez e apresenta maior contraste. Tentei captar a imagem direto na placa do computador. Para mim, esse processo, ao invés de enriquecer, empobreceu a captação.
> Observo que nas imagens em fita de vídeo que tenho, com certeza dá para notar que são bem mais reais do que quando digitalizadas. Ou, quem sabe, eu ainda não tenha acertado como proceder.
> Quanto ao porquê da minha pesquisa em transcomunicação, não sei explicar; prefiro dizer que foi por pura curiosidade, lógico que no melhor sentido.
> O que posso dizer é que, apesar de gravar vozes com muita facilidade, e até mesmo imagens, ainda não consegui traçar uma teoria que explique esse fenômeno."

Nota: Consideramos importante apresentar os diferentes pontos de vista dos transcomunicadores porque a TCI é uma pesquisa aberta, dinâmica e em evolução. Não existem pessoas que sejam donas da verdade. É muito lícito questionar, ver de forma "x" ou "y". Talvez ainda tenhamos uma longa caminhada pela frente, até que consigamos estabelecer fórmulas mais definitivas.

Nesse meio-tempo, há que se trabalhar. Evoluir. E ajudar nesse processo, do qual apenas alguns pontos são definitivos. Dentre eles, que o intercâmbio interdimensional é uma realidade.

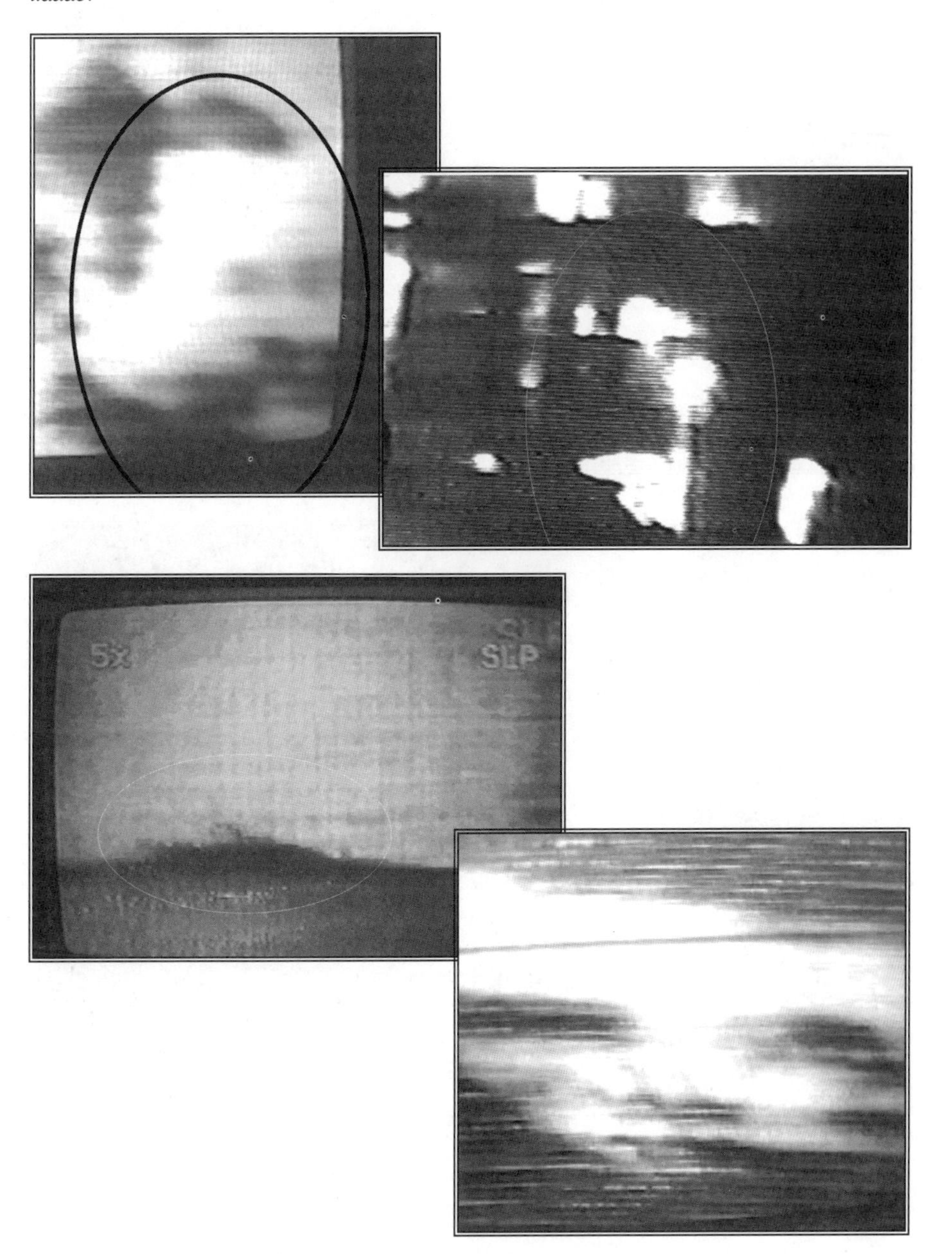

Do Brasil — por Geraldo Santos e seu grupo denominado Kraon (de Santo André — SP)

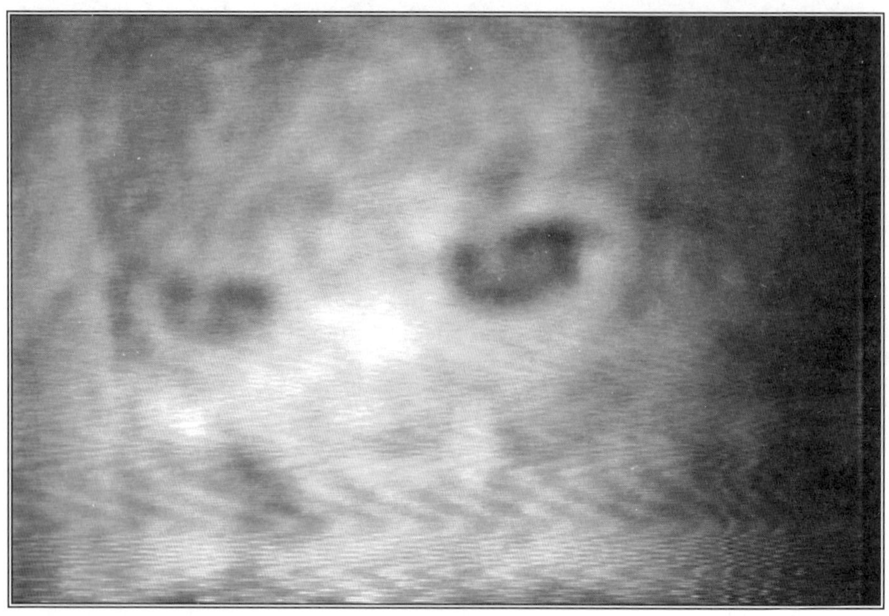

10

A investigação científica do fenômeno

"O espiritismo e a ciência se complementam reciprocamente; a ciência, sem o espiritismo, se acha na impossibilidade de explicar certos fenômenos só pelas leis da matéria; ao espiritismo, sem a ciência, faltaria apoio e comprovação."

DE "A GÊNESE", ALLAN KARDEC

Podemos dizer que a Transcomunicação Instrumental permite duas formas de abordagem:

- Uma seria aceitá-la, sem maiores questionamentos, rendidos às evidências do fenômeno.
- A outra seria admitir todo tipo de hipóteses, a favor e contra, para ver se, com imparcialidade, o fenômeno pode ser comprovado em bases laboratoriais rígidas e, assim, mobilizar cientistas que, por sua vez, e mediante publicações eminentemente científicas, possam derrubar as estruturas vigentes.

Tenho tido a oportunidade de trabalhar com cientistas de uma universidade em São Paulo, que nesta fase da pesquisa ainda preferem manter seus nomes em sigilo, porque, como disse o professor doutor Ernest Senkowski, qualquer passo em falso pode levar carreiras acadêmicas, tão arduamente conquistadas, por água abaixo.

Aqui no Brasil já foi elaborado um projeto de autenticação do fenômeno, que inclui cientistas de áreas multidisciplinares e laboratórios construídos dentro das exigências internacionais (para que os resultados sejam aceitos por outros cientistas). A questão é que uma empreitada desse porte necessita da subvenção privada. Estamos certos de que, no momento oportuno, ela aparecerá.

MUITOS PENSAM DA MESMA FORMA

Sonia Rinaldi com Dale Palmer

Não são poucos os transcomunicadores que têm o mesmo ponto de vista com relação à transcomunicação, e, por isso, nos unimos num grupo internacional que tem o nome de GAIT (Global Association of Instrumental Transcomunication). Fazem parte dessa associação, nós, daqui do Brasil, mais:

Alfonso Galeano e José Garrido (Espanha), engenheiro Paolo Presi (Itália) professor e doutor Ernest Senkowski (Alemanha), Jochem Fornoff (Alemanha), Sarah Estep (Estados Unidos), Pascal Jouini (França), Dominic MacQuire (Inglaterra), Silvana Pagnota (Itália), Siyoh (Japão), Erland Babcock (Estados Unidos), Marcello Bacci (Itália), Victor Zammit (Austrália), Monica Ferri (Argentina), Ludwig Schoenheid (Alemanha), Hans Lüthi (Suíça), Paola Giovetti (Itália), e dezenas de outros.

Um grupo forte com um objetivo muito definido: buscar a comprovação efetiva da TCI.

Todos sabem da possibilidade da ocorrência de fraudes, como já houve suspeitas contra algumas pessoas que não permitem que seus transcontatos ou transimagens sejam investigados por especialistas.

Um caso de uma transfoto (de um templo, só que descobriu-se que na Índia existia o mesmíssimo edifício) foi levantado pela *Folha Espírita*. Como nenhuma explicação plausível, nem a favor nem contra, chegou para trazer luz ao caso, isso veio a agravar a desconfiança dos céticos, e várias críticas surgiram aqui no Brasil, sobretudo em publicações espíritas.

Esse fato fez com que os colegas do GAIT se unissem mais depressa num posicionamento acordado por todos: disponibilizar seus resultados para cientistas sérios, trabalhando de forma totalmente transparente. Somos partidários dessa postura, já que não temos nada a esconder.

Essa união deu certo, e logo nos Estados Unidos nossos colegas conseguiram dar um passo rumo ao sonho de ver a TCI autenticada.

PROJETO CIENTÍFICO É APROVADO

No mês de outubro de 1998, recebemos a tão aguardada notícia da oficialização da aprovação do projeto de autenticação do fenômeno. Pela primeira vez na história da humanidade, a comunicabilidade com os espíritos receberá investimentos decisivos e passará por renomados cérebros científicos, dentre outros, o do respeitado John

Klimo. Essa conquista se deve ao empenho do coordenador internacional, doutor Dale Palmer, que durante o último ano conduziu as negociações com o IONS — Institute of Noetics Sciences, um poderoso instituto de pesquisa americano. O resultado final poderá ter peso definitivo nos novos conceitos que poderão surgir junto às ciências oficiais. Eis a nota oficial enviada pela assessoria de divulgação do GAIT, com sede nos Estados Unidos, que segue aqui traduzida:

> O GAIT — Associação Global de Transcomunicação Instrumental firmou acordo de cooperação com o IONS — Institute of Noetic Sciences, da Califórnia, Estados Unidos, para o projeto de autenticação científica de comunicações entre dimensões da realidade.
>
> O anúncio dessa união foi feito pela doutora Marilyn Schlitz, Diretora de Pesquisa do IONS, e pelo doutor Dale Palmer, Coordenador Internacional do GAIT.
>
> O GAIT é uma associação de experimentadores, técnicos, teóricos e pessoas interessadas de todo o mundo, que se uniram com o propósito de autenticar cientificamente as transcomunicações.
>
> O IONS é uma organização que foi fundada pelo astronauta Ed Mitchell para perfazer a ponte entre ciência e religião. O doutor Mitchell decidiu formar esse centro de pesquisa há 25 anos. Atualmente, o IONS tem o doutor Winston Franklin como presidente e se compõe de um quadro de aproximadamente 50 mil pessoas em todo o mundo. Dentre elas figuram muitos dos mais eminentes cientistas de nossos dias. O IONS pesquisa e patrocina muitos projetos de ponta da ciência.
>
> A doutora Schlitz, do IONS, já está contatando cientistas *supertop* para assumirem o projeto, e pretende anunciar o planejamento de execução do projeto em breve. Várias visitas serão feitas por esses cientistas, para conhecer os experimentadores e seus resultados e métodos em vários países.
>
> Dentre os itens já incluídos, está a construção de um laboratório, nos Estados Unidos, com todas as especificações que garantam a não-interferência externa, para se reproduzir o fenômeno sob controle.
>
> O doutor Palmer afirma que centenas de pessoas no mundo se comunicam com outras dimensões por diversos recursos eletrônicos. O propósito da união GAIT—IONS é autenticar cientificamente esses contatos usando metodologia rigorosamente científica de controle.
>
> O objetivo geral do projeto é provar, de forma ampla, que o homem não morre, mas que prossegue em consciência individual em outros níveis dimensionais. Dale Palmer.

PESQUISA CIENTÍFICA NO BRASIL

Enquanto as coisas vão caminhando em nível global, nós, da ANT (Associação Nacional de Transcomunicadores), não abrimos mão de, sempre que possível, obter o apoio de cientistas na busca do respaldo necessário e coerente com a seriedade que imprimimos ao nosso trabalho.

Em fevereiro de 2000, fomos convidados pela LBV (Legião da Boa Vontade) a participar de seu "Fórum Espírito e Ciência" que ocorrerá em outubro desse mesmo ano. Para tal, decidimos apresentar um primeiro projeto para autenticação do fenômeno da TCI, e este foi aprovado em 6 de março. Para a Transcomunicação Instrumental trata-se de um marco histórico, pois raríssimas vezes conseguiu-se investimento para pesquisa do Espírito. O time de pesquisa já está criado, e terá a mim como experimentadora e coordenadora, quatro engenheirandos que farão todas as análises (total de 100), e a supervisão do Prof. Dr. Augusto Beresawskas. O objetivo dessa primeira fase é detectar matematicamente a interferência das Vozes. Os resultados serão divulgados no Congresso, no mês de outubro em Brasília. Consideramos uma grande vitória, pois o trabalho será feito sob rígido controle, de forma que talvez possamos dizer que, afinal, o Espírito entrou no Laboratório. É o primeiro passo (de longa caminhada) para comprovar de forma definitiva que sobrevive-se depois da morte.

CORRIGINDO UM ERRO

No nosso livro editado pela Ed. FE, intitulado *Transcomunicação Instrumental — contatos com o Além por vias técnicas*, publicamos no último capítulo informações totalmente errôneas. Nosso erro foi o de aceitar determinadas informações sem verificar com especialistas competentes. Nesse capítulo, divulgamos as idéias do tecnólogo Carlos Luz, que sem nenhum respaldo de conhecimento especializado ou formação acadêmica compatível, fez afirmações totalmente irreais.

Deduziu ele, após observar menos de uma dezena de casos (que nós mesmos lhe passamos para analisar, acreditando que poderia fazê-lo), que *as vozes paranormais eram diferentes das humanas, com base nas freqüências*.

Logo que publiquei um primeiro artigo com essas informações, surgiram críticas nos Estados Unidos e Alemanha atestando que isso era irreal.

Mais uma vez erramos ao dar crédito ao senhor Carlos Luz, exclusivamente por amizade. Num trabalho científico, a verdade tem de estar acima de qualquer coisa, ou não será ciência.

Quando levamos as idéias do tecnólogo para especialistas, com doutorado em "Processamento de Sinais", verdadeiramente credenciados para emissão de parecer técnico, veio o desapontamento. As tais análises não correspondiam à verdade dos fatos.

Embora todos nós transcomunicadores quiséssemos muito que as vozes paranormais gravadas fossem diferentes das humanas, descobrimos depois que nem poderiam ser. Sim, pois os comunicantes espirituais modulam sobre ruídos fornecidos (geralmente as rádios interestações) e, conseqüentemente, as vozes são exatamente esse mesmo ruído, porém modulado. Testes foram feitos à exaustão e valeram pelas descobertas significativas que fizemos. Nossos testes corroboram totalmente com as afirmações dos especialistas e não trazem nenhuma evidência de que as do tecnólogo fizessem qualquer sentido. Sugiro, inclusive, que o leitor mesmo faça esse teste, muito simples.

PINGOS NOS Is

Se você gravar numa fita o vozerio de várias rádios ligadas, simultaneamente ou colocado entre as estações, e transformar essa gravação no que chamamos de fita-conserva, ela poderá nos ser muito útil para comprovar o que estamos dizendo.

Digamos que preparamos a fita conforme foi descrito acima. Agora, tomemo-la para ser usada como ruído de fundo. Se a usarmos como ruído de fundo, enquanto fazemos uma gravação, e a visualizarmos no computador, no modo *spectral view*, notaremos que a nossa voz e as vozes-respostas (paranormais) serão gravadas no mesmíssimo patamar.

Nota: *Antes que se questione se, porventura, o que consideramos respostas não seriam apenas as vozes dos rádios, afirmamos que nos precavemos com relação a isso e, para tanto, criamos e só utilizamos o que denominamos de "ruído-bolha", que são as vozes gravadas de modo nivelado e revertidas. Ou seja, nosso ruído de fundo é absolutamente incompreensível. É impossível reconhecer qualquer palavra porque a usamos no sentido reverso. Portanto, só a modulação por ação paranormal é que trará palavras audíveis e coerentes.*

OUTRO TESTE MAIS

No entanto, se agora pegarmos a mesma fita (conserva) previamente preparada e a tocarmos com maior velocidade, o som ficará mais agudo, correto?

Pois então repitamos o teste de gravar perguntas sobre esse ruído.

Resultado: as vozes paranormais ficarão em freqüência mais alta, enquanto que a nossa voz se mantém na faixa normal. Por quê? Porque os comunicantes modularam o ruído que lhes demos!

Nota: *Essa explicação vale para o sistema geral que utilizamos com ruído de fundo. No caso de vozes captadas por EVP, ou seja, sem ruído como suporte, é possível que algum tipo de energia, tipo ectoplasma, seja utilizado e, ainda assim (nessas condições), as vozes paranormais que analisamos estavam na faixa da freqüência humana.*

Como a nossa linha de trabalho é a de total transparência, assumimos nosso erro quando da publicação daquele capítulo do nosso livro editado pela Editora FE. Para assegurar que desta vez a coisa está realmente embasada em pesquisa concreta, reproduzimos aqui os resultados das análises de nada mais nada menos do que cem vozes paranormais. Fornecemos um grande número de casos, exatamente para verificar, estatisticamente, quem estava correto.

Temos de assumir que, dentro do estilo que todos os transcomunicadores em nível internacional trabalham, as vozes paranormais não são diferentes das humanas, como afirmou o tecnólogo e nós acreditamos.

O TESTE DEFINITIVO

Para elaborar um quadro conclusivo que pudesse colocar um ponto final na dúvida gerada pelo senhor Carlos Luz, selecionamos, aleatoriamente, cem gravações sem nenhum cuidado com a qualidade, ou seja, envolvemos todos os tipos com níveis A, B e C de audibilidade e as enviamos para análise comparativa.

Eis o resultado final, segundo o especialista, e que transcrevemos na íntegra:

LAUDO CIENTÍFICO

1. Introdução

Este estudo foi realizado com o intuito de se comprovar as características de vozes gravadas com uma relação sinal-ruído muito baixa, chegando mesmo ao ponto de o sinal de interesse estar com um nível até abaixo do ruído. Isso ocasionou uma certa dificuldade no tratamento das vozes para posterior análise, sendo necessário a utilização de algoritmos de supressão de ruído, seguidas vezes, até obtermos uma voz clara.

Foram analisadas vozes gravadas em locais e equipamentos diversos, sendo esses equipamentos em sua maioria gravadores comuns e computadores com placas digitalizadoras próprias para a gravação de sons. De fato todas as amostras foram digitalizadas com 11.025 amostras por segundo com resolução de 16 *bits* em equipamentos similares (placas de som comuns para computadores). Após a redução do nível de ruído ao menor nível possível sem distorção significativa do sinal que se deseja analisar, foi extraído o espectro de cada gravação, além das freqüências formantes FFI, FFII e FFIII, utilizando coeficientes de predição linear (PLP).

Esses resultados serão comparados com o que se conhece sobre as características da voz humana, de modo a se comprovar sua semelhança ou definir alguma diferença entre elas; para tanto começaremos com uma introdução do que é a voz humana, como esta é produzida e suas principais características; a seguir discutiremos, brevemente, o que foi feito e os métodos utilizados; os resultados obtidos são apresentados em seguida, e, por fim, faremos uma discussão desses resultados.

2. A Voz Humana

A voz humana é utilizada para transmitir informações de uma pessoa para um ou mais ouvintes, começando por uma idéia ou pensamento que o locutor deseja compartilhar. O palestrante converte o pensamento em uma estrutura lingüística, escolhendo as palavras e entonações apropriadas. A partir daí, o cérebro humano converte essa estrutura em comandos motores que movem os vários músculos do sistema vocal para produzir as ondas de pressão sonora desejadas.

No presente trabalho, não iremos mais a fundo nessa questão da comunicação pela fala, visto que o que realmente interessa no momento são as características espectrais da voz humana. Para tanto, é necessário um resumo de como a voz é produzida, bem como dos órgãos envolvidos para um melhor entendimento das mesmas.

2.1 Anatomia do sistema de produção da fala

A forma de onda da fala é uma onda de pressão sonora que, como visto, se origina de movimentos voluntários das estruturas anatômicas que formam o sistema humano de produção da fala.

A figura a seguir mostra uma seção do sistema no qual nós vemos os principais órgãos que o compõe, que são os *pulmões*, a *traquéia* (tubo de passagem do ar), a *laringe* (órgão de produção da voz), *cavidade da faringe* (garganta), *cavidade oral* ou *bucal* (boca) e *cavidade nasal* (nariz).

Em linguagem técnica, as cavidades oral e da faringe são chamadas de *trato vocal*, enquanto a cavidade nasal é chamada de *trato nasal*. Outras estruturas anatômicas menores são críticas para a produção da fala; essas estruturas são as *cordas vocais*, o *velum*, a *língua*, os *dentes* e os *lábios*. Essas estruturas se movem para diferentes posições, de acordo com o som que se deseja produzir, e são conhecidas como *articuladores*. A *mandíbula* também é considerada um articulador, pois é responsável por movimentos amplos e movimentos finos que afetam o tamanho e formato do trato vocal, bem como as posições dos outros articuladores.

É útil pensarmos na produção da fala como uma operação de filtragem, associando cada componente de sua anatomia com um modelo técnico. As três cavidades principais compõem o filtro acústico principal, que por sua vez é excitado pelos órgãos que se encontram abaixo dessas cavidades. O filtro tem por carga uma impedância de radiação devida aos lábios. Os articuladores alteram essa excitação e a carga do sistema através do tempo, fazendo com que a freqüência do som emitido pela boca seja alterada.

Um órgão que merece especial atenção devido à sua importância na produção da fala é a *laringe*, cujo papel é providenciar uma excitação periódica para o sistema durante os sons conhecidos como *vocálicos* (basicamente vogais e sons nasais); essa excitação é basicamente obtida através da vibração das *cordas vocais*.

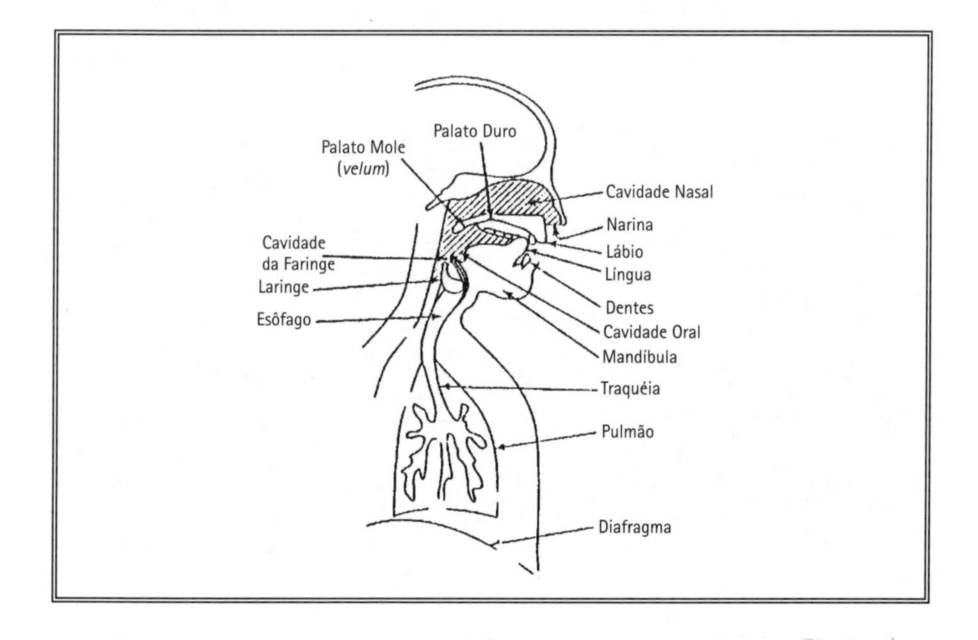

2.2 Análise acústica

Vamos nos concentrar agora na forma de onda de um sinal de voz real (figura a seguir). Como se pode observar, as características espectrais da fala variam com o tempo, sendo que a fala então pode ser dividida em segmentos sonoros que possuem propriedades acústicas similares durante alguns curtos períodos de tempo, cuja divisão principal é: *vogais*, em que há uma maior passagem de ar através do trato vocal, e *consoantes*, cuja restrição à passagem de ar é maior que nas vogais e, conseqüentemente, possuem menor amplitude e são mais parecidas com ruído.

O espectograma representado abaixo deve ser interpretado como um gráfico em três dimensões:

- **freqüência** no eixo vertical;
- **tempo** no eixo horizontal e perpendicular à tela, representado por uma escala de cores;
- e **intensidade** do sinal nessa freqüência (quanto mais "viva" a cor maior a intensidade no gráfico abaixo).

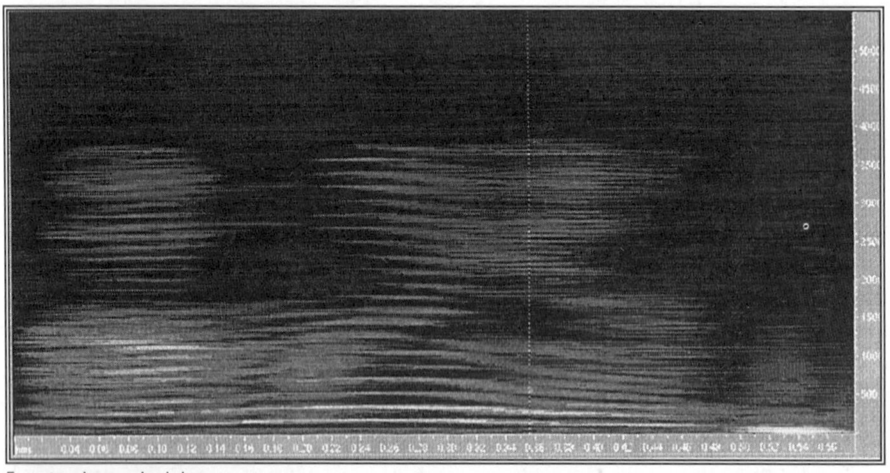

Espectro de um sinal de voz.

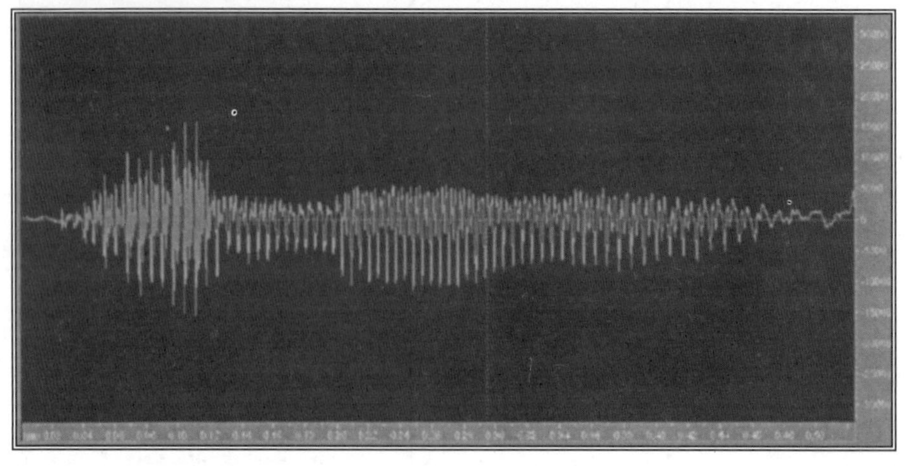

Forma de onda de um sinal de voz.

Nessas figuras, é possível ver que o espectro de um sinal de voz é limitado em cerca de 5 kHz, o que se deve às limitações dos órgãos de produção da fala.

Também é possível observar regiões de maior intensidade (ressonâncias) e regiões de menor intensidade (anti-ressonâncias) no espectro. Essas ressonâncias são conseqüência da formação de cavidades acústicas formadas no trato vocal, sendo essas ressonâncias chamadas de *formantes*, e são denotadas como FFI, FFII ..., começando pela de menor freqüência. Geralmente são encontrados de três a cinco "formantes", após a amostragem de um sinal de voz, apesar de que, teoricamente, teríamos infinitas freqüências desse tipo.

Outra característica de um sinal de voz é a sua periodicidade, conforme é claramente visto na figura anterior. Essa periodicidade é devida à vibração das cordas vocais e depende de seu comprimento e tensão em um dado instante. Nos homens, que geralmente possuem as cordas vocais mais compridas que as das mulheres, essa freqüência será menor (= vozes mais graves), estando geralmente entre 50 Hz e 250 Hz, sendo que nas mulheres essa faixa se estende de 125 Hz à 350 Hz. O nome dado a essa freqüência é *pitch*, sendo que algumas vezes também é referenciada com *freqüência fundamental*, porém para os psicoacústicos (cientistas que estudam a percepção do som) o termo *pitch* é utilizado para se referir à freqüência fundamental *percebida* pelo ouvido humano, mesmo que esta não esteja presente. Por exemplo, um canal telefônico comum só permite a passagem de freqüências entre 300 Hz e 3.000 Hz, suficientes para entender o que se está dizendo, mas não permite a passagem da *pitch* que se encontra em freqüências inferiores; porém se uma voz com uma *pitch* de 110 Hz for transmitida por esse canal, o ouvinte do outro lado da linha *perceberá* uma voz com uma *pitch* de 110 Hz, mesmo que ao realizarmos uma análise espectral dessa voz recebida encontremos uma freqüência fundamental de 330 Hz, que pode ser transmitida pelo canal.

3. Métodos Utilizados

As vozes foram digitalizadas em placas de som comuns para computadores pessoais, usando taxa de amostragem de 11.025 amostras por segundo, com resolução de 16 *bits*. Após isso, foi usado o método de subtração espectral para eliminar o ruído, sendo este realizado até que a voz fosse inteligível, sem perdas significativas em sua qualidade. Finalmente, foram levantadas as freqüências formantes FFI, FFII e FFIII, utilizando um método de predição linear. Os gráficos dessas freqüências junto com o espectograma são analisados com base nas informações dadas acima.

4. Resultados

A seguir, apresentamos o espectograma, as freqüências formantes e a transcrição de cada voz analisada; para cada uma foi feito breve comentário, e, no final, uma conclusão geral é apresentada.

Nota: Dentre as cem vozes analisadas, selecionamos apenas cinco, pois só essa pesquisa em si já resultaria num volume enorme.

Amostra número 2

Situação:

Na presença de José Carlos Garbine, associado da ANT de São Paulo, fez-se um experimento no qual ele pergunta para a esposa falecida, Vera, vários tópicos sobre sua atual vida no Além:

Garbine: Vera, você mora com o seu pai?
Voz feminina: *Moro*.

Espectograma

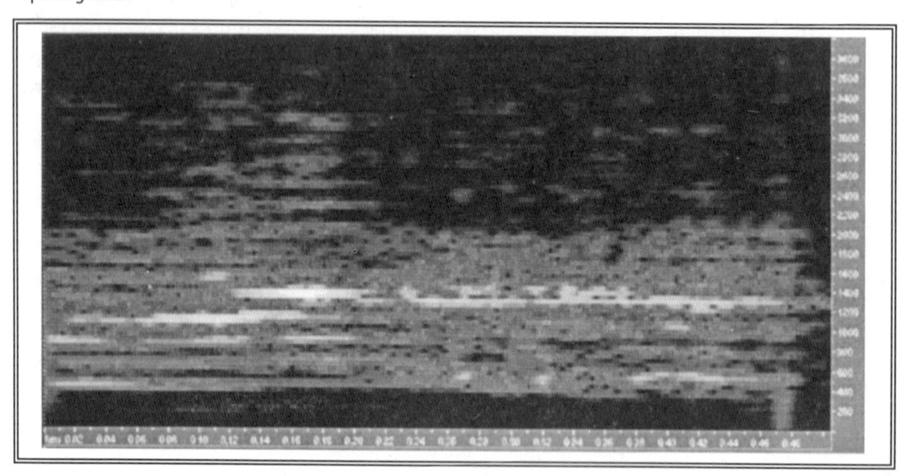

Freqüências formantes

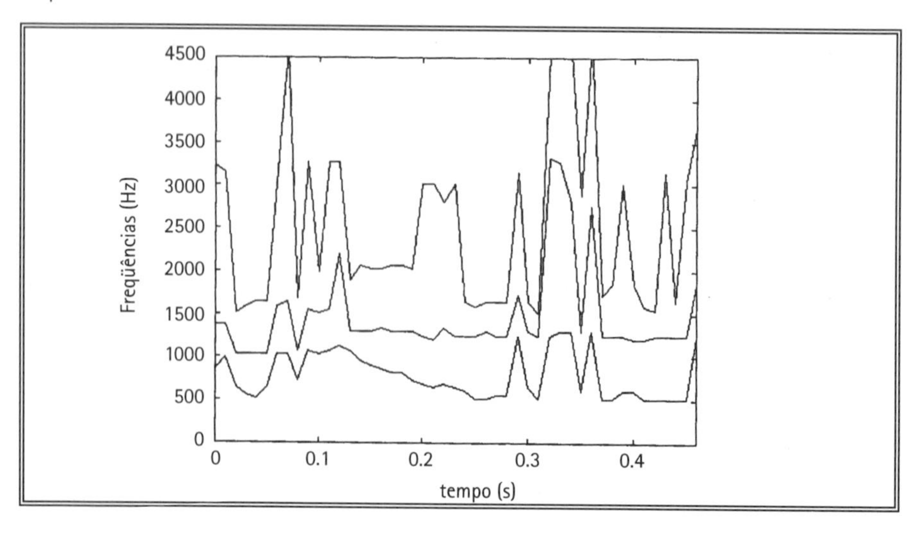

Comentários

Nesta gravação, percebe-se nas formantes uma distorção devido ao ruído, que se concentrou na faixa de freqüências médias, mas no espectro ainda se percebe traços do sinal de voz ali contido.

Nota: Vemos no gráfico acima as três primeiras formantes. Essas "formantes" detectadas seguem o padrão de voz humana convencional. A freqüência fundamental não aparece, porque ela, geralmente, não é relevante para uma análise que objetive determinar as características de uma voz. (Laudos internacionais não se valem dessa referência para determinar o que desejamos.)

Amostra número 13

Situação:

Sonia, tendo ouvido tocar a sirene na estação transmissora situada no Além, pergunta:

Sonia: Nós estamos em segurança?
Resp. Voz masculina: *Nós estamos sim!*

Espectograma

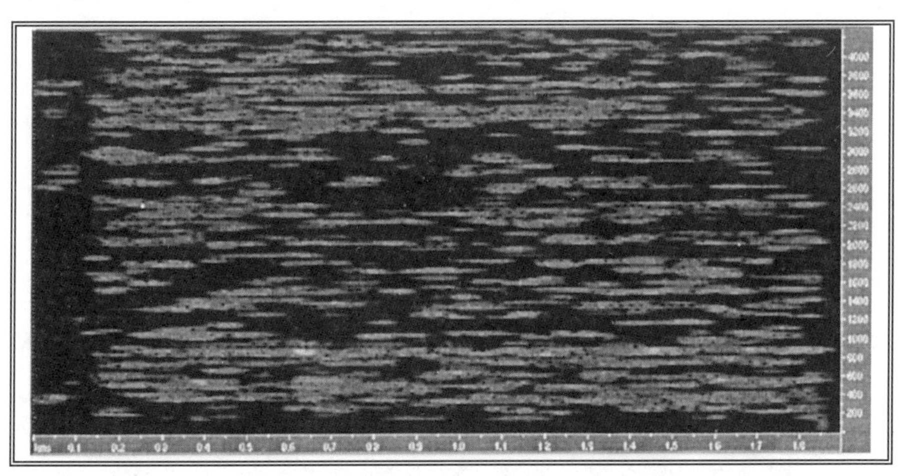

Freqüências formantes

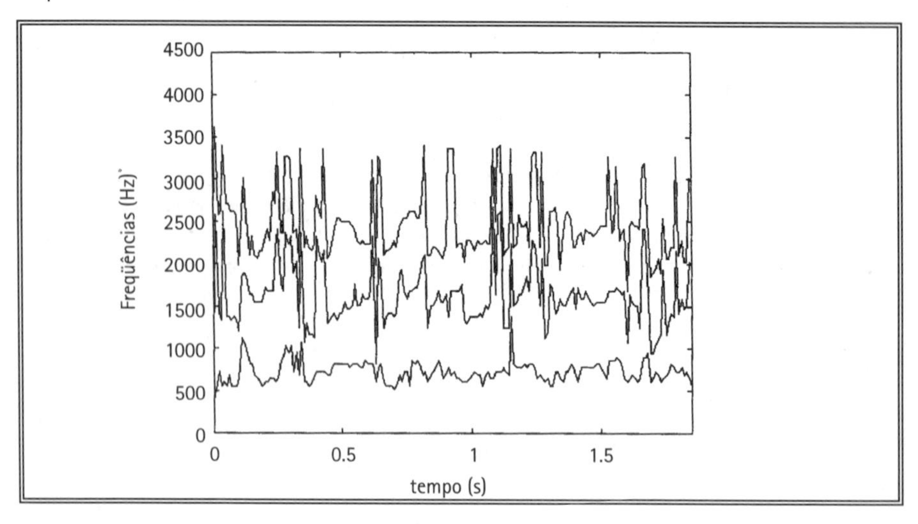

Comentários

Sinal bem ruidoso, freqüências formantes mostram também o alto nível de ruído, porém ainda se observa o comportamento de um sinal de voz nessas freqüências.

Amostra número 16

Situação:

Na presença do engenheiro Luiz da Silva Netto, fez-se experimento no qual desejávamos notícias da sua falecida irmã, Mercedes. Curiosamente, a resposta foi dada imediatamente antes da pergunta ser feita:

Sonia: A Mercedes já está na estação?
Voz masculina: *Vem ainda hoje*.

Espectograma

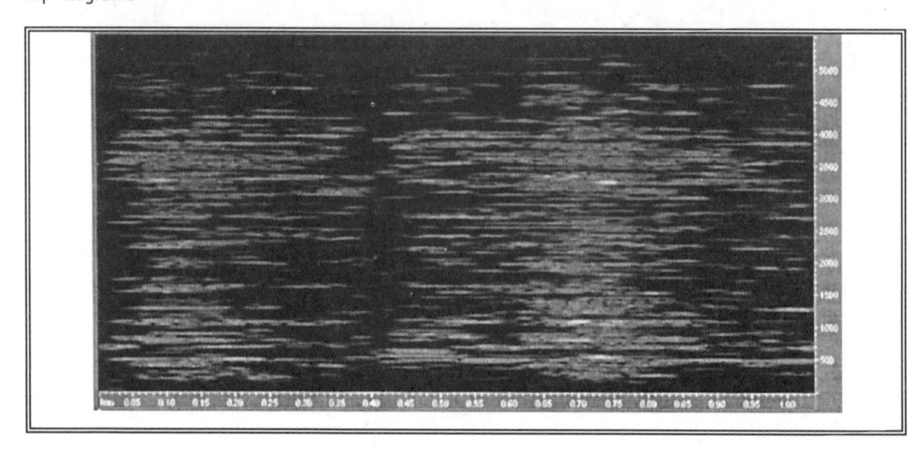

Freqüências formantes

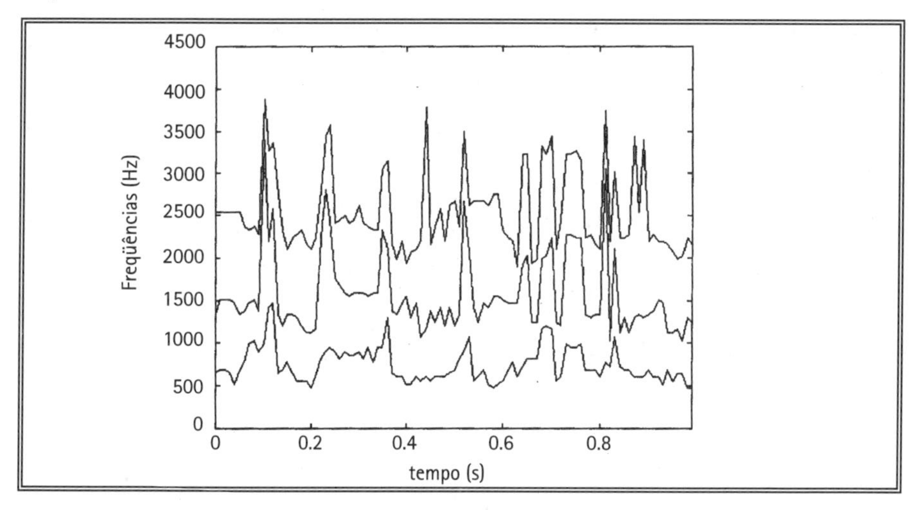

Comentários

É um claro espectograma e freqüências formantes de um sinal de voz com nível de ruído médio.

Amostra número 19

Situação:

Eu estava buscando ajuda para um cãozinho de rua que eu havia recolhido para tratar, e ele estava bem doente. Fiz o experimento muito triste, pelo sofrimento do animalzinho:

Sonia: (..) Me ajudem!
Voz masculina: *Eu te amo*.

Nota: Essa mensagem de fraternidade e simpatia se traduziu nos dias seguintes com a melhora do cachorrinho.

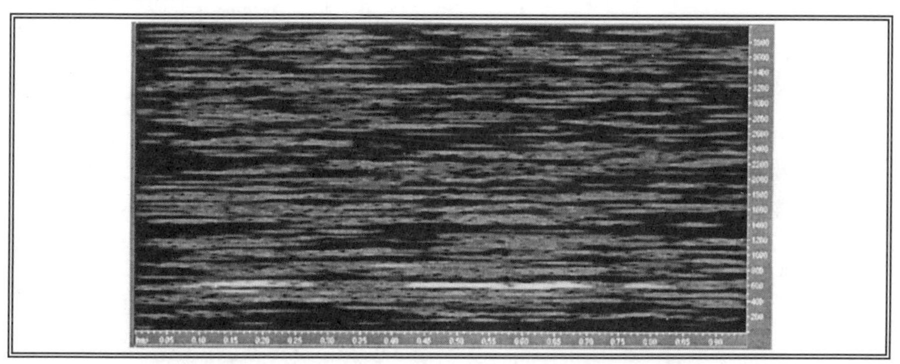

Espectograma.

Freqüências formantes

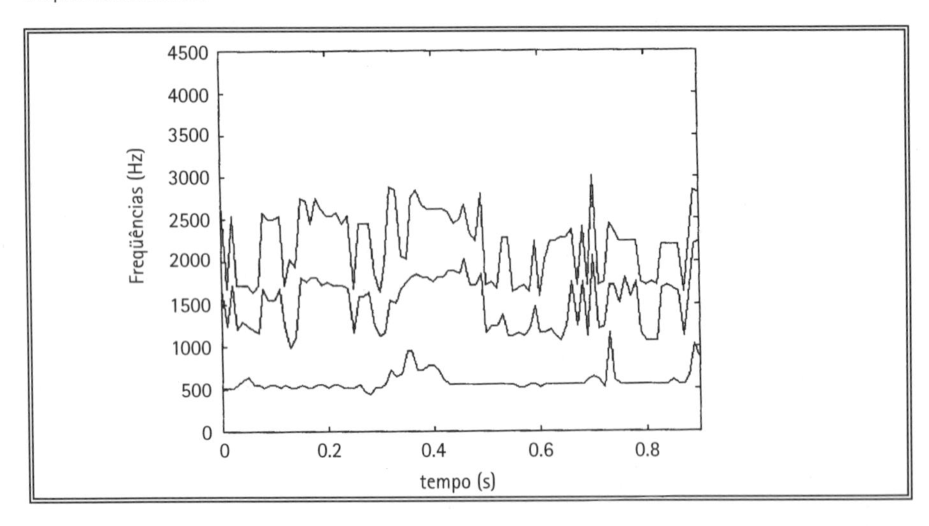

Comentários

Claro espectograma de um sinal de voz sob ruído.

Amostra número 24

Situação:

Em conversa ao telefone com a médium Lylia, ocorreu que meu marido, sem perceber que o telefone estava sendo usado, pegou a extensão. O som de retirar e recolocar o telefone no gancho por ele foi modulado por uma voz feminina.

Lylia: (...) que normalmente.
Voz feminina: *Assim será* (sobre o barulho de haverem mexido na extensão).
Sonia: Pode falar, era o meu marido...

Espectograma

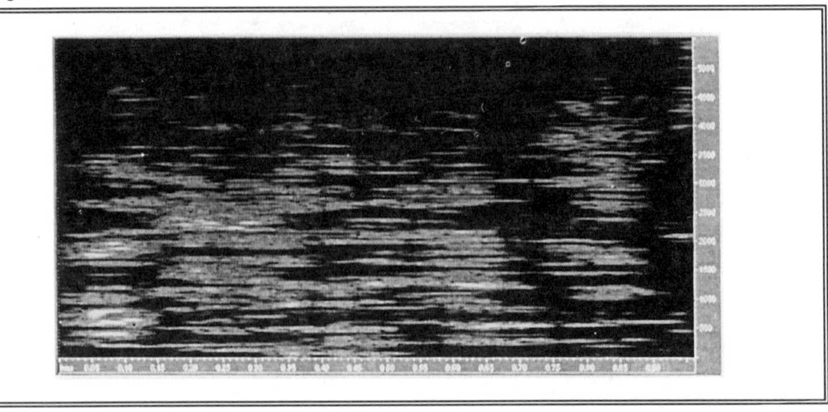

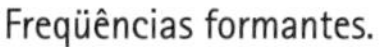
Freqüências formantes.

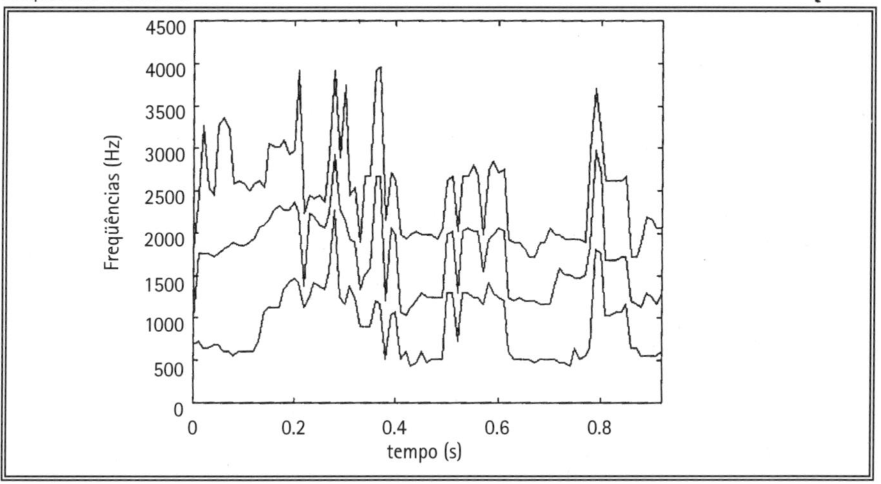

Comentários

Novamente um sinal claro de voz, se observarmos o espectro e as freqüências formantes.

5. Conclusão

Através deste estudo procurou se observar as características de sinais de vozes gravados com um alto nível de ruído. Nas amostras analisadas, não foi encontrada nenhuma evidência de anormalidade nas vozes, tirando os efeitos provocados pela adição de ruído às mesmas.

Comentário

Como se pressupõe que o leitor não esteja familiarizado com toda essa terminologia, resumimos de forma mais acessível o que o especialista concluiu:

- que todas as cem amostras de vozes analisadas (que inclusive incluíam casos que envolviam voz humana fazendo uma pergunta e as respostas paranormais, lado a lado) se assemelham, não existindo nenhuma característica especial que diferenciasse as vozes humanas das paranormais.

Nota: É importante dizer que, dentre as cem vozes enviadas para análise, enviamos as de dezesseis associados da ANT e de três colegas do exterior, objetivando dispor de uma gama muito ampla de fontes de origem, diversidade de equipamentos, tipos e casos.

Estamos convencidos de que, mediante a gama tão variada de vozes paranormais, o laudo que recebemos seja, desta vez, definitivo. Assumimos nosso erro ao endossar idéias sem maiores pesquisas, e colocamos as vozes de nosso acervo, de transcomunicadores brasileiros e do exterior, à disposição de qualquer analista especializado em processamento de sinais.

OUTRAS INVESTIGAÇÕES

Se por um lado descobrimos que não se pode justificar a paranormalidade das vozes do Além através da análise das freqüências, por outro nos sentimos obrigados a buscar, cada vez mais, o apoio de cientistas que se valham de recursos avançados para descobrir evidências que garantam a autenticidade do fenômeno.

Selecionamos alguns casos de vozes, cujos áudios estão disponíveis em nosso *site*, com seus respectivos laudos científicos.

1. O CASO LÚCIO

Antônio Lúcio

Dentre as várias ocorrências muito interessantes temos, às vezes, a modulação da própria voz humana pelos espíritos. Isso pode ser constatado exatamente porque trabalhamos sempre com várias gravações simultâneas. No caso em questão, eram três: de Sonia Rinaldi, de Magaly Chiereguini e de Luiz Netto. Assim, descobrimos que as alterações só ocorreram sempre em UMA das gravações, o que torna o caso notável para qualquer cientista incrédulo.

COMO OCORREU

O nosso associado Lúcio queria saber notícias de um amigo seu falecido, de nome GILSON PEREIRA LIMA, cuja esposa chama-se TEREZA. Foi a dona Tereza que pediu ao Lúcio para saber do esposo (falecido em fevereiro de 1996). Ocorreu que quando o Lúcio iniciou sua pergunta, errou no nome do Gilson, vindo a corrigir no final. Eis o que ele gravou, e todos os presentes ouviram:

"Gilson COSTA LIMA, o Lúcio quer saber, através da dona TEREZA, que quer saber do Gilson COSTA Lima. Ah, Gilson PEREIRA LIMA."

Pois bem, isso ficou gravado nas fitas da Magaly e na do Luiz. Contudo, na gravação da Sonia, quando o Lúcio disse PEREIRA LIMA, isso simplesmente some, e surge uma voz alta que grita o nome "*TEREZA!!!*", provável ação do Gilson (o marido falecido), chamando-a. O tom é de um chamado alto, mais alto do que a voz do Lúcio, muito clara e com forte sotaque carioca.

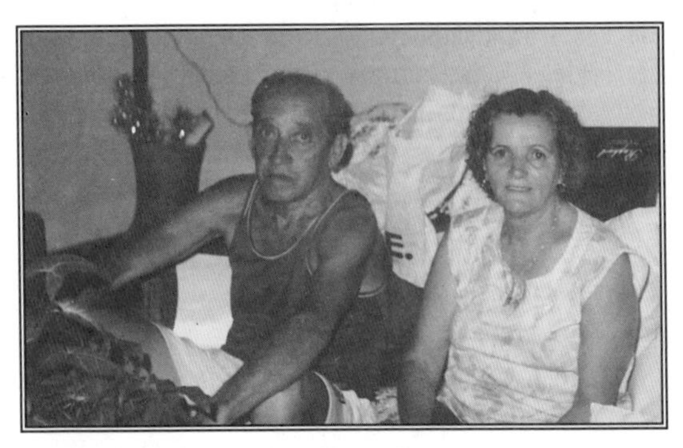

Maria Tereza Costa Lima e Gilson Pereira Lima

Era a força do amor que não morre, clamando pela esposa que está do lado de Cá.

O LAUDO EMITIDO

Peças de Exame

Constituem peças motivo do presente exame duas fitas cassete, numeradas 1 e 2, gravadas em equipamentos diferentes, cujas gravações foram digitalizadas em um computador padrão IBM-PC através de uma placa de som padrão Sound-Blaster. A resolução utilizada foi de 16 *bits*, com taxa de amostragem de 11.025 amostras por segundo.

Objetivo do Exame

Realizar a verificação de que as gravações existentes em ambas as fitas cassete tenham sido, ou não, pronunciadas pelo mesmo locutor, doravante denominado locutor A.

Padrões de Confronto

São objeto de padrões de confronto 2 gravações presentes nas fitas cassete utilizadas, numeradas da seguinte maneira:

- 1 gravação de aproximadamente 10 segundos da voz do locutor A, aqui denominada tr1, proveniente da fita número 1;
- 1 gravação de locutor desconhecido, aqui denominada tst1, proveniente da fita número 2;
- 1 gravação do locutor A, aqui denominada tst2, proveniente da fita número 1;

Orientação dos Trabalhos:
Pré-processamento das amostras

As amostras foram normalizadas, de modo a terem o mesmo nível de sinal e a mesma relação sinal-ruído; os trechos sem voz foram removidos, pois não caracterizam o locutor. Das amostras normalizadas foram extraídos coeficientes do tipo MFCC (Mel-Frequency Cepstral Coefficients) utilizando janelas de 23,2 ms com espaçamento entre janelas de 10 ms, 5 filtros por oitava, resultando em 16 coeficientes por janela.

Métodos de Comparação

Os coeficientes da amostra tr1 foram utilizados para treinamento de um sistema de reconhecimento automático do locutor independentemente do texto baseado em misturas gaussianas (GMM — Gaussian Mixture Models), utilizando 16 misturas para representar o locutor. Como algoritmo de comparação foi utilizado o logaritmo da verossimilhança *(log-likelihood)*. Esse método foi escolhido por causa de sua robustez, não sendo o único possível de ser utilizado.

Resultados

Os resultados obtidos estão compilados na tabela abaixo:

Amostra	Número de vetores	Valor de saída	Valor de saída normalizado
Tst1	59	-444,488	-7,534
Tst2	59	-423,453	-7,177

O número de vetores indica o número de janelas resultantes do pré-processamento; o valor de saída é a soma do logaritmo da probabilidade de o vetor pertencer ao locutor em questão; a normalização é feita dividindo-se o valor de saída pelo número de vetores.

Conclusão

Pelos resultados obtidos, conclui-se que existe grande probabilidade de a locução tst2 ter sido pronunciada pelo locutor A, dada a proximidade dos resultados obtidos.

ENTÃO...

Através do laudo, mas considerando que temos três gravações, em duas das quais a voz do Lúcio disse "PEREIRA LIMA", e uma terceira gravação na qual a voz dele diz "*TEREZA!!!*", só podemos deduzir que a voz do Lúcio foi modulada pelo espírito comunicante! Convidamos o leitor para que ouça essas vozes em nosso *site*.

2. CASO ROMEU

Na reunião da ANT ocorrida em 6 de setembro de 1998, contamos com a participação de 97 transcomunicadores de várias regiões do Brasil.

Foram feitas 66 perguntas por parte dos associados e recebemos, aproximadamente, quinhentas respostas, entre respostas diretas e comentários por parte dos Comunicantes Espirituais nas cinco fontes gravadas e analisadas. (A descrição integral consta da nossa publicação Circular 39).

Como sempre, prevaleceram contatos de nível "B", ou seja, boa audibilidade, e muitos casos de nível "A" (ótima qualidade).

Tal foi a clareza de muitos contatos que se fez necessário nos valermos da comparação entre as cinco fontes receptoras para saber o que era voz paranormal e o que não era. Ou seja, se uma resposta aparece numa fita e não na outra, em princípio só pode ser de um comunicante espiritual, já que todas estavam registrando simultaneamente.

COMO OCORREU...

Na abertura da reunião, arrolei nomes de colegas ali presentes, agradecendo sua cooperação na organização do evento. Uma dessas pessoas citadas foi Romeu Mandato, que sempre ajuda no transporte dos colegas que, vindos de fora de São Paulo, muitas vezes têm dificuldade para nos localizar e chegar até o local das reuniões.

Nota: O Romeu há anos se tornou o responsável por comandar a equipe dos que pegam outros colegas no aeroporto, na rodoviária, providencia caronas, etc.

Retornando à abertura da reunião:

Quando menciono e agradeço a ele, uma voz feminina paranormal, tão alta e clara quanto a minha, complementou o elogio!

Eis como ficou gravado:

Sonia: Muito obrigada ao Romeu pela ajuda.
Voz Paranormal Feminina: *"E PELA DEDICAÇÃO."*
Sonia prossegue: Também quero agradecer aos que vieram de longe...

Ocorre que nesse início da reunião tínhamos dois gravadores registrando, simultaneamente, tudo o que era dito, e notamos que em apenas um deles constava essa voz feminina, que soa de fato diferente da minha.

Ainda assim, consideramos esse detalhe muito pouco para garantir ser, de fato, uma voz paranormal. Afinal, a voz é tão clara! Teria sido eu mesma quem disse aquilo? Mas, se assim fosse, deveria constar das duas gravações. Esse tipo de questionamento é importante quando se quer levar à frente um trabalho rigorosamente sério e transparente.

Requisitamos, então, a um especialista em análise de vozes, de uma universidade em São Paulo, para que comparasse toda a gravação e investigasse se havia de fato naquele trecho dois locutores diferentes (eu e um espírito de voz feminina) ou se apenas um (eu).

A incerteza se devia justamente pela qualidade da voz (tipo A). Somente um especialista poderia esclarecer. Se houvesse dois locutores (eu + outro), um deles seria necessariamente paranormal — porque apenas uma pessoa (eu) estava sozinha diante das 97 presentes falando. Não havia mais ninguém perto. Portanto, se havia uma pessoa ao microfone gravando e duas vozes diferentes foram gravadas, é porque uma não era "Daqui".

Eis o laudo técnico elaborado em cima do áudio enviado para análise, que transcrevemos na íntegra:

LAUDO TÉCNICO

Peças de Exame

Constituem peças motivo do presente exame duas gravações, numeradas 1 e 2, gravadas no mesmo equipamento, digitalizadas em um computador padrão IBM-PC através de uma placa de som padrão Sound-Blaster. A resolução utilizada foi de 16 *bits*, com taxa de amostragem de 11:025 amostras por segundo.

Objetivo do Exame

Realizar a verificação de que ambas as mensagens tenham sido pronunciadas pelo mesmo locutor, doravante denominado locutor A.

Padrões de Confronto

São objeto de padrões de confronto 4 gravações numeradas da seguinte maneira:

- 1 gravação de aproximadamente 6 segundos da voz do locutor A, aqui denominada tr1, proveniente da fita número 1;
- 1 gravação de locutor desconhecido, aqui denominada tst1, proveniente da gravação número 1;
- 2 gravações do locutor A, aqui denominadas tst2 e tst3, provenientes da gravação número 2;

Orientação dos Trabalhos:
Pré–processamento das amostras

As amostras foram normalizadas de modo a terem o mesmo nível de sinal e a mesma relação sinal-ruído; os trechos sem voz foram removidos, pois não caracterizam o locutor. Das amostras normalizadas foram extraídos coeficientes do tipo MFCC (Mel-Frequency Cepstral Coefficients) utilizando janelas de 23,2 ms com espaçamento entre janelas de 10 ms, 5 filtros por oitava, resultando em 13 coeficientes por janela.

Métodos de Comparação

Os coeficientes da amostra tr1 foram utilizados para treinamento de um sistema de reconhecimento automático do locutor, independentemente do texto baseado em misturas gaussianas (GMM — Gaussian Mixture Models), utilizando 24 misturas para representar o locutor. Como algoritmo de comparação, foi utilizado o logaritmo da verossimilhança *(log-likelihood)*. Esse método foi escolhido por causa de sua robustez, não sendo o único possível de ser utilizado.

Resultados

Amostra	Número de vetores	Valor de saída	Valor de saída normalizado
tst1	125	-1064,329	-8,515
tst2	303	-2326,333	-7,678
tst3	305	-2362,773	-7,747

Os resultados obtidos estão compilados na tabela acima:

O número de vetores indica o número de janelas resultantes do pré-processamento; o valor de saída é a soma do logaritmo da probabilidade de o vetor pertencer ao locutor em questão; e a normalização é feita dividindo-se o valor de saída pelo número de vetores.

Conclusão

Pelos resultados obtidos, conclui-se que não existe evidência de que todas as locuções tenham sido pronunciadas pelo mesmo locutor, visto que os valores normalizados não estão suficientemente perto.

Nota: Sabemos que esses laudos técnicos são de difícil compreensão; por isso, resumimos aqui que, através dos cálculos elaborados, o especialista concluiu que sim, são dois locutores diferentes *que aparecem na gravação ocorrida na reunião.*

Comentário

Esse laudo, somado ao fato de dispormos de dois gravadores com o mesmo trecho no qual em apenas um aparece a voz que diz — "*E PELA DEDICAÇÃO*", é uma prova contundente de que, apesar de clara e alta, a voz de fato é de um comunicante espiritual.

Para quem imagina que os contatos de TCI são sempre ruidosos e de difícil percepção, eis um exemplo que mostra que nem sempre isso é assim.

Esse caso encontra-se no nosso *site* na Internet, onde o "áudio" está à disposição para ser ouvido:

http://www.geocities.com/Athens/Acropolis/9045/index.html

3. CASO PAULA

Esse caso se assemelha ao anterior, só que extraído da gravação da reunião de dezembro de 1997.

Trata-se de uma gravação da filha falecida da associada Ernestina, de São Paulo. A mãe já havia solicitado uma mensagem à filha, e quando o microfone voltou para mim, bem próximo da minha fala, uma voz feminina muito alta e clara disse: "*NADA MUDA*."

Novamente, a voz era tão límpida que seria inevitável a pergunta: teria sido pronunciada por mim mesma?

COMO VERIFICAR

Para efeito da análise que solicitamos aos especialistas, tomou-se a palavra "NADA", que suspeitávamos ter sido pronunciada pela falecida Paula, e providenciamos para que eu gravasse a mesma palavra várias vezes em separado. A proposta seria fazer um confronto das gravações.

Levamos as amostras das vozes para a Universidade, onde o especialista levantaria as características da voz humana (Sonia) e da (pressuposta) falecida Paula. Só o laudo traria a verdade. Em se tratando de prova científica, não basta achar que, ouvindo, as vozes são diferentes; nem poderíamos nos embasar no fato de a mãe, Ernestina, ter reconhecido a voz e o jeito de falar da filha. Isso é pouco. Só a ajuda precisa de *softwares* e de cálculos trariam a verdade definitiva.

Nota: É importante explicar que quando da gravação do referido experimento, apenas eu estava perto do gravador. Todos os associados presentes à reunião estavam distribuídos pela sala e, portanto, distantes. Como a voz que responde entrou muito alta e clara, isso implicaria que a locutora estivesse bem junto do gravador, como eu estava. A menos que não fosse voz humana.

LAUDO TÉCNICO

Peças de Exame

Constituem peças motivo do presente exame duas fitas cassete, numeradas 1 e 2, gravadas no mesmo equipamento gravador, cujas gravações foram digitalizadas em um computador padrão IBM-PC através de uma placa de som padrão Sound-Blaster. A resolução utilizada foi de 16 *bits*, com taxa de amostragem de 11.025 amostras por segundo.

Objetivo do Exame

Verificar se o locutor "A" (Sonia) não pronunciou determinada locução e se o locutor "B" é desconhecido.

Padrões de Confronto

São objetos de padrões de confronto 5 gravações presentes nas fitas cassete utilizadas, numeradas da seguinte maneira:

- 1 gravação de aproximadamente 40 segundos da voz de Sonia Rinaldi, aqui denominada tr1, proveniente da fita número 1;

- 1 gravação de locutor desconhecido, aqui denominada tst1, proveniente da fita 2;
- 3 gravações do mesmo conteúdo que a anterior, com a voz do locutor A, denominadas tst2, tst3, tst4 respectivamente proveniente da fita número 1;

Orientação dos Trabalhos: Pré-processamento das amostras

As amostras foram normalizadas, de modo a terem o mesmo nível de sinal e a mesma relação sinal-ruído; os trechos sem voz foram removidos, pois não caracterizam o locutor.

Das amostras normalizadas foram extraídos coeficientes do tipo MFCC (Mel-Frequency Cepstral Coefficients) utilizando janelas de 23,2 ms com espaçamento entre janelas de 10 ms, 5 filtros por oitava, resultando em 16 coeficientes por janela.

Métodos de Comparação

Os coeficientes da amostra tr1 foram utilizados para treinamento de um sistema de reconhecimento automático do locutor, independentemente do texto baseado em misturas gaussianas (GMM — Gaussian Mixture Models), utilizando 16 misturas para representar o locutor. Como algoritmo de comparação foi utilizado o logaritmo da verossimilhança (*log-likelihood*). Esse método foi escolhido por causa de sua robustez, não sendo o único possível de ser utilizado.

Resultados

Os resultados obtidos estão compilados na tabela abaixo:

	Amostra	Número de vetores	Valor de saída	Valor de saída normalizado
Paranormal	Tst1	152	-3171,58	-20,87
Loc. A	Tst2	181	-1225,34	-6,77
Loc. A	Tst3	187	-1133,26	-6,06
Loc. A	Tst4	156	-952,49	-6,11

O número de vetores indica o número de janelas resultantes do pré-processamento, o valor de saída é a soma do logaritmo da probabilidade de o vetor pertencer ao locutor em questão, e a normalização é feita dividindo-se o valor de saída pelo número de vetores.

Conclusão

Através da análise dos resultados obtidos, não foi encontrada nenhuma evidência de que a locução examinada (do locutor desconhecido) tenha sido pronunciada pelo locutor A, haja vista que o valor de saída normalizado é muito inferior aos valores obtidos pelas amostras pronunciadas por ela.

Comparação entre a voz do Locutor A e a voz do Locutor Desconhecido

Para verificar que a voz em questão não é mesmo a do locutor A, além dos testes já mencionados foi feita uma análise da variação da freqüência formadora III (FFIII) de sua voz durante a pronúncia da palavra "NADA" e comparada com a variação da mesma na locução em questão.

Para tanto, foram calculados os coeficientes cepstrais das amostras e levantadas as freqüências correspondentes. Os resultados são mostrados no gráfico abaixo.

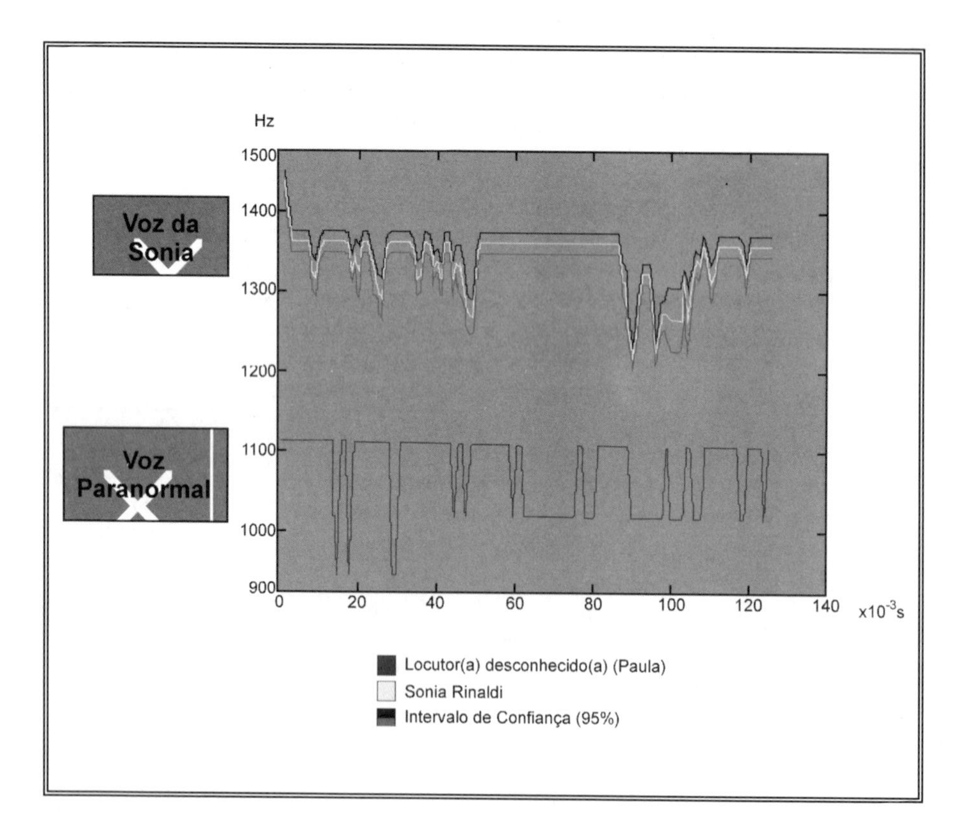

Verifica-se que a variação da formante durante a amostra do locutor desconhecido não se encontra dentro da variação da mesma nas amostras pronunciadas por Sonia Rinaldi, nem a média temporal, nem a variação temporal.

Comentário nosso

Mais uma vez, conseguimos comprovar que a voz captada era paranormal. O áudio desse caso está disponível para ser ouvido no nosso *site* (vide endereço eletrônico citado anteriormente).

4. CASO DA MODULAÇÃO DA MICROFONIA

Esta ocorrência foi extraída da reunião de associados da ANT, de 6 de setembro de 1998, na qual registramos o maior número de modulação de ruídos ambientes, como: "abrir e fechar da porta junto ao salão", "rebobinar filme de câmera fotográfica", "espocar de *flashes*", "espirro e tosse" etc.

O caso a seguir resultou da inesperada modulação do som de uma "microfonia" (ruído agudo típico emitido pelo microfone em certas circunstâncias).

COMO ACONTECEU

Antes da abertura da reunião, tão logo pegamos o microfone, constatamos que o volume estava alto, *tanto que, ao respirar, ouvia-se um som grave de arfar.* Travei um breve diálogo, então, com o associado Jean Paul Joarlette, que era o responsável pelo som naquele evento.

Vamos descrever esse diálogo inicial, quando perguntávamos a ele se podíamos dar início, ou seja, se estava tudo em ordem em termos de som. Eis o que ficou gravado:

Nota: Desde que tomamos o microfone para começar, tudo já estava sendo registrado.

Sonia: Tudo bem, Jean Paul?
Jean Paul: Tudo em ordem.
(respiro, e o som sai muito alto nas caixas)
Sonia (brincando): Eu não posso respirar?
Jean Paul (rindo): De forma normal...
(nesse momento dou um passo atrás e surge um ruído estridente de microfonia, mas nada se percebeu além da microfonia no momento, tanto que o diálogo continuou...)
Jean Paul: Ah! Não põe o microfone diante da caixa...
Sonia: Que caixa?

Pois bem... em meio a esse diálogo, ouvido pelos presentes e registrado em vários gravadores, no momento em que ocorreu a microfonia uma voz paranormal modulou-a assim:

"O QUE FOI QUE ELE DISSE?"

Como procuramos nos apoiar em análises técnicas que assegurem a veracidade do fenômeno, desejamos saber se, de fato, a microfonia era ou não "voz paranormal", ou apenas interpretação de nossos ouvidos (ainda que claríssima). Enviamos então para análise e eis o documento recebido:

LAUDO TÉCNICO

Peças de Exame

Constitui peça motivo do presente exame uma gravação digitalizada em um computador padrão IBM-PC através de uma placa de som padrão Sound-Blaster. A resolução utilizada foi de 16 *bits*, com taxa de amostragem de 11.025 amostras por segundo.

Objetivo do Exame

Realizar a verificação de que a gravação em questão possui sinais de voz.

Objetos de Estudo

É objeto de estudo uma gravação de aproximadamente 3 segundos, cujo conteúdo se deseja identificar.

Orientação dos Trabalhos

Foi realizada uma subtração espectral na amostra em questão, de modo a obtermos um sinal com um mínimo de ruído, sem no entanto introduzir distorções consideráveis no sinal original. A seguir, o espectograma desse sinal foi levantado e, a partir deste e da análise auditiva, foi feita uma transcrição do mesmo.

Resultados

Abaixo mostramos o espectograma obtido:

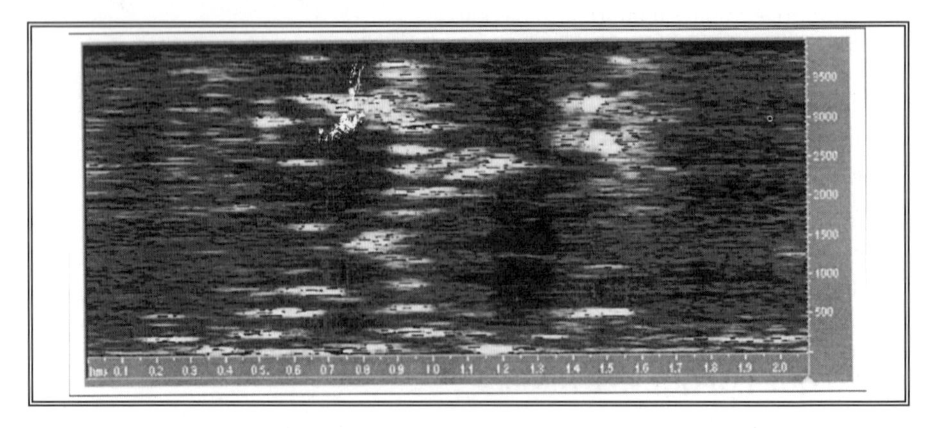

É possível observar várias raias em determinados pontos do espectro, o que é característico de um sinal de voz.

Transcrição

Ao efetuarmos a análise acústica, utilizando o espectograma do sinal como auxiliar, obtivemos a seguinte transcrição: "*Que foi que ele disse?*"

Conclusão

Através dos resultados obtidos conclui-se que existe um sinal de voz na gravação apresentada, visto que no espectro podemos ver claramente as características de um sinal desse tipo.

Nota: *Para maiores detalhes quanto às características de um sinal de voz, deve-se consultar publicações especializadas.*

Um detalhe que merece consideração é que, ao ser feita a análise acústica e um exame detalhado do espectograma, verificou-se o reforço de freqüências altas (voz aguda) causado pela alta freqüência da microfonia.

Comentário

Como não é muito fácil de entender, requisitamos a explicação pessoal do analista, que esclareceu que sua avaliação demonstra tratar-se sim de VOZ no lugar do ruído da microfonia.

Ora, como temos outras gravações (simultâneas), nas quais a *microfonia* não foi modulada (ou seja, era apenas um som estridente, sem nenhuma palavra compreensível), deduz-se que a voz só pode ser uma inserção paranormal.

UMA DIFERENÇA AFINAL

Vimos nas páginas anteriores que, em termos de freqüências, as vozes paranormais são iguais às humanas. Mas não nos demos por derrotados e fomos em busca de mais sinais que pudessem somar solidez à autenticidade das captações. Foi assim que descobrimos que há como se detectar quando a voz é paranormal, se o locutor é outro que não o transcomunicador etc. Já era um caminho. Seria importante descobrir mais detalhes que tipificassem, de fato, as vozes do Além.

Por ouvirmos diariamente tantas respostas dos comunicantes espirituais, começamos a detectar sim algo diferente em relação à voz humana: é freqüente possuírem certa "musicalidade" típica. Como a noção de música que tínhamos se fez precária ao longo dos anos (pois remonta à infância, quando estudei piano por oito anos), não nos víamos na posição de fazer maiores confirmações quanto a essa eventual característica das vozes. E, mais uma vez, um associado veio em nosso apoio.

Dessa vez, uma associada, Rose Cassiano. Musicista por profissão, com especialização em flauta, ela era a pessoa ideal para fazer essa pesquisa. Ela aceitou o desafio e suas conclusões só vieram a confirmar nossas suspeitas.

Mas por que os comunicantes espirituais se valeriam desse detalhe, para por vezes tipificar seus contatos?

A resposta que nos parece mais lógica é simples: se falassem sempre de forma muito usual, como nós fazemos, a certeza de serem paranormais ficaria apenas na credibilidade do experimentador e/ou dependente de maiores análises, como temos feito com especialistas.

A exemplo da forma que, no passado, com Jürgenson por exemplo, os espíritos compunham frases com palavras de diferentes idiomas, como um sinal de autenticidade, aqui, conosco e com muitos de nossos associados, tem sido uma constante a diferenciação pela musicalidade das respostas paranormais.

Passamos a palavra a Rose, que explica como desenvolveu sua pesquisa:

UM POUCO DA TÉCNICA

Música é uma combinação de sons que conservam entre si relações lógicas e ordenadas. A finalidade da música é evocar sentimentos ou traduzir impressões.

Som é tudo o que impressiona o órgão auditivo. Melodia é uma combinação de sons sucessivos.

Exemplo:

É o que ocorre com as vozes paranormais. Na pesquisa que realizei, analisando cinqüenta amostras procedentes de vários associados da ANT, deu para notar com clareza essa peculiaridade: a melodia de muitas vozes é acentuada.

Enquanto que, com a voz humana, não ocorrem sucessões de sons ascendentes ou descendentes, o mesmo não se pode dizer das muitas e muitas captações.

Exemplo:

Qualquer pessoa (mesmo que não conheça música) poderá, por meio dos gráficos que se seguem, avaliar a melodia que existe nas vozes paranormais pesquisadas.

1º CASO

Captação da associada Magaly Chiereguini (Itanhaém – SP)
Voz feminina diz: "*Não se avexe por você estar aqui.*"

Gráfico da voz paranormal mostra forte modulação.

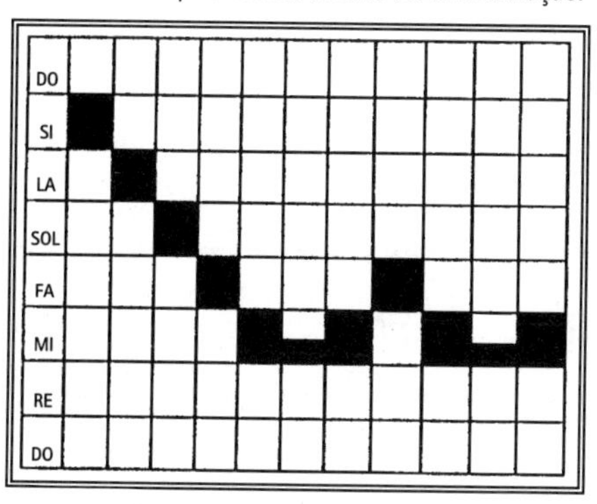

Gráfico da voz humana pronunciando a mesma frase.

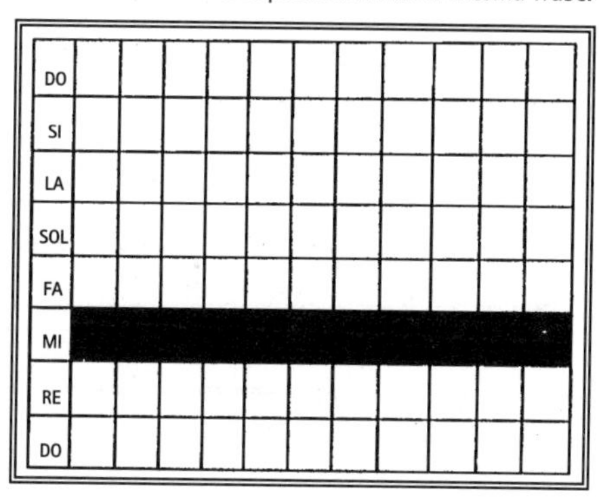

Nota: essa captação foi registrada durante uma sessão de desobsessão, no centro espírita que Magaly freqüenta (sem nenhum ruído de fundo).

2º CASO

Captação da associada Yolanda Póvoa (RJ).
Ocorreu quando buscava consolo pela perda do filho Cacau.

No 1º gráfico, vê-se a melodia acentuada da voz paranormal que diz:
"ESTAMOS AO SEU LADO E POR ISSO DIVIDINDO."

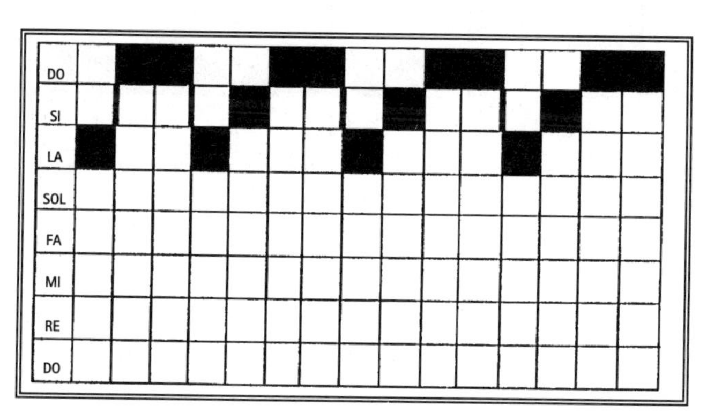

DO
SI
LA
SOL
FA
MI
RE
DO

Da forma que nós falaríamos, normalmente, a mesma frase não teria nenhuma alteração, nem ascendente, nem descendente.

3º CASO

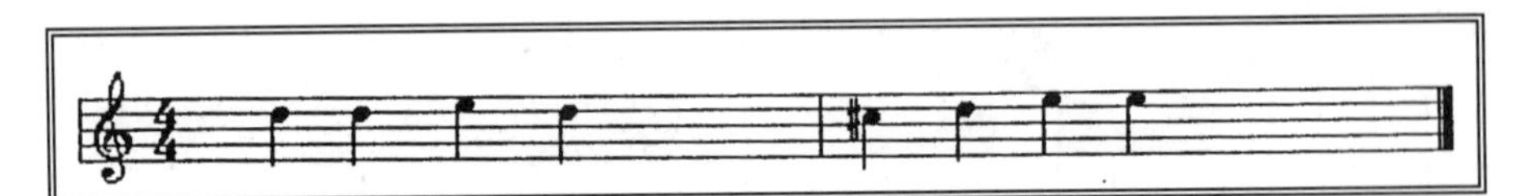

Captação de Sonia Rinaldi:
Voz do comunicante Arthur em resposta a pedido de orientação para a reunião da ANT – Assoc. Nacional de Transcomunicadores, que viria a ocorrer. Devido a essa sugestão, alterei totalmente a programação do dia.
Voz: *"APROVEITA MAIS O TEMPO."*

Voz paranormal melodiosa.

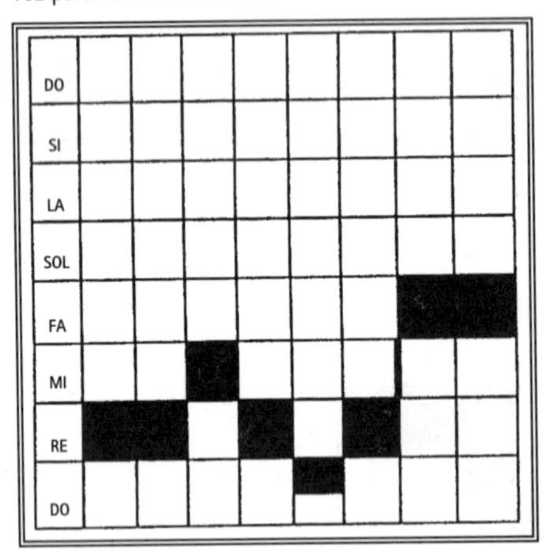

Voz humana dizendo a mesma frase.

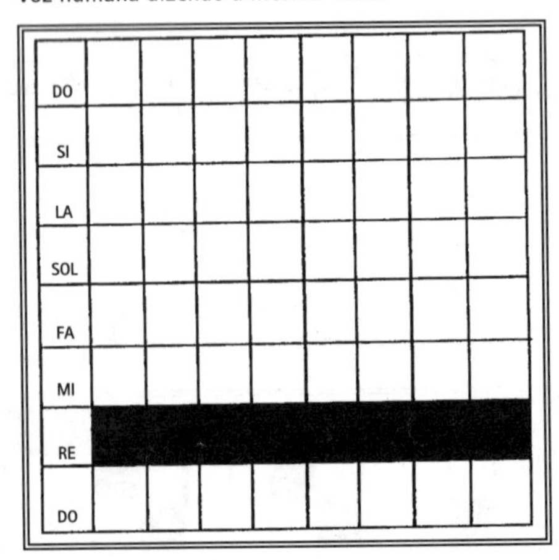

4º CASO

Captação de Sonia Rinaldi
Durante a reunião da ANT.
Voz masculina diz:
"SOLTA AS ONDAS NO MUNDO."

As palavras foram nitidamente moduladas sobre o ruído de fundo de forma melodiosa.

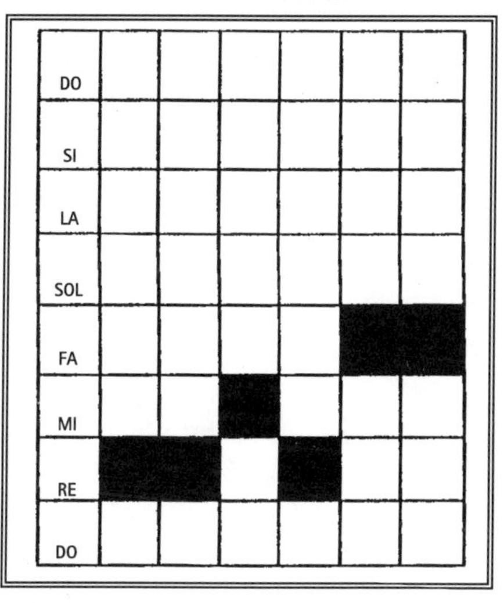

Abaixo a forma em que qualquer pessoa falaria a mesma frase.

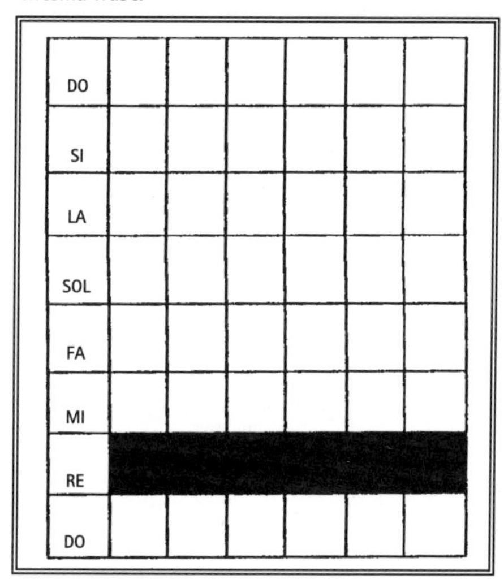

11

Dicas

"É bem verdade que uma conexão já se estabeleceu entre este e outros mundos."

CHARLES RICHET

1. TODOS OUVEM IGUAL?

Pela nossa experiência, quando as pessoas visitam a nossa estação, pode-se perceber que cada uma delas parece ter um nível de capacidade auditiva próprio. Para complicar, esses níveis não parecem estar vinculados à idade. Por exemplo, nossa colega Sarah Estep (EUA) tem 72 anos e ouve maravilhosamente bem.

A questão da audição é fundamental para qualquer transcomunicador, e é importante entender como alguns ouvem e detectam a voz paranormal de imediato, até em contato de nível "C" (de baixa qualidade), enquanto outros nada ouvem além do chiado. Geralmente, é preciso limpar o chiado para a pessoa perceber a voz. Procuramos esclarecer esse "mistério", e eis o que apuramos:

PERDA AUDITIVA

O processo da audição passa por um estágio mecânico e por outro elétrico. O primeiro consiste na condução e amplificação das ondas sonoras; o segundo, na transformação do som em impulsos eletroquímicos. Por isso, pode-se falar em dois tipos de perda auditiva: a surdez sensorial e a surdez condutiva.

A surdez sensorial é a mais perigosa. São lesadas as chamadas células ciliadas, ou seja, células que possuem cílios que são como pequenos geradores de eletricidade, mandando impulsos que são captados pelo nervo auditivo e levados ao córtex cerebral, onde são decodificados.

A poluição sonora (trauma acústico induzido por ruído), doenças vasculares e infecções virais são causadoras da surdez sensorial.

A surdez condutiva é provocada por distúrbios no conduto auditivo ou no ouvido médio. Fala-se em surdez condutiva quando há algum obstáculo na condução das ondas sonoras até o labirinto (conjunto das cavidades flexuosas existentes entre o tímpano e o canal auditivo interno). A causa pode ser de um simples tampão de cera até uma malformação ou ausência dos ossículos do ouvido médio. Alguns casos desse tipo de surdez, que no passado eram incuráveis, hoje podem ser solucionados.

A perda da audição, em função da poluição sonora, é gradual e irreparável. A medida dos ruídos é dada por decibéis. Zero decibel (db) é o som mais fraco que uma pessoa pode ouvir. A perda auditiva resulta de uma combinação entre o nível dos decibéis e o tempo de exposição a esses ruídos, levando-se em conta também a suscetibilidade da pessoa.

Hoje em dia, nos grandes centros urbanos, estamos expostos a um nível de ruídos muito superior àqueles produzidos na natureza. No horário mais movimentado, o barulho do trânsito pode chegar tranqüilamente a 90 db, enquanto que na natureza ruídos acima de 80 db só são ouvidos na proximidade de grandes cachoeiras.

Seguem alguns exemplos da intensidade do som em decibéis e o tempo máximo de exposição, sem o uso de protetores auriculares recomendados para os sons mais elevados:

- 30 db – uma conversa em voz baixa.
- 40 db – música suave.
- 60 db – conversação normal.
- 70 db – aspirador de pó, motor de carro, escritório barulhento.
- 80 db – alarme do despertador.
- 90 db – motocicleta, avenida movimentada (tempo máximo: 8 horas).
- 100 db – trem se aproximando (tempo máximo: 2 horas).
- 110 db – banda de *rock* ao vivo (tempo máximo: 26 minutos).
- 130 db – sirene de ambulância (tempo máximo: 5 minutos).
- 140 db – avião a jato a 25 metros de distância (nenhuma exposição é permitida sem protetor).

O envelhecimento pode ser, embora nem sempre, um fator de perda progressiva da audição. Vai depender muito do uso que se faz da audição.

AUDIOMETRIA

Para se avaliar a capacidade auditiva, é preciso fazer um exame chamado AUDIOMETRIA, realizado normalmente por um fonoaudiólogo.

O exame consiste em duas etapas. Numa cabine fechada, resguardada de ruídos externos, coloca-se um fone sobre as orelhas. O fonoaudiólogo solicitará então que, todas as vezes que se ouvir um som, levante-se a mão correspondente ao ouvido direito ou esquerdo, de acordo com a situação. Esse som, parecido com um apito, varia do grave ao agudo e, quanto ao volume, começa mais alto e vai diminuindo.

A seguir, o teste é feito mediante palavras pronunciadas pelo profissional, que começa falando num volume mais alto e vai diminuindo para ver até que ponto era possível reconhecer e repetir as palavras.

É POSSÍVEL MELHORAR A AUDIÇÃO?

A vida moderna nos impõe situações ruidosas, e nossos ouvidos passam a ouvir em bloco. Normalmente, ao ouvir uma orquestra, as pessoas só ouvem o bloco de sons. Teriam dificuldade de ouvir um violino em especial ou um violoncelo em acompanhamento. Mas, pode-se desenvolver uma audição "seletiva", o que já vai além de apenas procurar preservar a audição, expondo-se pouco à poluição sonora.

Mas, no caso de transcomunicadores, a exemplo da Sarah Estep, apesar da idade, sua audição parece estar mais em forma do que a de muito jovem. Como explicar?

Entendemos que a *concentração*, a que nós nos obrigamos para distinguir as vozes paranormais, nos dá uma capacidade "seletiva", que resulta em melhoria da audição. Mas isso só se ganha com o tempo. A paciência de ouvir muito chiado, que é limpado com a concentração, há de ser recompensada por uma audição privilegiada.

COMO O BRAILLE

Talvez seja fácil entender o que a concentração pode fazer pelo desenvolvimento de uma capacidade, se compararmos com os cegos que lêem Braille. Para nós, que não temos a sensibilidade preparada para perceber os pontinhos salientes que compõe o alfabeto Braille, nada percebemos em nossos dedos sobre essa escrita além de um arranhãozinho na ponta dos dedos.

Mas distinguir os pontos? De forma alguma conseguimos. Por quê? Porque não desenvolvemos essa aptidão, que só a concentração ensinou e desenvolveu nos cegos.

Com a audição acontece o mesmo. Investindo na concentração, perceberemos até o som da queda de um alfinete no chão.

2. ARSENAL TÉCNICO

A dificuldade auditiva é apenas um dos problemas. Bem pior do que ela é a antitecnologia usada por muitas pessoas. Esta resulta apenas em esgotamento e ausência de resultados. Por quê? Porque estão pecando nos itens mais básicos.

• FONE

Fone de ouvido para atender a esse tipo de pesquisa tem de, necessariamente, ser de nível profissional. Improvisos, nem pensar. Usar um fone já surrado, emprestado, ou comprar um porque é mais barato, poderá ser a causa de muitas horas perdidas.

Pondere sobre "quanto vale o seu tempo"? Vale muito, certo? Se você se dispõe a gastar horas de sua vida nessa pesquisa, então faça o mínimo: invista num equipamento básico de boa qualidade, para não ver seu tempo escoando inútil. Um fone de ouvido de boa qualidade está na faixa de 130 dólares. Mas a diferença é que, com ele, você ouve o que geralmente os outros abafam.

• MICROFONE

Outro item: o microfone precisa ser poderoso. As vozes geralmente são sutis, e a possibilidade de amplificá-las é uma vantagem. O esquema em anexo pode ser de valia.

• RUÍDO DE FUNDO

A respeito desse tema, muitas vezes nossos associados dão um *show* à parte. Transformamos o assunto em algo cômico, porque é assim.

Faz pouco tempo, uma associada enviou-nos uma fita, informando que ela achava que havia ali uma captação. Pedia-nos a avaliação. Quando fomos ouvir, sentimos imensa pena dos espíritos. Nossa colega havia posto um aparelho de "metrônomo" (batida cadenciada para demarcar compasso) tão alto que pareciam marteladas na cabeça dos pobrezinhos. Ainda assim, não havia um contato, mas nove. Outro caso foi o de uma transcomunicadora que decidiu colocar um ruído de fundo que mais parecia britadeira no asfalto. De novo, tivemos muita pena dos espíritos. E, nesse caso, havia ainda muitos contatos, apesar de tudo. Sem contar as dezenas de fitas que nos chegam carregadas de contatos, mas que, por falta de fones ideais, impossibilidade de amplificá-los etc. e o experimentador diz haver ali um ou dois contatos, quando lá estão às dezenas. Nesses casos, a ponte já está firmada. Os contatos já existem. Apenas há de se melhorar a parte técnica para melhorar os contatos.

Chegamos a testar dezenas de tipos de ruído de fundo. Com música, barulho de água, tons fixos, ruído branco, ruído rosa, marrom etc. Todos eles não parecem ajudar muito; ao contrário, por transcenderem a faixa da voz humana tradicional, servem mais para poluir do que para ajudar.

Com essa pesquisa, fizemos descobertas curiosas. Por exemplo: se colocarmos um ruído estridente (freqüência alta), os espíritos irão modulá-lo sim, só que a voz sairá "fininha" (aguda). Se colocarmos ruído de água caindo (tipo gravar o chuveiro aberto), as vozes sairão audíveis, porém sem aspecto de som humano. Ou seja, de acordo com nossas experiências, as vozes saem em consonância com o ruído fornecido.

Portanto, concluímos que a modulação se dá mais adequadamente, dentro da própria faixa humana da voz.

Quando nossos pioneiros intuíram de usar rádios interestações, claro que não sabiam tudo o que pudemos levantar agora, mas intuíram de forma correta. Durante muito tempo, achando que quanto maior fosse o leque de freqüências melhor seria, cheguei a usar quase vinte equipamentos ligados simultaneamente. Funcionava? Funcionava. Mas havia um ruído desnecessário. Só quando descobrimos que o que de fato interessa é a faixa da voz humana, decidimos preparar uma fita que, por si, substituiu os vinte equipamentos, e com vantagem.

• A FITA BOLHA

Levei a questão para pesquisadores e concluiu-se que o ideal seria mesclar dez vozes femininas com dez vozes masculinas e invertê-las no computador (para evitar a identificação de alguma palavra durante as gravações). Eles mesmos executaram essa composição, que ganhou o nome de "Bolha Humana" e, ao testarmos, recebem o nome de GOL!!! Tudo o mais pode ser dispensado. Essa composição não é apenas o que utilizamos, mas o que recomendamos. O leitor pode elaborar a sua própria fita ou pode nos solicitar (informando-se pela Caixa Postal 67.005 — CEP 05391.970 — São Paulo — SP).

• COMO GRAVAR VOZES

Nós nos abstivemos de abordar esse assunto, pois já publicamos as orientações do "passo a passo" no nosso livro *Transcomunicação Instrumental — contatos com o Além por vias técnicas* (Ed. FE). Mas se o leitor quiser, pode nos solicitar essas instruções no mesmo endereço acima. Apenas pedimos que sejam enviados selos para a resposta, já que o montante da nossa correspondência é enorme.

12

Da "caixinha" de Landell à fotônica

"A eletricidade e o magnetismo são duas correntes poderosas que começam a descortinar aos encarnados alguma coisa dos infinitos potenciais do invisível."

ANDRÉ LUIZ

LANDELL: o primeiro transcomunicador?

O verdadeiro inventor do rádio, o padre gaúcho doutor Roberto Landell de Moura, é um dos dirigentes do grupo do Além que entra em contato conosco. Embora o mundo registre como inventor o italiano Guillermo Marconi, poucos sabem que foi o padre brasileiro o pioneiro nessa invenção.

Quem tem algum conhecimento sobre transmissão e recepção de sinais eletrônicos e se disponha a ler com atenção a bibliografia existente sobre o padre Landell, que conseguiu em 1893 transmitir a voz levada pela luz, deve ficar com uma dúvida: teria ele utilizado o seu invento somente para transmitir um sinal de um ponto a outro daqui do nosso plano físico? Talvez a resposta surpreendente esteja nas seguintes linhas:

> ... Quando localizado, Benedicto Olegário Berti, aos 81 anos, em 1976, conseguiu lembrar muitos fatos passados e, mesmo repetindo os casos constantemente, soltou as palavras com convicção: "Ele era bravo, não cochilava, não levava troco para casa. No Largo do Carmo, não sei por que motivo, ele tirou a batina e brigou com dois rapazes."
> Padre Landell era assim e muito mais. Quando chegou a Mogi das Cruzes — SP, Berti já era coroinha e, aos 11 anos, continuou o seu ofício com o novo padre. A proximidade possibilitou ao coroinha co-

lher informações históricas preciosas. Padre Landell morou num quarto da igreja da paróquia de Santana (bairro da cidade de São Paulo), onde ninguém podia entrar porque ele sempre trancava a porta. Até a limpeza era ele quem fazia.
Certa vez, Berti e outro coroinha conseguiram entrar no quarto do inventor. Eles estavam brincando, viram uma "caixinha" com uns fios e começaram a mexer num botão. De repente, "a caixinha falou"! Imaginem o susto dos dois.
A caixinha falou alguma coisa em italiano (assim Berti se recordou) e o padre Landell ficou zangado:
"O que vocês estão reinando aí?" E Berti saiu sem entender nada.
"A caixinha", prosseguiu, "deveria ter uns 20 centímetros de largura por 10 de altura, e ele quase sempre a mantinha no bolso. Andando na rua, às vezes parava e começava a se comunicar com a caixinha; por isso, diziam que ele era louco.
"Nas missas, o padre Landell levava a caixinha para o altar e a colocava próximo ao cálice. A um sinal vindo de dentro da 'caixinha', padre Landell parava a missa e começava a falar em italiano com aquele objeto estranho, que respondia bem baixo." O coroinha ao lado dele tudo presenciava.
Quando terminava o diálogo, Padre Landell perguntava: "Aonde é que paramos?"
E recomeçava a missa!
(*Padre Landell*, coleção "Esses Gaúchos", B. Hamilton de Almeida)

Obviamente que esse detalhe da "caixinha" passou totalmente despercebido durante muitos anos, já que por décadas a transcomunicação praticamente não existia. Mas faz sentido que o padre Landell tenha sido, de fato, o primeiro transcomunicador do mundo, pois é somente dele que se tem notícias quanto a ter manuseado algo, um equipamento, que "falava". Ele viria a inventar e a testar o rádio anos depois: portanto, não se pode imaginar que a "caixinha" estivesse captando qualquer fonte emissora da Terra. Quem sabe não era da Terra? Afinal, é dele o seguinte pensamento:

"Dai-me um movimento vibratório, tão extenso quanto a distância que nos separa deste e de OUTROS MUNDOS *que giram sobre nossas cabeças ou sob nossos pés, e farei minha voz até lá."*

Estranha convicção em plena virada do século passado! Talvez o padre Landell tenha sido o único a conseguir contatos, não pelo "rádio", que viria a inventar, mas com comunicantes espirituais.

E mais: colhemos em O *outro lado das comunicações* — *A saga do Pe. Landell*, do jornalista B. Hamilton, mais uma referência que sugere que ele sabia de coisas que não podia falar:

(...) Trinta de Junho de 1928. Naquele fim de tarde de sábado, num modesto quarto de hospital da Beneficiência Portuguesa de Porto Alegre, um sacerdote agonizava. Cercado por um grupo de amigos e admiradores, dias antes, alguém aludiu aos progressos da telefonia sem fio e perguntou àquele homem por que não divulgara aos quatro cantos a invenção que lhe pertencia e que obteve patente nos

Estados Unidos. O homem respondeu que, como religioso, não podia e não devia aparecer como inventor. Recordando-se, disse que, há anos, fora aconselhado a abandonar a batina para dedicar-se à ciência, mas negou-se a isso. Negou para respeitar o voto feito e a maior aspiração de seus pais. E, gesticulando com a mão magra, completou:
"TUDO AQUILO QUE ANDA AÍ NO AR, EU TENHO GUARDADO E LEVAREI PARA O TÚMULO..." (...)

O que será que "está no ar" e ele não podia falar? Não seriam as vozes?

Desse ponto inicial, damos um salto de cem anos na História e chegamos à virada do século, que está por ocorrer.

E aqui vamos encontrar novos fenômenos que desafiam a nossa ciência, mas que, com certeza, encontrarão explicações dentro de poucos anos.

TCI E APPORTS: *UMA POSSIBILIDADE*

Em capítulos anteriores, falamos das conquistas do grupo inglês da cidade de Scole, na Inglaterra. Mas, além de receber as imagens em fotos e vídeos, seus integrantes deram a saber que também vêm recebendo diversos objetos.
Que tecnologia seria utilizada para essa emissão? Nossos parceiros do Além, então, visivelmente, dispõem de conhecimentos científicos bem superiores aos nossos.
Dizemos que esses objetos são *apports* (do francês, significando "aportados"). Mas, felizmente, nessa última década antes da virada do século XXI, a nossa ciência não fez feio. Já traz uma abertura que aponta para a aceitação de mais esse fenômeno.

Para tratar desse assunto, convidamos o associado, engenheiro Paulo Bellintani, para comentar a questão do "teletransporte", que transcrevemos:

Um marco importantíssimo e fundamental para os amantes da ciência foi anunciado este mês por uma equipe de cientistas austríacos do Instituto de Física Experimental da Universidade de Innsbruck: a comprovação experimental do teletransporte de matéria, o que caracteriza, fielmente, o fenômeno do aporte, isto é, fazer um objeto material desaparecer de um determinado lugar e reaparecer em outro, distante ou não do primeiro e sem a interferência visível de pessoas. Em outras palavras, está, definitivamente e cientificamente provada a possibilidade da desmaterialização e posterior rematerialização de objetos.
Os físicos conseguiram teletransportar (aportar) um fóton, que é uma partícula subatômica que se desloca à velocidade da luz e, em repouso, apresenta massa nula. O desenvolvimento de técnicas e estudos posteriores dessa experiência poderá permitir, no futuro, que corpos mais complexos — como átomos, moléculas e microorganismos — possam ser desintegrados e recompostos em outro local, segundo palavras do doutor Anton Zeilinger, um dos autores do estudo.
Finalmente, parece que chegamos à tão almejada comprovação científica de um fenômeno já conhecido, mas incompreendido ou ignorado pela ciência oficial. Os casos de aportes, comuns em fenômenos de *poltergeist* e, mais recentemente, ocorridos

em transcomunicações instrumentais, agora têm uma retaguarda científica para a comprovação de sua veracidade.

Essa realidade é perseguida há muito tempo, desde as famosas experiências do renomado cientista Johann Zóllner e o médium Slade, na Alemanha de 1877. Zóllner e seus colaboradores, para investigar certos fatos paranormais, levaram a cabo um certo número de experimentos com o médium Slade. Num deles, Zóllner amarrou, firmemente, duas argolas num fio que, por sua vez, estava atado aos pulsos do médium, impossibilitando-o de atingir as argolas com suas mãos. Então, Slade colocou suas mãos sobre uma mesinha de centro e, à vista de todos os experimentadores, e à plena luz do dia, subitamente as argolas desapareceram e reapareceram, em seguida, nas pernas da mesinha. O professor Zóllner então elaborou uma teoria de que existiam seres incorpóreos e inteligentes que habitavam uma quarta dimensão contígua ao nosso mundo tridimensional. De acordo com sua teoria, os objetos sólidos atravessariam o espaço tridimensional para o tetradimensional e, por fim, retomariam ao espaço tridimensional novamente. É a chamada Hipótese de Zóllner para a explicação dos fenômenos de aporte.

Um outro cientista italiano, Ernesto Bozzano, após assistir a alguns casos de aportes e materializações, também elaborou uma teoria que visava à explicação do fenômeno. Bozzano acreditava que os objetos sólidos eram desmaterializados e, assim desagregados, atravessariam os interstícios moleculares das barreiras materiais, isto é, ocorreria uma transposição da matéria. Devemos convir que foram hipóteses elaboradas há mais de cem anos, quando ainda não podiam imaginar sua comprovação experimental, mas que correspondia exatamente à realidade.

Definitivamente, essa não foi uma descoberta isolada, mas sim a continuidade das pesquisas e hipóteses teóricas formuladas desde 1927, com o advento da Mecânica Quântica e o Princípio da Incerteza de Heisenberg, em que o teletransporte era considerado impossível.

Posteriormente, com os estudos de Einstein, em que criticava a validade da Mecânica Quântica, juntamente com mais dois físicos, ele demonstrou como as partículas poderiam ser agrupadas em pares, nos quais uma delas poderia sempre, mesmo a distância, reproduzir o estado energético da outra. Com esse conceito, em 1993 Charles Bennet, da Divisão de Pesquisa da IBM, junto com mais quatro pesquisadores, encontraram uma brecha na Mecânica Quântica para a possibilidade teórica do teletransporte que, felizmente, acaba de ser comprovado experimentalmente pela equipe austríaca.

Sem dúvida, os fenômenos ditos paranormais estão cada vez mais perto de explicações científicas e totalmente plausíveis.

Como bem se vê, temos que buscar na ciência a segurança da autenticação do trabalho que executamos. Mas não só os *apports*, ou seja, os objetos que vêm sendo recebidos por vias técnicas, procedentes do Além, é que representam um desafio para a nossa ciência. Outro "abacaxi" para a nossa física resolver ficará por conta da questão do "tempo". Algumas observações:

SIMULTANEIDADE DOS CONTATOS

Quando os contatos por TCI alcançam um patamar de aprimoramento, eles fluem em diálogos em *tempo real*, ou seja, pergunta-se de Cá e "eles" respondem, imediatamente, de Lá... quando não ocorre de responderem antes que a pergunta seja feita, fato aliás muito comum.

Ora, como isso pode acontecer?

Onde quer que eles estejam, por certo, estão fora do nosso espaço. Então, como nos acessam em tempo zero (tempo real)?

Se pensássemos que eles estão em outro "universo" (e nos valêssemos de princípios "horizontais" para nos acessarem), uma pergunta feita nesse minuto poderia levar algumas décadas para ser respondida. Por quê? Porque o nosso universo é imensamente grande.

Uma das possibilidades para nos sondarem e nos alcançarem em tempo zero pode basear-se num conceito proposto por Einstein: o espaço-tempo curvo.

Intuitivamente, achamos que vivemos num espaço tridimensional de superfícies planas, onde linhas retas seguem sempre em frente e são o caminho mais curto entre dois pontos, e onde o momento em que vivemos nada tem que ver com o lugar onde estamos. Einstein e os físicos que deram continuidade ao seu trabalho demonstraram, no entanto, que o espaço e o tempo na verdade compõem um substrato único para a realidade, e que esse substrato (o "espaço-tempo") possui curvas e depressões. Os buracos negros, por exemplo, seriam curvas tremendamente acentuadas, verdadeiros "ralos" do espaço-tempo.

Ora, se o espaço pode ser curvado por fenômenos naturais, por que não por meios artificiais? Uma curva artificial do espaço poderia trazer o imensamente distante para bem perto de nós. Uma forma intuitiva de entender isso é marcando dois pontos, A e B, em cantos opostos de uma folha de papel. Ao dobrar o papel (o "espaço" entre eles) ao meio, os pontos se tocam. Outra aplicação do conceito de espaço curvo são os túneis espaciais ou "buracos de minhoca". Assim, se dois pontos são separados por uma dobra espacial, por que não seria possível "perfurar" o espaço e traçar uma linha reta até o outro lado? O fato é que pesquisas recentes mostram que a energia necessária para dobrar o espaço artificialmente seria absurdamente alta; quanto aos furos no substrato espacial, eles continuam restritos ao campo teórico.

FUROS NO ESPAÇO-TEMPO

Cientistas das universidades de Nottingham, na Inglaterra, e Wijmegen, na Holanda, conseguiram fazer uma rã levitar, usando grandes magnetos. A tentativa também foi bem-sucedida na levitação de gafanhotos, de plantas e peixes. Com magnetos maiores, segundo os cientistas, será possível fazer levitar seres humanos.

A informação em detalhes dessas experiências foi publicada no *New Scientist*, semanário inglês sobre assuntos científicos e um dos mais conceituados no mundo. Depois da levitação, a rã não demonstrou nenhum sinal de alterações físicas ou de sofrimento. Foi colocada novamente junto às outras rãs e seu comportamento continuou normal.

A levitação foi possível, segundo as equipes inglesas e holandesas, por causa de uma ligeira distorção nas órbitas dos elétrons nos átomos do corpo da rã. A corrente elétrica resultante criou um campo magnético na direção oposta à do magneto utilizado para distorcer as órbitas.

Em outras palavras, a rã ficou entre dois campos magnéticos: um criado artificialmente por um magneto e outro criado pela distorção dos elétrons do seu corpo. Como esses dois campos tinham direções diferentes, foram reduzidos os efeitos da força da gravidade sobre ela. Sem gravidade não existe peso. E, então, a rã levitou.

O que nos chama a atenção nesses experimentos é que, ao que tudo indica, os cientistas já estão "esgarçando" o substrato ou espaço-tempo, até então tido como uma "malha" inviolável. É essa impermeabilidade que parece separar os espaços-tempos, ou seja, os universos que, ao que tudo indica, não são "paralelos" no sentido da palavra. A visão mais moderna aponta para os universos entremeando-se, porém separados pela "malha" de atração inerente ao substrato.

A idéia de "esgarçá-la" pode parecer muito recente lá... no entanto, um brasileiro já pensou nisso há algumas décadas. O princípio do TEM — Tensionador Espacial Magnético, do doutor Hernani Guimarães Andrade, segue por essa linha.

Talvez a espiritualidade se valha de alguma ação nesse sentido, de Lá para Cá, para encurtar o caminho da emissão e nos contactar em tempo real.

E seja lá o que for, o fenômeno da TCI está aí, para qualquer cientista acompanhar e investigar. Pena ainda não terem percebido o manancial de possibilidades dos fenômenos, já que, direta ou indiretamente, eles mostram contatos não apenas com seres inteligentes cuja ciência parece ser bem superior à nossa.

CEM ANOS SE VÃO

Quando, bem no início do século, o padre Landell pensou em contactar os "outros mundos" — e quem sabe já houvesse até criado algo para isso (a "caixinha") —, ele não cogitava sequer no que viria pela frente. O uso da eletricidade, em sua época, mal engatinhava. Os elétrons foram descobertos em 1897 e se tornaram indispensáveis. Ao longo deste nosso século, seus recursos viriam a favorecer o desenvolvimento de todos os ramos da ciência, passando pela física, a eletrônica etc.

Hoje chegamos à fotônica. Algo tão novo que essa palavra nem sequer existe nos dicionários.

Com o advento da descoberta dos elétrons, pôde tornar-se realidade o telefone, o rádio, o computador, e uma infinidade de outros inventos que só existem porque os elétrons podem ser guiados pelo homem dentro de fios, com grande precisão.

Ocorre que, se em vez de elétrons fosse possível "domesticar" a luz, ela poderia transportar 1 bilhão de *bits* por segundo, mil vezes mais do que os "antigos" elétrons.

Basta isso para se calcular o poder dos fótons, partículas que compõem os raios luminosos. Com a recente conquista de cientistas do MIT — Massachusetts Institute of Technology (EUA), que conseguiram criar uma "canaleta" que fez a luz dobrar uma quina de 90 graus, agora esses fragmentos brilhantes estão se preparando para quebrar o monopólio dos elétrons e tomar o seu lugar em todos os aparelhos que utilizam circuitos eletrônicos.

A troca tornou-se viável, em 1998, com a descoberta de um cristal de silício que manobra os fótons com precisão.

GARGALO FATAL

Antes, os testes eram frustrantes porque as fibras ópticas portando os dados (fótons) se saíam muito bem carregando dados de um lado para o outro do mundo, em quantidade e velocidade extremamente altas, mas não podiam levá-los para dentro de um aparelho. Ao entrar num computador, as informações têm de ser convertidas para a linguagem dos elétrons, criando um gargalo que consumia tempo e atravancava a comunicação. Com o novo cristal, tudo muda. Nele, os fótons disparam em canaletas atômicas tão pequenas quanto os cabos dos circuitos atuais, que deixarão, daqui para a frente, de ser apenas eletrônicos. Vão ser fotônicos também.

O CAMINHO PARA O FUTURO FICOU MAIS CURTO

Para aproveitar as informações transmitidas pelas fibras ópticas, o ideal seria construir cristais que, em vez de fótons de microondas, conduzam os fótons de infravermelho. Daí para a frente, vai ser preciso esculpir canaletas cada vez mais refinadas para controlar todos os movimentos das partículas.

Acaso não seria uma tecnologia intrincada como essa, que agora resvalamos, utilizada pelos espíritos comunicantes para trazer sons e imagens de seu espaço para o nosso?

Supomos que as ondas que eles usam são bioeletromagnéticas, ou seja, eventualmente algo que se valha de forças naturais, somada alguma energia orgânica, ainda desconhecida. É por isso que nós funcionamos como antenas. Um dia a nossa ciência chegará lá.

No ritmo que as coisas vão, o mais provável é que, imitando as curvas da luz, a ciência pegue um atalho e encurte, consideravelmente, o caminho para o futuro.

Uma forma de encurtar caminhos talvez fosse atentar para os fenômenos da TCI. Eles não constituem, por si, apenas um *show* de elevado conhecimento científico por parte dos emissores espirituais, mas ainda põem essa ciência superior a serviço da evolução humana. O consolo que a Transcomunicação Instrumental traz é apenas uma das fatias de suas possibilidades.

MENSAGEM FINAL

Antes de iniciar o livro, eu me questionava quanto a "o que" eu queria, afinal, transmitir para as pessoas. Percebi que o que eu queria transmitir, era dizer que, se você perdeu um ser amado, e por isso buscou a Transcomunicação Instrumental, se souber usar as informações e os caminhos, encontrará uma forma de aliviar seu coração através da certeza de que ele vive do Outro Lado da vida.

Mas se você tem a felicidade de não ter assistido ainda um ser querido partir, aproveite as lições do empenho dos que estão do lado de Cá e do lado de Lá nessa pesquisa para valorizar a vida, a oportunidade que lhe está sendo concedida de viver com seu marido, sua esposa, seus filhos, seus pais e amigos. Cada minuto junto deles é precioso, porque nunca sabemos que emboscadas nós mesmos nos preparamos em nossos destinos na luta redentora pela evolução. Por isso, sorria mais, compartilhe mais, para que, no dia em que um deles, ou mesmo você, partir, possa encher o seu coração de paz e esperar pelo reencontro, sem remorsos e sem inquietações. Construa cada dia de sua vida na certeza de que ela não é única e os lados de Cá e de Lá já estão cada vez mais interligados. A Transcomunicação Instrumental vem para nos tirar do ilhamento dimensional e criar novas oportunidades de aprendizado.

A mais importante dessas oportunidades não é remediar, ou seja, buscar o alívio depois da perda. É, principalmente, nos preparar para as separações, vivendo com alegria cada dia de nossa estada no plano físico, sempre gratos a todos os que dividem conosco sua experiência terrestre, porque um dia eles partirão e/ou partiremos nós. Até lá, temos de viver com dignidade a vida que a Vida nos ofertou.

Se você aprecia o assunto, deseja manter-se atualizado e fazer parte da ANT, preencha a ficha abaixo e envie para:

ANT – Associação Nacional de Transcomunicadores
Caixa Postal 67005
05391-970 – São Paulo – SP

Nome: ____________________________

End.: ____________________________

______________ Bairro: ______________

Cidade: __________ UF: ________ CEP: __________

Tel.: (   ) ______________ E-mail: ______________

Profissão: ____________________________

Obs.: Por se tratar de uma Associação sem fins lucrativos, favor enviar um envelope selado para obter resposta.